위대한 소유

어느 아미쉬 농부의 자연 기록

Great Possessions

An Amish Farmer's Journal

데이비드 클라인 지음

김한규 옮김

소나무

Great Possessions: An Amish Farmer's Journal by David Kline

Copyright © David Kline

First published in the United States of America in 1990.

Korean translation copyright © 2022 Sonamoo Publishing Company

This Korean translation is published by arrangement with David Kline through Greenbook Literary Agency.

이 책의 한국어판 저작권과 판권은 그린북저작권에이전시영미권을 통한 저작권자와의 독점 계약으로 도서출판 소나무에 있습니다. 저작권법에 의해 한국 내에서 보호를 받는 저작물이므로 무단 전재와 무단 복제, 전송, 배포 등을 금합니다.

위대한 소유: 어느 아미쉬 농부의 자연 기록

초판 발행일 2022년 4월 20일

지은이 데이비드 클라인
옮긴이 김한규
펴낸이 유현조
책임편집 유재현
디자인 연못
인쇄제본 영신사
종이 한서지업사

펴낸 곳 소나무
등록 1987년 12월 12일 제2013-000063호
주소 경기도 고양시 덕양구 대덕로 86번길 85(현천동 121-6)
전화 02-375-5784
팩스 02-375-5789
전자우편 sonamoopub@empas.com
전자집 post.naver.com/sonamoopub1

ISBN 978-89-7139-711-4 03840

나이 가족을 한하

Great Possessions

글 싣는 순서

감사의 말 7
서문_웬델 베리 9
머리말 13

겨울

겨울 손님 30
겨울 산책 36
단풍당 만드는 시간 42
새 목록 만들기 49
딱따구리 57
북극에서 온 철새 64
밤 사냥꾼 69
배고픈 달 75
사사프라스나무 82

봄

봄의 비상: 캐나다기러기 90
뻘종다리 96
습지 음악 101
삼림지의 보배 107
봄 소풍 113
지빠귀 120
제비 126
솔새와 버섯 137

여름

날아다니는 청소부 148
박쥐 154
목초장의 새들 159
울타리 열을 칭송하며 165

뜸부기 171
고지대삑삑도요 177
습지의 생명 182
여름밤의 날것들 190
곤충의 세계 197
나비들 205

가을

물새의 비행로 214
키다리 오크 220
숲의 아름다움 225
가을 색깔 233
삼림지의 황금 239
토박이의 회귀 245
가을 매의 비상 253
10월 260
흰꼬리사슴의 적응 265
철새의 신비 270
거대한 것들이여 안녕 276

계절을 넘어서

아메리카밤나무 286
귀화동물 291
XZ89 299
멸종되거나 멸종 위기에 처한 새들 305
야생생물을 위한 식재 314
겨울 새 모이주기 321
새 도와주기 327

역자 후기 335

일러두기

이 책의 생물명 표기는 다음 원칙을 따랐다.

영어 원문의 뉘앙스를 살릴 것은 직역하고 처음 나올 때 영어표기를 병기하였다.

예: hermit thrush→은둔자지빠귀hermit thrush

우리 표기로 할 경우 국립수목원의 국가생물종지식정보시스템의 표기를 기준으로 삼았다. 그곳에 등재되지 않은 표기는, 백과사전 및 도감>어학사전>전문블로거의 순으로 용어적합도를 판단하여 선택했다.

역자의 역주는 [ ] 안에 넣었다.

감사의 말

나의 온 가족이 이해해 주고 격려해 준 데 대해, 그리고 편집자의 원고 마감 시간을 지킬 수 있도록 방해받지 않는 시간을 가질 수 있게 해 준데 대해 깊이 감사한다. 그들은 저녁에 내 도움 없이 젖을 짜겠다고 너그럽게 제안해 주었다. 특히 끊임없이 지지해 주고 자신감을 회복시켜 주는 조언을 여러 차례 해준 아내 엘시에게 감사한다. 또 이 책이 만들어질 수 있도록 솜씨 있는 편집과 올바른 판단 그리고 열성을 다해준 도미니크 조이아, 격려와 조언과 더불어 거의 무한한 인내심을 보여준 엘모 스톨에게 감사한다. 그리고 내가 자연의 세계로 들어가는 문을 열어 준 나의 부모님과 고故 C. F. 취르허 선생님께 감사의 마음을 표한다.

이 에세이들은 『가족생활*Family Life*』 지에 처음 발표되었다. 머리말은 인디애나주 노스 웹스터에서 열린 기독교 신앙과 생태학에 관한 북아메리카회의에서 한 강연을 약간 다듬은 것이다.

서문

웬델 베리(Wendell Berry)

이 책에 실린 에세이들은 아미쉬 잡지인 『가족생활』에 몇 년에 걸쳐 연재된 것이다. '박물학natural history 에세이'의 전통에 속하는 이 글들은, 인간이 자연 생물들에 대해 알게 되면서 얻는 즐거움을 잘 표현하고 있다. 데이비드 클라인은 이러한 전통에 대해 잘 알고 있고 이 전통 안에서 편안함을 느끼는데, 거기서 솟아나오는 즐거움을 충만하게 누리기 때문이다. 자신의 작은 농장이 수많은 매혹적 생물들이 사는 집이라는 매력적인 깨달음이 이 글들에 넘친다. 이 생물들은 그가 그곳에 가져다 놓지는 않았지만, 자신이 그렇게 하듯이, 그 생물들이 대접받기를 원한다. 이 생물들에 관해 이야기할 때, 클라인은 조심스러우면서도 지각이 예민한 관찰자로서 말할 뿐만 아니라 주의 깊은 독자로서 말하기도 한다. 그의 경험은 독서에 의해 뒷받침되고, 그의 독서는 경험에 의해 뒷받침되고 있다.

그러나 이 에세이들은 그 장르를 뛰어넘어, 야생의 동식물에서 일상적인 즐거움을 얻는 삶의 방식까지 우리에게 보여줌으로써 그 가치를 크게 높였다. 그것은 단순히 지식을 기록한 것이 아니라 친밀한 교섭을 기술했기 때문이다. 이러한 특징적 측면은 극히 중요한 것이니, 자신이 기술하는 동물과 새, 식물, 곤충에 관해 알고 있는 정도가 정말로 정통하기 때문이다. 그들은 데이비드 가족생활의 일부다. 이들 동식물을 알아가는 일은 그 가족이 즐기는 여흥이자, 그 가족을 결속시키는 접합제다.

데이비드가 일원으로 참여하는 오래된 질서의 아미쉬 공동체는 종래의 미국 사회가 통상적으로 분리해 온 일들 사이의 깊은 연결 관계를 유지해 왔다. 예컨대 데이비드의 생활 방식은 정신적 삶을 육체적 삶으로부터 분리시키지 않는다. 육체적 노동으로 살아간다는 사실이 적극적인 정신적 삶을 부정하지 않을 뿐만 아니라, 육체적인 즐거움과 정신적인 즐거움을 함께 향유함을 부정하지도 않는다. 마찬가지로, 산업 경제에서는 이제 일반화된 인간의 자연 생활과 가사 생활의 엄격한 구분을 의미하지도 암시하지도 않는다.

아미쉬로서 자연 세계를 경외하고 아미쉬 농사일이라면 어디서나 책무를 다하는 것으로 알려진 데이비드의 삶은 경제와 생태를 결합시킨다. 갓난 쌀먹이새bobolink 새끼가 성장해 둥지를 잘 떠날 수 있도록, 건초 자르는 시기를 조절하는 것이 한 예다. 이러한 작은 주의와 작은 호의가 복합된 형식으로 이러한 조화는 이루어진다.

이런 종류의 배려는 전통적인 소농의 다양하고 적절한 규모에 의해, 그리고 이러한 농경을 둘러싼 여분의 시간이나 자유로운 틈새 시간에 의해 가능해진다. 이것은 탐욕을 부리지 않는 자가 누리는 경영의 여사餘事다. 공장과 회사에서 고용살이하는 사람들 가운데서 얼마나 많은 이들이 자신의 노동 시간을 확실하게 통제해서 며칠이라도 여유를 가질 수 있겠는가.

데이비드는 그러한 자유를 하나의 당연한 일로 기술한다. "봄에 밭을 갈고 씨를 뿌리는 몹시 바쁜 농번기가 지나면, 이제 봄의 다른 즐거움을 추구하는 한 주 혹은 그 이상의 시간을 갖는다." 그가 말하는 즐거움이란 자연 공부의 즐거움이다. 그리고 아마도 이런 여가의 즐거움을 어떤 '도피'나 휴가의 장소가 아니라 자기 농장이나 이웃집같이 그가 일하는 곳에서 즐기는 것 같다. 이러한 즐거움이 일하는 도중에도 추구된다는 사실을 주목하는 것도 중요하다. 데이비드는 밭을 갈거나 풀을 베는 동안에 관찰한 것들에 대해서 재삼재사 우리에게 이야기한다.

여기서 아미쉬가 지켜온 또 다른 일치가 일과 즐거움의 일치임을 보게 된다. 동행하는 생물들의 삶과 이 생물들의 삶에서 얻게 되는 우리의 기쁨은 위대한 자산이다. 그리고 그 자산은 위대한 문화적 자산에 의해 안전하게 지켜지고 쓸모 있는 것이 된다.

이 책은 매 페이지에서 세계가 좋다고 말하는데, 그것은 경험에 의해 생긴 하나의 신조다. 데이비드와 그 이웃은 세계를 보고 그것이 좋다는 것을 발견하고 매일의 노동 가운데서 그 좋음을 찬양한다. 지난 10년 농업이 엄혹한 불황에 빠졌다고 말한다. 그러나 동시에 놀라우면서도 깊이 있게 재확인하게 된 어떤 것이 있으니, 즉 "농사가 좋다"는 사실을 말할 수 있게 된 것이다.

12 한미월드 수학

머리말

얼마 전에 귀촌 잡지 편집자가 다양한 형태의 소규모 전통 농사에 관한 원고를 청탁했다. 청탁의 내용인즉 그러한 생활 방식의 이점에 대해 써달라고 요청하면서, 아울러 불리한 점에 대해서도 쓰면 좋겠다고 제의했다. 이것은 여름 내내 나를 성가시게 했다. 아주 솔직하게 말한다면, 나는 어떠한 불리한 점도 생각할 수 없었다.

우리의 농사 방법에서 배울 것이 있다면 그 교훈은 무엇일까 생각해 본다. 그것은 흙과 물, 공기, 야생생물, 토지를 경영하는 가족, 그리고 주변의 지역사회 등을 보존하는 농경 방법인가? 바꾸어 말하면, 우리는 원래 하느님의 창조물을 돌보는 사람인가 아니면 관리하는 사람인가? 우리는 하느님, 그리고 자연과 조화되어 있는가?

아미쉬 농업에 대해 쓰는 것은 전통적 농업, 즉 18세기 유럽으로 소급하는 농업에 대해 쓰는 것이다. 그것은 끊임없이 혁신과 개량이 더해지면서 세대에서 세대로 전해져 온 방식이다. 아미쉬는 꼭 현대 기술에 역행하려 하지 않는다. 우리는 그저 그것의 지배를 받는 것을 원치 않을 뿐이다.

아미쉬의 농경은 많은 관행이 여러 세대에 걸쳐 부모로부터 자식에게 전해져 온 전통적인 것이어서, 때때로 공동체 밖에 있는 사람들에 의해 최상으로 여겨지기도 하지만, 그 이유는 거의 다 잊혔다. 예를 들어, 이곳 오하이오주 동부에 있는 우리 밭의 윤작輪作은 너무나 잘 작동되어서, 그 이유에 대해 묻는 경우가 거의 없다. 이곳에서는 4년 윤작 혹은 5년 윤작을 하는데, 일정한 밭에 4년이나 5년마다 한 번씩 옥수수를 심는다는 뜻이다. (내가 이야기하는 아미쉬 농경 방식이 오하이오주와 인디애나주 북부, 미시간주 남부, 그리고 아마도 온타리오주 남부의 주민들에 의해 실행되고 있음을 언급하고 싶다. 다른 주의 아미쉬 공동체는 농경 방식에서 약간의 차이가 있을지 모른다. 그러나 나는 비슷한 점이 많을 것이라 확신한다.)

우리의 윤작에서는 옥수수에 이어서 귀리를 심는다. 가을에 귀리를 수확한 뒤에는, 그루터기를 갈아엎고 밀씨를 뿌린다. 그리고 다음 3월과 4월에 콩씨를 뿌리면 밀은 이미 앞서 나갔다. 씨 뿌리기는 수동식 크랭크나 뿔 모양의 씨 뿌리는 기구를 사용해서 흔히 언 땅에서 이뤄지는데, 그곳에는 일찍 보금자리를 짓는 뿔종다리horned lark가 둥지를 튼다. 씨를 뿌리면 알을 품은 새가 깜짝 놀라서 푸르르 날아오르고, 그래서 새 둥지가 쉽게 발견된다.

7월에 밀을 수확하여 타작하고 그루터기를 베면, 밀밭은 거의 기적처럼 목초장으로 바뀐다. 이듬해 봄과 여름에 건초용 풀을 몇 번 베고, 가을에 건초용 풀밭에서는 방목을 한다. (5년 윤작에서 2년 동안은 밭이 건초용 풀 속에 남는다.) 겨우내 묵은 땅에는 짚으로 만든 거름을 푸짐하게 덮는다. 늦겨울이나 초봄에 땅을 갈고 5월에 옥수수를 다시 심으면, 경작의 회전 또는 순환이 다시 시작한다.

이 같은 밭에서 상당한 옥수수 수확을 올리려면 어떤 화학제품을 사서 더 뿌려야 할까? 종자용 옥수수는 일반적으로 구매 전에 살균소독을 하고 다른 처리는 하지 않는다. 콩이 공기 속에 풍부한 질소를 흙 속의 질소로 전환시켜 주고, 여기에 더해 1에이커[4천m²=1천2백평]당 10~15톤의 퇴비를 뿌리고, 다른 비료와 함께 1톤당 30파운드[13.6kg]의 질소를 공급해 주면, 별도의 화학비료가 필요하지 않다. (대다수의 아미쉬 농민이 맨 처음에 비료로 1에이커당 150파운드[68kg]의 저분해비료, 즉 질소5-인산20-칼리20 비료를 사용한다는 사실을 부언하지 않을 수 없다. 그래도 옥수수를 위해 어떠한 화학비료도 구입해 사용하지 않고서도 뛰어난 수확을 올리는 농민을 다수 알고 있다.)

마찬가지로 건초용 풀농사에 이어서 옥수수 농사를 짓기 때문에 수확에 피해를 입히는 벌레가 발생하지 않으므로, 이 밭에는 살충제가 필요하지 않다. 우리는 흙에 살충제를 사용한 적이 없다. 다만 쟁기질한 땅에서 습도 높은 날씨로 민달팽이slug가 옥수수 재배에 간혹 문제를 일으킬 수 있다. 그러나 쟁기질을 하면 민달팽이 굴이 파괴되고, 그 느린 생물이 다음 공격을 위해 준비를 갖출 때까지는, 옥수수가 피해를 입을 수 있는 단계에서 벗어날 정도로 자란다.

쟁기질은 민달팽이뿐만 아니라 잡초를 처리하기도 한다. 대부분의 아미쉬 농부들은 당신이 생각하는 [유기 퇴비만 사용하는] 순수한 유기농 농부가 아니다. 많은 이들이 잡초와 풀을 통제하는 문제에 도움을 받기 위해 옥수수에 약간의 제초제를 사용하기도 한다. 그러나 아미쉬의 제초제 사용은 옥수수 농사에서 관행적으로 사용하는 양에 비하면 적은데, 그 까닭은 필요성이 적기 때문이다. 내 이웃이 1년 동안 지불한 제초제 경비 총액은 11달러인데, 이는 1에이커당 비용이 아니라 옥수수 경작 전체를 위한 것이었다. 그는 휴대용 살포기를 메고 옥수수 줄을 따라 적은 양을 뿌리고, 줄과 줄 사이의 잡초는 경운기로 제거한다.

아미쉬 농부 대다수는 옥수수밭에 약간의 잡초와 풀이 나도 그렇게 염려하지 않는다. 사실 나는 밭에 잡초와 풀이 조금 자라기를 원한다. 여름에 폭우성 비가 반시간이나 그보다 더 짧은 시간에 번개와 함께 와르르 쏟아지는 때가 있는데, 이런 소낙비는 마른 흙까지도 쓸어가 버릴 수 있다. 이처럼 큰 폭우가 내리는 동안에는, 표토表土가 유실되지 않도록 개밀quack grass과 잔디 위로 물이 지나가기를 바란다.

오벌린대학Oberlin College 연구에 따르면, 우리 표토의 흡수력은 흙을 경작하는 덕분일 수 있다. 연구 결과는 관행적인 무경운 농사와 비교해서 우리의 전통적 마력馬力 농사가 거의 일곱 배나 많은 물을 땅이 흠뻑 젖을 때까지 흡수한다는 사실을 보여준다.

요즘에는 대량의 화학 약품에만 의존하는 무경운 농법이 푸른 들판을 영원히 보장하는 것처럼 전문가들에 의해 권장되고 있다.

그러나 그들이 말하지 않는 사실이 있다. 이러한 푸른 들판에서 쌀먹이새와 들종다리meadowlark, 그리고 어스름 저녁에 지저귀는 저녁기도참새vesper sparrow의 감미로운 노래가 사라지고 괴기스러울 정도로 조용해진다는 사실 말이다.

친척이자 친구인 젊은 농부가 지난봄에 두 쌍의 쌀먹이새가 자기네 밭에 터를 잡아서 얼마나 감격했는지 내게 설명해 주었는데, 그 밭은 갈지 않고 옥수수를 심은 곳이었다. 그는 밭에 약제 뿌리는 것을 주저하다가, 쉐브론Chevron[미국의 국제 석유자본] 판매원이 이전 겨울에 보여준 영상이 기억났다. 그것은 무경운 농법이 야생생물의 서식지를 개선한다는 내용이었다. 그는 제초제를 살포했고, 뒤이어 쌀먹이새는 사라졌다. 그는 가까운 들판에서 새들이 비상하며 즐겁게 재잘거리는 노랫소리를 듣지 못했기 때문에, 새들이 소멸됐다고 아주 분명하게 확신했었던 것이다.

쟁기질로 땅을 갈지 않는 농법의 또 다른 불리한 점은 농부의 선택권을 심하게 제약한다는 것이다. 비가 너무 많이 오거나 너무 적게 내려서 제초제의 효용성을 떨어뜨리거나 벌레나 민달팽이 떼가 침입하면, 농부는 쟁기로 땅을 갈 수가 없고 그 대신 더 많은 살충제로 돌아갈 수밖에 없다. 최근에 나는 늦봄과 초여름에 동부 옥수수 지대에 내리는 모든 빗방울에는 대중적 옥수수 제초제요 발암성 물질로 의심되는 라쏘Lasso가 미소량 포함되어 있다는 이야기를 들었다. 당신은 당신의 이웃을 사랑하면서 이렇게 할 수 있는가?

그러나 농업 관련 산업의 옹호자들에게 그것은 발전이다. 그리고 그들에게는 이익이 된다. 토양보존국Soil Conservation Service의 한 위원이 다음과 같이 논평했다. "아미쉬 정신의 소유자들은 적절한 토양관리의 복잡함을 이해하기에는 너무 '비과학적'이다. 그래서 그들은 외부 전문가들의 조언에 의지하는 법을 배워야 한다." '투입'과 '산출', '에이커처리기acre-eaters[대형농기계]', '노동은 고역', '현금흐름'cash flow, '손익 표시' 등 뜻을 알 수 없는 횡설수설이 난무하고 있다. [정부로부터] 무상으로 토지를 불하받은 대학의 분위기에서 교육받은 전문가가 무경운 농법을 둘러싸고 토론이 표류하는 농민 상담 모임에서 이렇게 한마디 했다고 한다. "쟁기질 하지 않는 농법이 틀림없이 쟁기질을 이긴다."

내가 걱정하는 이유가 바로 여기에 있다. 나는 포크너Edward H. Faulkner의 『쟁기질하는 농부의 어리석음Plowman's Folly』에서 그러거나 말거나 신경 쓰지 않고 쟁기질을 즐겨한다. 바로 지난해에 토양보존국 기술자가 아주 진지하게 내게 말하기를, 만약 내가 쟁기질 하지 않는 패거리에 합류하면 쟁기질에서 자유롭게 될 것이고, 그러면 내 아들이나 내가 공장에서 일할 수 있을 것이라고 했다. 그는 넌지시 (현금흐름을 개선하는) 부수입이 우리 삶의 질을 높일 것이라고 에둘러 말했다.

나는 그의 논지를 이해하지 못한다. 가족 대부분의 도움을 필요로 하는 전통적 방식으로 그 땅에서 일하는 대신에, 아빠의 농사를 받쳐 주기 위해 우리 아들을 공장에서 일하도록 보내야 한단 말인가? 유럽에서 발전해 미국에서 (웬델 베리가 '경험의 세대'라고 부르는 세대에 의해) 미세 조정된 비폭력적 농사 방식을 기꺼이 버려야 한단 말인가? 문화적으로 환경적으로 유해한 방식을 위해, 공동체와 땅을 보존하는 것으로 검증된, 생태학적으로 정신적으로 건전한 농사 방식을 포기해야 하는가?

땅을 가는 쟁기질의 즐거움이 있으니, 쟁기질은 단순히 흙을 파서 뒤엎는 것 이상의 것을 가져다준다. 그 경험을 다 이야기할 수는 없지만, 그것은 전체의 한 부분인 것 같다. 초봄이면 내 아들과 나는 우리처럼 간절히 밖에 나가고 싶어하는 팀[쟁기 말들]과 함께 그 시원한 촉감과 토양 상태를 감지하면서 부드러운 흙을 파서 뒤엎는다. 우리는 생명체가 풍부한 갓 뒤엎은 땅에서 먹이를 찾아 먹는 뜨내기논종다리water pipit와 아메리카메추라기도요pectoral sandpiper를 보며 즐긴다. 우리가 팀을 쉬게 할 때, 즐거워하면서도 들떠 있는 10대 소년의 이야기에 귀를 기울인다.

어쩌면 내가 눈이 멀었는지도 모르지만, 어떤 시각에서 보더라도 나는 이 일에서 고역을 찾아볼 수가 없다. 그리고 조심스럽게 경작한다면 토양 침식은 문제될 필요가 없다고 확신한다.

몇 해 전 봄, 실제로는 늦겨울에, 계절에 맞지 않게 따뜻한 날씨가 한 주 정도 이어지자, 남쪽에 사는 이웃 데니스 위버는 더 이상 충동을 억제하지 못하고 쟁기질을 시작했다. 나는 헛간으로 가는 도중에 알아채지 못하다가 갑자기 새로 뒤엎은 땅의 향기를 맡았다. 그곳에 서서 눈을 감고서는, 봄의 약속을 한껏 즐겼다.

만약 쟁기질하지 않는 방식으로 한다면, 내 자신의 밭에 더해서 그가 경작하는 50에이커[20만m²=6만1천평]까지도 내가 농사지을 수 있게 될 것이다. 그러면 그는 농장 일에서 벗어나 '자유롭게' 될 수도 있다. 그러나 그가 지금 하고 있는 아주 훌륭한 농사를 내가 대신할 수 없고, 그 기름진 흙의 강렬한 향기를 아쉬워하게 될 것임을 잘 알고 있다. 또한 무엇보다 내 이웃을 그리워하게 될 것이다.

소규모의 다양한 농사에서 배울 수 있는 교훈이 있다. 아미쉬가 전통적으로 해온 방식으로 일하고 농사지음으로써, 우리가 사는 곳을 야생생물에게 보다 매력적인 곳으로 만든다는 사실이다. 설사 우리가 그 땅에서 쫓겨나고 우리 농장이 '야생생물 보호구역'으로 변하더라도, 야생생물의 수와 종種이 점차 감소할 것이라고 나는 거의 확신하고 있다.

몇몇 아미쉬 공동체도 특히 땅값이 비싼 공동체에서는 길에 접한 곳에서 농사를 짓거나 울타리 주변 땅을 깨끗하게 정리하고 약제를 뿌리는 일이 있다. 하지만 이것이 야생 생물에 나쁜 영향을 미치지 않은 채 이루어질 수 있음을 의미하는 것은 아니다. 농작물과 가축이 다양해지고 살충제를 최소한도로 사용하면, 고양이새catbird에서 솜꼬리토끼cottontail까지 야생생물 군群을 품어주는 다양한 장소가 생긴다. 약간 웃자란 울타리 주변 땅과 덤불진 숲 가장자리, 잔디밭의 물길, 농장 건물 주변의 나무, 과수원, 정원과 야생의 많은 꽃들, 그리고 어쩌면 초원의 땅 한 뙈기까지도 보금자리가 된다.

게리 나반Gary Nabhan은 『사막은 비 같은 냄새가 난다The Desert Smells

Like Rain』에서 소노라Sonora 사막의 두 오아시스에 대해 썼다. 애리조나주에 있는 첫 번째 오아시스는 공원사무국에서 조류보호 구역으로 지정해, 야생생물을 보전하려는 노력의 일환으로 그곳에서 농사 짓고 살던 인디언을 다른 곳으로 옮겼다. 이 오아시스는 바로 그때부터 죽기 시작했다고 한다. 이에 반해 멕시코 국경을 가로지르는 또 하나의 오아시스는 오래전부터 파파고Papago 인디언 마을이 돌보았고, 지금도 번창하고 있다. 어느 조류학자는 애리조나주에 있는 조류보호 구역에서 발견한 것보다 두 배나 많은 조류 종種을 그곳에서 발견했다.

지난주에 우리 가족은 우리 농장 건물 주변에서 둥지를 틀고 사는 새들을 조사했다. 여기에는 들판의 쌀먹이새와 붉은날개지빠귀redwing, 들종다리, 참새 등은 포함되지 않았고, 숲속의 개고마리 vireo와 풍금조tanager, 솔새warbler, 지빠귀thrush 등이나 작은 내를 따라 사는 거친날개제비rough-winged swallow와 물총새kingfisher 등도 포함되지 않았다. 우리 집 반경 60미터 이내에서 깃털이 다 날 때까지 성장하는 13종 1,800마리 이상의 새끼들을 셀 수 있었다. 여기에는 외양간 처마를 따라 사는 250쌍의 벼랑제비cliff swallow 군체群體도 포함되었다. 나반 씨의 인디언 친구가 말한 바대로, "이 새들이 사람 있는 곳에 오는 까닭이 바로 그것이다. 사람이 살고 일하면서 씨 뿌리고 나무에 물을 줄 때, 새들은 가서 그들과 함께 산다. 새들은 먹거리가 풍부한 그런 곳을 좋아하니, 우리가 그들의 친구가 되는 때가 바로 이때다."

그러나 우리는 땅과 야생생물은 물론 사람까지 포함하는 공동체 전체를 길러주고 지탱한다고 믿기 때문에, 우리가 하는 방식대로 농사를 짓는다. 오하이오전력회사가 오하이오 강에 있는 농업 시설에 전력을 공급하기 위해 남부 오하이오에 있는 노천광에서 석탄을 채굴함으로써 수많은 농장과 공동체를 파괴하고 있다. 하지만 전기와는 관계없이 농사를 지으며 살고 있는 아미쉬는 이러한 파괴에 적어도 직접적으로 기여하지는 않을 것이다. 농장 파괴에 그치지 않고 거대한 전력 공장들은 동북부의 숲과 애디론댁Adirondacks 산맥의 호수들을 죽이는 산성비의 원인이 되는 다이옥신을 내뿜는다.

아미쉬는 한 가족이 운영할 수 있는 농장규모를 전통적으로 유지해 왔다. 경작 가능한 농지가 80에이커[32만m²=9만8천평]가 넘는 농장은 거의 없으니, 그것은 대략 아버지와 아들이 쉽게 일할 수 있는 최대량이다. 그 이상의 도움을 활용할 수 있다면, 보다 많은 가축이나 어쩌면 채소 같은 특산품까지 포함하도록 운영이 확장될 수도 있다. 하지만 더 많은 면적이 보태지는 일은 거의 없다.

웨스 잭슨Wes Jackson은 말했다. "농사 일이 즐거운지 즐겁지 않은지는 규모, 즉 밭의 크기와 수확량에 달렸다." 아미쉬는 내가 적절한 규모라고 생각하는 것을 주로 말을 사용해서 유지해 왔다. 말은 끝없는 확장을 제한해 왔다. 말과 함께하는 일이 농사 크기를 제한할 뿐만 아니라, 말은 가족생활에 더할 나위 없이 적합하다. 정오에 팀[한 조組의 말들]에게 물과 먹이를 주기 위해 풀어 놓고, 가족은 우리가 여전히 디너라고 부르는 것을 먹는다. 팀이 쉬는 동안, 왕왕 짧은

22 위대한 소유

낮잠을 잘 시간도 있다. 그리고 하느님은 말이 전조등을 갖도록 창조하지 않았기 때문에, 우리는 밤에 일하지 않는다.

우리는 쟁기질로 갈 수 있는 밭 70에이커[28만m²=8만6천평]를 가졌는데, 그것은 아마도 우리 공동체에 있는 농장의 평균치보다 10에이커[4만m²=1만2천평]가 더 많은 것이다. 우리는 더 이상은 돌볼 수가 없다. 이런 크기의 농장에서는 늘 할 일이 무언가 있지만, 그래도 우리는 일에 압도된 적은 없다. 하긴 올해 7월에는 하마터면 압도될 뻔했음을 고백한다. 비가 두 번째 건초용 풀베기를 지연시켰고, 비가 그친 뒤에 건초용 풀을 추수하고 밀을 타작하고 귀리 베는 일을 한꺼번에 해야만 했다. 그래도 평소의 보통 조건에서는, 일이 봄부터 가을까지 활짝 펼쳐진다.

밭일은 3월에 흙을 가는 쟁기질을 하면서 시작한다. 쟁기질은 말에게는 생존에 절대 필요한 시간을 많이 주고, 나에게는 퀘이커교도가 고요의 시간이라고 부르는 것을 준다. 봄의 전개에 참여하는 것은, 하느님과 그분의 창조물에 귀를 기울인다는 것이다. 웬델 베리는 『자연과 함께 의좋게 살아가기*Getting Along with Nature*』에서 "적당한 인간의 소리는 … 다른 소리들이 들리도록 허용하는 것이다"라고 했다. 땅을 가는 것은 이런 인간의 소리다. 우리는 뿔종다리의 딸랑딸랑 울리는 노래와 이동하는 논종다리의 혀짤배기 살랑거리는 소리를 듣는다. 또한 마구馬具가 삐걱거리는 소리와 자주개자리alfalfa 뿌리의 뻥 터지는 소리까지 듣는다. 정말 멋진 시간이다.

4월은 옥수수대를 뒤엎고 귀리씨를 뿌리며, 봄빛이 아름답고 노루귀hepatica가 사랑스러운 달이다.

5월에는 옥수수를 심고, 소와 말들을 방목지로 내보내고, 솔새와 곰보버섯morel mushroom에 흠뻑 빠진다.

6월에 건초를 만들면, 딸기와 쇼트케이크, 파이, 잼 등이 함께 온다. 새들의 이동이 끝나고, 여름이 자리잡는다.

농장에서의 생활과 일은 도리깨질과 두 번째 건초용 풀베기, 투명한 사과, 햇꿀, 블랙베리, 첫 여치katydid 등과 함께 7월의 절정에 이른다.

8월은 벌써 가을을 넌지시 알려준다. 사일로silo 채우는 소리가 도처에서 들린다. 우리는 네 이웃의 도움을 받아 폭 3미터 높이 12미터의 사일로를 채운다.

매킨토시사과McIntosh apple와 밀씨 뿌리기는 9월을 의미한다.

10월은 옥수수를 수확하는 달이다. 사과주스 만들기와 가을 빛깔과 청명 사랑하기는 오직 10월만이 제공할 수 있다. 달이 끝으로 다가감에 따라 밭일도 끝나간다.

한 해는 결코 끝나지 않는 모험이다. 사람들이 레크레이션으로 여기는 많은 것을 우리는 농장에서 즐긴다. 우리는 올해에 네 가지의 '첫 번째'를 보았다. 켄터키솔새Kentucky warbler와 루나나방luna moth, 황제나방imperial moth을 처음 보았고, 30년 이상이나 기다린 뒤에 나는 거대한 제비꼬리나비swallowtail butterfly를 처음 보았다.

변화가 다양한 농사의 심미적 즐거움은 너무나 두드러진다. 봄부터 가을이 끝날 때까지 들판은 쉴 새 없이 변화한다. 나는 화가가 색깔과 구성을 다채롭게 변화시키며 한 점의 공백도 드러나지 않은 자신의 수채화를 바라보듯이, 우리 농장 보기를 좋아한다. 소가 다니는 작은 길과 같은 우리 농장의 공백 지점은 11월 침식을 막기 위해 덮는 짚거름으로 가려진다. 나는 거름 살포기를 사용하는데, 멀쩡한 것처럼 훌륭하게 작동한다. 땅은 이제 겨울비와 폭풍에 대비하여 준비되었다.

아미쉬 농사와 농업 관련 산업 사이의 가장 큰 차이는 아마도 우리의 협력적인 공동체 생활일 것이다. 한 예를 들겠다. 초여름에 밀을 벨 때(우리는 하루에 13에이커[5만3천m²=1만6천평] 경지의 약 절반을 벤다), 온 가족이 저녁에 젖을 짠 뒤에 밀단 가리를 만들러 갔다. 맑고 시원한 6월의 어느 저녁이었다. 정말 더할 나위 없었다. 내 아내 엘시와 열 살 아들 마이클이 다른 줄을 맡았고, 열여덟 살 아들 팀과 나는 각각 줄 하나씩을 맡았다. 나의 두 딸, 열여섯 살 크리스틴과 열두 살 앤은 네 번째 줄을 맡았다. 여덟 살 에밀리는 물주전자를 날랐다. 우리는 한 줄 한 줄 서서히 경작지를 가로질러 우리의 길을 나아갔다. 여자애들은 일하는 동안에 이야기하며 깔깔 웃었고, 마이클은 공작실에서 진행중인 계획을 흥분한 어조로 상세히 설명했다. 언덕 꼭대기에 다다랐을 때, 우리는 함께 멈춰 서서 태양이 눈부시게 찬란한 자홍색 구름 뒤로 미끄러진 다음 지평선 너머로 내려앉는 것을 지켜보았다. 먼 남쪽에서 고지대삑삑도요 upland sandpiper의 달콤한 휘파람 소리가 들려온다. 누구에게랄 것도 없이, 팀이 "가족이 함께 밀단 가리 만드는 게 재미있어"라고 말했

머리말 25

다. 팀은 우리 모두를 대변한 것이다. 그러고서 우리는 다음 언덕에서 들려오는 목소리를 들었고, 경작지 먼 끝에서 우리를 향해 밀단 가리를 만들며 오는 세 명의 이웃을 보았다. 여자애 하나가 흥분해서 "일곱 줄이 동시에! 빠르다"고 말했다. 곧 모든 짚단이 가리로 세워지고, 모두들 아이스크림을 먹으러 집으로 왔다.

돌봐 주는 이웃이 있음을 확인하고 위로를 받을 수 있음은 우리가 우리의 농사방법을 그렇게 많이 즐기는 이유의 하나다. 8년 전에 나는 수술을 받아야 하는 사고를 당해서 한 주 동안 병원에 있었다. 아내는 내가 회복실에서 한 첫마디가 "여기서 나가게 해줘요. 밀을 베어야 해요"였다고 내게 말해 주었다. 물론 그녀는 그렇게 할 수 없었고, 나도 이웃이 있었기 때문에 걱정할 필요가 없었다.

아빠가 바인더로 밀을 베는 동안, 이웃들은 그것을 묶어 가리를 만들었다. 우리의 팀[말들]이 지쳤을 때, 내 동생이 자기의 네 마리 팀을 데려와서는, 저녁식사 시간까지 20에이커[8만1천m²=2만4천평] 경지의 밀을 베고 묶었다.

올해 우리를 가장 먼저 도와준 이웃이 도움을 받을 일이 생겼다. 그는 7월에 폐렴을 한 차례 앓은 이래로 일을 많이 할 수 없었다. 그래서 지난 목요일에 여섯 팀과 풀 베는 사람들이 그의 11에이커[4만5천m²=1만3천평] 밭에 자란 건초용 자주개자리를 베었다. 그 뒤 토요일 오후에는 네 팀과 짐마차, 그리고 두 대의 건초 싣는 적하기積荷機와 15명의 남자들과 그만한 수의 소년들이 모였다. 우리는 두 시간도 안 되어 건초용 풀을 그의 헛간에 쌓아 놓았다. 그 후에 우리는 시원한 음료수와 신선한 쿠키를 들고 단풍나무maple tree 아래에 둘러앉아, 이웃의 이야기를 들었다. 그는 최근 서부 여행을 다녀 왔다. 그와 친구 한 명이 일리노이주와 아이오와주, 그리고 네브래스카주 동부에 있는 짐수레 말 사육사를 방문한 이야기, 훌륭한 말과 훌륭한 사람들에 대한 이야기, 8인치[20cm]의 비가 내린 뒤에 일찍이 아이오와 언덕에서는 본 적이 없는 최악의 침식이 일어난 이야기, 그리고 아이오와 농부들이 대통령에게 어찌나 험한 말을 빗발치듯 퍼부었는지 하는 등등의 이야기였다. 그는 "아하, 그들이 원하는 것은 모두 정부의 더 많은 동냥이야"라고 말했다.

지난 9월 결혼해 자기 아버지 기계와 가축을 사고 농장을 빌린 내 젊은 친구가 떠올랐다. 그 부부는 빚더미 위에서 일했다. 손으로 우유를 짜고, 2등급 우유를 팔며, 좋은 종자의 암퇘지 떼를 돌보았다. 옥수수를 2모작, 어떤 때는 3모작으로 재배하면서도 제초제를 사용하지 않았다. 빚을 거의 다 갚아가면서, 그들 소유의 농장에서 농사짓는 첫해의 끝에 가까이 다가가고 있었다. 그는 너무나 겸손해서 이런 이야기를 자랑하지 않았지만, 도리깨질을 하면서 내게 이렇게 말했다. "당신도 알다시피, 농사는 좋습니다."

28 현대영문학

겨울

겨울 손님

해밑까지 농사를 짓는 우리 같은 사람들은 '손가락이 시린' 며칠이 지나간 뒤에야 지금 겨울이 와 있다는 사실을 받아들인다. 11월 내내 우리는 겨울 사료를 절약하기 위해 웬만한 날이면 가축을 방목하려고 한다. 그러나 이제 비와 추위로부터 멀리 떨어진 외양간에서 동물들을 지켜야 할 시간이다. 외양간 문을 연 아침에, 나는 동물들과 저장 목초의 온기와 향기로 감싸이는데, 불쾌한 느낌이 전혀 아니다. 가장 먼저 봐주기를 바라는 것은 말들이다. 말들은 자기네 몫의 귀리와 건초를 줄 때까지 발을 세게 구르고 머리를 쳐든다. 그때부터 더 작은 망아지들이 아침 식사를 달라고 아우성을 치기 시작한다. 점잖은 동물로 창조된 소는 거의 소리를 내지 않으면서 끝까지 참을성 있게 기다린다.

12월은 단순히 한 해 달력의 마지막이 아니라 생장하는 시절의 끝이기도 하다. 이제 여름과 초가을의 푸름과 풍요는 가고 비와 음울한 하늘로 대체되어서, 학교에서 배운 시 하나를 생각나게 한다. 시인이 누구인지 기억하지 못하지만, 첫 시구가 내 안에 머물러 있다.

음울한 날들이 가까이 다가오니
한 해 가운데서도 가장 슬픈 날.
울부짖는 바람과 발가벗은 나무들
그리고 초원은 갈색으로 시든다.

12월은 어떤 면에서는 자연의 한 해에서도 끝이다. 자주개자리 밭을 따라 줄지어 있는 울타리 열[울타리를 따라 조성된 좁고 긴 미경작 지대]에 집을 가지고 있는 마못woodchuck은 이제 당분간 보이지 않는다. 이 회색의 설치동물은 지방층을 늘리고자 다육다즙의 콩을 게걸 스럽게 먹고는, 나뭇잎과 풀을 가득 채운 보금자리에서 웅크리고 자기 위해 굴속으로 사라져 잠을 자며 겨울을 보낸다. 기운을 보존하기 위해, 체온은 섭씨 2.8도로 낮게 떨어지고 심장은 1분에 단지 두세 번만 뛴다.

친숙한 여름새 대부분은 자기들이 좋아하는 기후를 찾아 다른 지방으로 떠났다. 그러나 그달 언젠가 북쪽에서 찾아오는 손님을 기대할 수 있다. 어떤 새는 이미 도착했다. (어두운 회색의) 방울새 junco와 나무참새tree sparrow가 울타리 열을 따라 잡초씨 먹기에 바쁘다. 첫눈이 그 새들의 자연 식량을 덮으면, 아마도 모이통을 방문해서 겨울철 내내 머물 것 같다. 왜 이들 두 종種이 겨울철에 함께 떼를 지어 오는지 가끔 이상한데, 그 새들이 여름에는 완전히 다른 서식지에 거주하기 때문이다. 방울새가 북부 침엽수 숲에 둥지를 트는 데 반해, 나무참새는 나무가 없는 툰드라에서 새끼를 기른다.

겨울철 단골손님인 두 종의 다른 참새는 흰목참새white-throated sparrow와 흰왕관참새white-crowned sparrow다. 흰목참새는 봄에 북쪽으로 날아가면서 아름다운 노래를 부르는데, 그 노래는 우리에게 "깨끗하고 달콤한 캐나다, 캐나다, 캐나다(pure sweet Canada, Canada, Canada)"라는 소리처럼 들린다. 뉴잉글랜드 사람들은 그것을 "늙은 샘 피바디, 피바디, 피바디(old Sam Peabody, Peabody, Peabody)"로 듣는다.

모이통에서 꽤 일상적으로 식사하는 또 다른 손님은 쇠박새 black-capped chickadee다. 우리가 사는 곳은 두 종이 겹치는 지역이지만, 오하이오의 이 지역에서 둥지를 틀고 사는 박새는 캐롤라이나박새 Carolina chickgadee다. 그 둘은 따로 떼어서 이야기하기 어렵다. 캐롤라이나는 쇠박새보다 두드러지게 작고 날개에 흰색이 적다. 아마도 모이통을 방문하는 박새는 생각보다 많을 것이다. 모이를 주면서 관찰하면, 모이통 주변에서 발끝으로 걷는 작은 곡예사들을 스무 마리 이상 본 적이 없다고 생각할 수도 있다. 하지만, 덫을 놓아서 그 새들을 끈으로 묶어 보면 백 마리 이상 되는 것을 보게 될 것이다.

부정기적으로 나타나는 또 다른 새로 홍방울새common redpoll와 붉은깃솔잣새red-winged crossbill, 흰깃솔잣새white-winged crossbill와 저녁콩새 evening grosbeak, 그리고 소나무검은방울새pine siskin가 있다.

10여 년 전 침입에 가까운 홍방울새의 방문을 받은 적이 있다. 우리 농장에서 그다지 멀지 않은 곳에 명아주가 웃자라 씨를 주렁주렁 맺고 있던 빈 돼지 목장이 있었다. 200마리가 넘는 홍방울새

떼가 풍성하게 열린 씨를 먹으며 2주 동안 머물렀다. 이들 작은 핀치finch 류는 캐나다 툰드라의 가장자리를 따라 왜소한 나무에 둥지를 틀기 때문에, 사람 눈에 좀처럼 띄지 않고, 그래서 나와 위험하게 교제할 일은 없었다. 하지만 그 새들의 대담함으로 인해, 끊임없이 지저귀는 새들에게 90cm 이내로 접근할 수 있었다. 새들은 갑자기 날아올라 주변을 선회하다가 돌아와서는 거의 내 발 가까이 내려앉았다. 그 뒤로 우리는 홍방울새를 본 적이 없다. 분명 그 새들은 더 먼 북부에서 겨울을 보내고 있을 것이다.

붉은 날개와 흰 날개를 가진 솔잣새도 이 먼 남쪽까지 모험하는 경우는 거의 없다. 그러나 그럴 경우, 이 온순한 새들이 위쪽에 매달려 아래 달린 솔방울을 구부러진 부리로 깨부수고 씨를 먹는 모습을 가깝게 접근해서 엿볼 수 있다. 색채가 풍부한 이 새들을 볼 수 있는 유일한 기회는 보통 아한대亞寒帶의 숲에서 솔방울의 결실이 빈약해서 솔잣새가 먹이를 찾아서 남부로 여행할 때다.

저녁콩새와 검은방울새도 북부에서 씨앗 작물의 흉작이 있을 때 많은 수가 미국으로 몰려든다. 콩새는 해바라기씨를 아주 좋아한다. 새 먹이 주기가 점점 더 유행해 떼 지어 사는 이 새들에게 풍부한 겨울 먹이가 공급되자, 이 새들은 사람들의 아낌없는 관대한 마음씨를 이용한다. 콩새가 해바라기씨를 탐식하는 반면에 검은방울새는 우리의 황금핀치goldfinch처럼 엉겅퀴 모이통에서 모이를 먹는다.

해마다는 아니지만 꽤 자주 우리를 방문하는 북부의 작은 보물은 붉은가슴동고비red-breasted nuthatch다. 우리 지역 텃새인 흰가슴동고비

white-breasted nuthatch보다는 비교적 작은 이 새는 녹빛의 붉은 아랫배와 검은 눈 줄무늬를 가졌다. 이 새들이 머리를 낮추고 모이통에 달라붙으며 우짖는 소리는 흰가슴동고비의 "얀크, 얀크"에 비해 음조가 높고 좀 더 콧소리를 낸다.

겨울바람이 눈을 몰고오면서 추운 기간이 길어지면, 흰멧새snow bunting가 구호식품을 찾아 우리를 방문할 것이라 믿을 수 있다. 한 마리씩 모이통에 오기도 하지만, 대규모의 본 무리는 새로 흩뿌려진 거름이나 그 새들을 위해 밖에 뿌린 부스러기 낟알을 경작지에서 먹는다. 섬광멧새flash bunting 외에도, 다수의 뿔종다리와 약간의 긴발톱멧새Lapland longspur도 늘 방문한다. 어느 겨울 우리 외양간 창문 밖에는 곰팡내 나는 작은 저장목초 더미가 하나 있었다. 매일 우리는 멧새들이 헛간에 더 가까이 오게 하려고 낟알을 흩뿌렸고, 마침내 그 새들은 목초 더미 꼭대기에서 먹이를 먹었다. 창유리의 서리를 긁어내고 흰멧새와 긴발톱멧새를 단 60cm 떨어진 곳에서 보는 것은 정말 스릴 있었다.

흙을 경운하고 있던 지난 3월, 그때까지 본 어떤 새와도 같지 않은, 혹은 그렇게 생각되는 참새 크기의 몇 마리 새를 발견했다. 서둘러 집으로 뛰어가서 쌍안경을 가져왔다. 서른 마리 정도의 긴발톱멧새 떼를 발견하고 놀라우면서도 기뻤다. 수컷은 칙칙한 황갈색의 겨울 외투 대신에 이제 생기 있는 새 깃털을 펼치고 있었다. 그 검은 머리와 가슴, 눈에서 가슴 옆으로 내려오는 흰 줄무늬와 붉은빛을 띤 갈색의 목덜미는 그들을 정말 멋진 새로 만들었다.

북쪽에서 내려오는 손님 대부분이 핀치 가족이고 크기도 아주 작지만, 북극 지역에서 오는 좀 더 큰 새도 있다. 특히 흰올빼미snowy owl와 털발말똥가리rough-legged hawk가 남쪽으로 내려온다. 흰올빼미는 이따금 이 부근에서도 보이지만, 서부 오하이오의 이리Erie 호를 따라 평지에서 훨씬 더 많이 보인다. 크고 흰 올빼미는 이 지역이 자신들의 본거지인 북극 툰드라나 불모지대와 한결 비슷하다는 것을 알고 있다. 다리에 털이 있는 매는 흰올빼미보다 이 지역에서 더 흔하게 보인다. 거의 매년, 이 새들의 하나 혹은 둘이 우리 농장을 자신들의 겨울 사냥 구역에 포함시킨다. 매는 넓게 개방된 이곳에서 쥐를 사냥할 때 새매sparrow hawk처럼 공중에서 정지하는 습성이 있다. 흔하게 알려진 붉은꼬리말똥가리red-tailed hawk와 달리, 털발말똥가리는 유순하다. 길에서 죽은 토끼를 먹을 때는, 때때로 고물차가 그 옆을 지나가도 날아가려 하지 않는다.

21일에 겨울 지점至點 즉 동지가 지나감에 따라, 해가 길어지기 시작하고 속담에서 말하듯이 "추위가 강해지기 시작한다." 우리는 겨울을 위한 생활에 정착한다. 현관 옆에는 잘 마른 나무를 높게 쌓아 올리고, 친구들과 내왕하고 아이들에게 이야기를 들려주고 놀이도 한다. 따뜻한 불 옆에서 팝콘과 사이다를 먹으며 책을 읽는 시간이 좋다. 12월은 나쁜 달이 전혀 아니다. 헛간에는 해야 할 자질구레한 허드렛일이 조금 더 남아 있다. 하지만 일의 속도가 늦추어지더라도, 캐나다의 툰드라와 아한대 숲에서 온 손님과 함께 지상의 우리 공간을 나누는 즐거운 시간을 더 많이 갖게 된다.

겨울 손님 35

겨울 산책

지지난 밤에 눈이 내렸고 어제 정오 무렵에 그쳤다. 이제 두께가 10cm나 되는 순백의 담요가 시골의 한 지방을 덮었다. 아침을 먹은 뒤에 야생 이웃들이 다다른 곳을 보기 위해 길을 떠났다.

기온이 섭씨 -12도에서 -7도 사이일 때 하는 겨울 산책만큼 상쾌한 것은 드물다. 계속 움직이고 싶을 정도로 찬 공기가 살을 에지만 불쾌함을 느끼게 할 만큼 춥지는 않다. 많은 동물들이 발자국으로 눈에 이야기를 써놓았을 것이다. 시턴Ernest Thompson Seton은 동물들이 지나간 발자취를 "이 세상에서 가장 오래전부터 알려진 필적筆跡"이라고 불렀다.

숲으로 가는 길에 옥수수밭을 가로지르며 내가 처음으로 본 자국은 들쥐의 발자취였다. 조그마한 들쥐vole가 지나간 흔적은 옥수수대 부근에서 사라졌다가 여행을 이어가기 위해 몇 발자국 떨어진 곳에서 다시 나타났다. 쥐들이 먹거리를 찾고 있었는지, 아니면 단지 눈이 신기해서 장난치며 놀았는지, 나는 가끔 의아하다. 이유가 무엇이든, 그 동물들의 모험을 좋아하는 정신은 자주 그 동물들이 몰락하는 원인이 된다. 털발말똥가리가 부근의 메뚜기나무locust tree

36 위대한 소유

에 앉았다가, 종종 작은 설치동물들을 정찬으로 먹는다. 그리고 밤에는 올빼미가 들녘을 지켜본다.

옥수수밭을 지나 목초지를 가로질러 갔을 때, 나는 개 발자국 같은 붉은여우red fox의 발자국을 우연히 만났다. 목적이 있는 것처럼 똑바르게 나아간 그 발자국을 따라갔더니, 그것은 울타리 열에 가깝게 접근하면서 아마도 그 짝의 것으로 보이는 더 작은 발자국과 합쳐졌다. 나는 발자국들이 북쪽으로 방향을 틀었을 때 그것들을 떠났는데, 내 발자국을 서쪽으로 찍고 싶었기 때문이다. 울타리 열을 따라 걸으면서, 나는 검은방울새와 가시나무의 안전장치 속에서 먹이를 먹고 있는 나무참새와 노래참새가 뒤섞여 있는 새떼를 놀라게 했다. 비록 새떼가 내 앞에 가만히 있었지만, 나는 흰왕관참새로 드러난 좀 더 큰 새 한 마리에 주목했다.

초보 조류 관찰자에게 겨울은 나가 있기에 좋은 시간이다. 실지로 보통 겨울날에 이 부근에서 볼 수 있는 30여 종을 모두 쉽게 구별할 수 있다. 가장 분간하기 어려운 것은 캐롤라이나박새와 쇠박새일 것이다. 거의 동종同種인 이 둘은 숙련된 들새 관찰자조차 구별하기가 쉽지 않다. 그러나 홍관조cardinal와 큰어치bluejay, 도가머리박새 tufted titmice, 애도비둘기mourning dove 등과 같은 겨울새는 다른 새와 혼동하기 어려울 것이다. 5월의 아침에 숲을 가득 채운 솔새들에 비하면 더욱 그렇다.

어수선한 다람쥐 발자국과 함께 숲을 계속 가로질러 가다가 붉은 여우와 분명히 다른, 한 쌍의 발자국과 마주쳤다. 그 발자국은 고양

겨울 산책 37

이 닮은 것이었고, 곧바로 달리는 대신, 통나무들을 가로질러 그루터기를 넘고 찔레briar 밭뙈기를 통과해서 구불구불 헤매고 있었다. 회색여우gray fox였다. 교활한 동물의 것으로 보이는 6개의 발자국이 실제로는 단 한 쌍에 의해 만들어진 것이었다. 발자국들은 그 동물들의 밤 소풍으로 숲의 모든 부분을 뒤덮었다. 드문 것은 솜꼬리토끼의 발자국이었다.

밀밭을 질러가니, 여기서도 회색여우 발자국이 보였다. 쥐를 잡으려던 것인지 이놈들의 발자국은 어느 곳에나 있었다. 그러다가 밀밭의 쥐 한 마리가 워털루 전투처럼 참패당한 모습을 보았는데, 그 상대는 여우가 아니라 날개 달린 동물이었다. 눈 위의 흔적을 보면, 올빼미가 쥐에게 돌진했다가 놓쳤음을 알 수 있었다. 그것은 작은 동물이 깡충깡충 뛴 앙감질이 아니라 힘차게 겅충 뛴 1.2~1.5m에 달하는 도약의 자취여서, 소스라치게 놀란 쥐가 만든 발자국임이 분명했기 때문이다. 그리고 어지러운 흔적이 모두 끝난 눈 위에 또 다른 파헤쳐진 자국이 있었다. 놀라운 것은 눈 위에 남겨진 포식 동물의 날개 끝 자국이었다. 비명올빼미screech owl의 것으로는 너무 작아 보여서, 아마도 톱소리올빼미saw-whet owl가 근처에 있는 것으로 보였다.

마침내 나의 목적지, 즉 삼림 지대로 복원되고 있는 6에이커[2만4천m²=7,300평] 정도의 들판에 도달했다. 그 가장자리에서 깜짝 놀랐는데, 한 무리의 메추라기bobwhite가 잡초에서 갑자기 튀어 올라 들판의 은신처로 사라졌다. 이 들판에는 지금 물푸레나무ash와 백합나무tulip poplar, 단풍나무maple, 오크나무oak tree, 그리고 이에 더해 꽤 많은 사과 나무apple와 산사나무hawthorn 등이 자라고 있다. 수많은 블랙베리와 함께 자라고 있는 뒤의 두 나무들은 우뚝 솟은 나무들이 햇볕을 가리기 때문에 결국 죽게 될 것이다. 그러나 현재는 이 공간이 기웃 거리며 어정거리는 자연 생물들의 천국이다. 이 나무들 대부분은 아직 높이가 3미터도 되지 않고, 애스터aster와 미역취goldenrod, 키다 리 등골나물joe-pye weed, 엉겅퀴ironweed 등 여름과 가을의 풍성한 야생 화 가운데 있다. 이곳은 내가 아름답고 깊은 오렌지색 나비금관화 butterfly milkweed[유액 분비 식물]를 발견할 수 있는 장소인데, 이 식물은 나비에게 매우 매혹적이어서 흔히 이렇게 불리고 있다. 우리 정원에 는 이 금관화가 한 포기가 있고, 명성에 부끄럽지 않게 잘 자라고 있다.

지금은 한겨울이니 꽃은 다 졌다. 그래도 나는 미역취를 찾기 위해, 그 꽃이 아니라 그 줄기에 있는 혹[충영(蟲廮)]을 보기 위해 온다. 이 안에는 길이가 0.6cm 남짓한 통통하게 살진 하얀 구더기 혹은 애벌레가 있는데, 이것은 얼음낚시용 미끼로 최고다. (최근 추운 날씨에 우리 연못의 얼음은 위험을 무릅쓰고 가도 거의 안전하 다.) 혹이 형성되는 과정은 흥미롭다. 이따금 여름에 파리가 미역취 줄기에 알을 낳는다. 그 알이 부화하면, 애벌레가 줄기 가운데로 먹어 들어간다. 이 침입에 대한 식물의 반응은 애벌레 주변이 부풀 어 오르거나 혹을 형성하는 것이다. 그러면 이것이 겨우내 애벌레에 게 집이 되고, 그 삶의 순환이 배고픈 어부나 새에 의해 중단되지 않는다면, 애벌레는 다음 해 봄이나 여름에 줄무늬 날개를 가진 성충 파리로 나온다.

나는 혹을 점검하자마자 실망했다. (그것들은 둘레 크기가 0.6cm 정도 되고 체리벨래디시cherry belle radish처럼 생겼다.) 각 혹에는 구멍이 하나씩 있었는데, 아마도 박새나 동고비 같은 새가 쪼아서 그 구멍을 통해 즙 많은 한 조각을 꺼내 먹은 것 같았다. 아직 먹지 않은 혹을 내가 찾자, 긴장한 딱따구리woodpecker 한 마리가 짹짹거리기 시작했다. 아마도 그놈이 범인인 것 같은데, 오히려 자기가 좋아하는 식사 구역에서 내가 나가 주기를 바라는 것 같았다.

영리한 딱따구리와 그의 영토를 떠나서, 튼실한 미역취가 있는 다른 경작지로 길을 가로질러 갔다. 거기서 새들이 건드리지 않은 혹들을 많이 발견했다. 상자에 넣은 애벌레로 내 주머니가 불룩해졌는데, 그때 블루길bluegill의 환상이 내 머릿속에서 춤을 췄다.

날이 흐려지기 시작했지만, 이제 집을 향해 발길을 돌리자 하늘은 맑게 개고 기온은 떨어지고 있었다. 눈은 푸석푸석한 가루가 되고, 오후 태양의 광선이 벌써 나무 너머로 긴 그림자를 던지고 있었다. 이 그림자들은 순백의 눈에 푸른빛을 드리운다. 화이트E. B. White는 "나는 언제나 주님의 무한한 창조력으로 인해 겸손하게 되니, 그분은 붉은 헛간이 푸른 그림자를 던질 수 있게 하신다"고 쓴 적이 있다. 내가 우리 농장에 가까워지자, 털발말똥구리 한 마리가 집 옆 소나무 안으로 조용하게 미끄러져 들어갔다. 여기서 그 새는 밤을 보낼 것이다. 이 위풍당당한 새가 북극 지방에서 와서 우리

침실 바로 옆에서 잔다는 사실이 내 마음을 편안하게 해준다.

좋은 날이었다. 최근에 친구가 말했듯이, "모든 날들이 좋다. 어떤 날들이 다른 날들보다 조금 나을 뿐이다."

단풍당丹楓糖 만드는 시간

우리의 설탕 캠프[제당소(製糖所)]는 크지 않아서, 본격적으로 설탕을 제조하는 사람에게는 설탕 캠프로 여겨질 수도 없을 만큼 보잘 것 없다. 물이 새서 화로로 역할이 바뀐 200갤런[42말]짜리 압력 물탱크와 금속 연통, 그리고 76cm×152cm의 납작한 솥으로 이루어져 있는 이 빈약한 설비는 임시변통의 화실火室에 어울린다. 설비는 4개의 기둥이 지탱하는 평평한 지붕으로 날씨로부터 보호되지만, 이 오두막은 이따금 여름 폭풍에 굴복해서 무너지기도 한다. 그러나 겨울다운 겨울과 쟁기질하는 사이의 그 즐거운 시간에, 캠프는 우리를 위해 잘 작동한다.

밤 온도가 섭씨 -7도 정도, 낮 온도가 섭씨 -1도~4도 정도로 슬며시 오르고, 파랑새bluebird의 부드럽고 밝은 노래가 들판을 가로질러 들려오면, 사탕단풍나무에 구멍을 뚫어 수액을 받을 시간이다.

사탕단풍 시럽[당밀(糖蜜)]은 백인 정착민이 산림에서 얻은 사치품의 하나였을 것이다. 만드는 방법을 동부 인디언에게서 배운 개척자들에게 이 감미료는 곧 자기 집의 주요 식품이 되었다. 인디언은 개척자들에게 오리나무alder나 엘더베리elderberry 가지를 대롱으로 사

42 위대한 소유

용해서 나무껍질 통에 수액을 모으는 방법을 가르쳐 주었다. 두 나무의 단단한 고갱이를 쉽게 밀어 빼내서, 우리가 지금 삽관挿管이라고 부르는 것을 만들 수 있었다. 수액을 모은 뒤에 나무통 속에 넣고, 수분이 증발해 시럽을 남길 때까지 뜨거운 돌을 그 안에 떨어뜨렸다.

이곳 오하이오에서는 삼림지역의 사탕단풍이 평균 2~3%의 당분을 함유하는데, 이는 1말의 시럽을 만들기 위해서는 40말의 수액이 필요함을 의미한다. 물론 이러한 수치는 평균적인 것으로, 해에 따라, 심지어는 나무에 따라 달라질 수 있다. 오하이오 농업연구 및 개발센터(Ohio Agricultural Research and Development Center; OARDC)의 임학과 교수인 크리벨Howard Kriebel 박사에 따르면, 울타리 열을 따라, 혹은 마당이나 목초지 등 노지에서 자라는 나무는 수액의 당분이 4~5%에 이를 수도 있다. 우리는 수액을 받는 나무가 우리 목초지에 있기 때문에, 첫 번째 채취에서는 1말의 시럽을 만들려면 20말의 수액만 필요로 한다는 사실을 알게 되었다.

크리벨 박사와 OARDC 연구원들은 우수한 사탕단풍나무 품종의 개발을 확신했다. 오하이오와 뉴잉글랜드에서 최고의 사탕단풍나무를 가져다가 다양한 접붙이기 방법으로 실험한 결과, 이 나무들이 토박이 사탕단풍나무보다 당분이 두 배나 많을 것으로 기대했다. 그 묘목을 키우는 데 사용할 씨도 생산했다. 그러나 불행하게도 그 묘목을 심어서 수액을 채취할 때까지는 이상적인 환경에서도 적어도 20년이란 시간이 걸린다. 그래서 그들이 기대하던 저지Jersey

섬의 사탕단풍나무는 아직 여론의 지지 밖에 있다.

또 다른 변화의 바람이 역삼투逆滲透라 불리는 신식 공정에서 불어 오고 있다. 수액을 저장 탱크로 빨아들이는 플라스틱 배관과 펌프가 사탕단풍나무 숲 전체를 관통하고 있다. 나는 작은 규모에는 실용 적이지 않은 이 지나치게 기교적인 공정을 이해하는 척하지 않지만, 그것은 값비싼 전기 동력 기계로 수액이 흐르게 함을 뜻한다. 그 작동 원리는 바닷물을 마시기에 알맞도록 만드는 중동에서 사용하 는 탈염 장치와 다소 비슷하다. 다만 사탕단풍 수액 제조의 부산물 인 정화된 물이 버려진다. 남아 있는 수액은 6~10퍼센트의 당분을 포함한다. 이 공정은 상당한 양의 끓이는 과정을 생략한다. 어떤 사람들, 특히 뉴잉글랜드 사람들은 역삼투가 사탕단풍 시럽 산업에, 거대한 닭장이 계란 시장에 파란을 일으킨 것과 같은 역할을 할 수 있다고 두려워한다. 버몬트 대학 사탕단풍연구실험실의 모젤리 Mariafranca Morselli 박사는 이런 일은 일어나지 않을 것이라고 주장한 다. 그녀의 주장은 이렇다. 사탕단풍 시럽 시장에서 최상급 등급인 A급 애호등급이나 연한 호박색등급을 받을 수 있도록 사탕단풍 생산자들에게 도움을 줄 뿐이라는 것이다.

작은 규모의 단풍당 만들기에 필요한 도구는 비싸거나 복잡하지 않다. 시럽을 만들려면, 꽤 큰 사탕단풍나무 몇 그루, 몇 가지 금속 증발 냄비, 삽관(대부분의 철물점에서 구입할 수 있다), 굽은 손잡이 가 달린 목공용 송곳과 구경 1.27cm(8호)짜리 비트, 망치, 수액 담을 용기 등이 필요하다. 수액 용기는 3.78리터짜리 플라스틱 우유병부터 공업용 버킷이나 수액 자루까지 어떤 것이어도 좋다. 만약 집에서 용기를 만들려면, 테두리 부근에 1.9cm의 구멍을 뚫어 버킷이 삽관에 매달릴 수 있도록 해야 한다.

구멍은 땅에서 122cm 정도 높이에 7.6cm 깊이로 뚫는다. 구멍을 아래쪽으로 약간 경사지게 뚫어 수액이 흘러나오게 한다. 그러고서 삽관의 어깨 부근이 빡빡하게 고정될 때까지 망치로 가볍게 두드린다. 이것은 보통 삽관의 위쪽에 있는 손잡이에서 1.3cm 정도 떨어진 곳까지 들어간다. 이제 수액의 첫 방울이 조그마한 나무 부스러기와 함께 삽관에서 잘 떨어지는지 지켜본다. 그런 다음 버킷을 매달고 달콤한 액체가 핑, 핑, 핑 하며 떨어지는 소리를 듣는다.

대충 어림과 경험으로, 지름이 25cm가 되지 않는 나무는 구멍을 뚫지 않는다. 25cm에서 38cm까지의 나무는 구멍을 하나 뚫고, 40cm에서 50cm까지의 나무는 구멍을 두 개 뚫으며, 50cm에서 64cm의 나무는 구멍을 세 개 뚫지만, 나무가 얼마나 큰지 상관없이 네 개 이상의 구멍은 뚫지 않는다. 대체로 구멍 하나가 2말에서 3말까지 수액을 생산할 것이다.

수액이 모아지는 대로, 특히 날씨가 따뜻하면 가능한 한 빨리 졸여야 한다. 수액이 발효되도록 놓아두면, 그 맛이 무섭게 변한다. 증류용 용기는 철제 솥부터 다양한 종류의 팬까지 깊이가 충분하면 어떤 것이든 가능하다. 친구와 내가 단풍당을 처음 만드는 파트타임 농부 지인을 방문했던 때를 쉽게 잊을 수 없다. 도시에서 자란 그는 농촌 스타일로 일을 하는 것에 대해 상당히 흥분했고, 우리에게 그의 증류기를 자랑스럽게 보여주었다. 어디에선가 그는 깊이 38cm, 둘레가 가로 61cm, 세로 122cm인 스테인리스 강철 팬을 구했다. 순정純正 스테인리스 강철은 열을 잘 전도하지 못하기 때문에, 그는 수액을 졸이기 위해 냄비 뚜껑을 덮어야만 했다. 오직 소량의 김만 한쪽 구석으로 조금씩 새어 나가고 있었다. 그는 수액이 시럽으로 바뀌는 데 아주 긴 시간이 걸리는 것 같다고 말했다. 뚜껑을 치우는 게 도움이 될 것이라고 제안했을 때, 그는 자기가 제대로 하고 있노라 우겼다. 그러자 내 친구는 "어쨌든 그는 시럽을 만들지 못할 거야"라고 빈정거리듯 말했다.

수액이 진해지기 시작하면 태우거나 마르지 않도록 주의한다. 수액이 진해지면 낮은 온도에서도 끓게 되고, 만약 주의 깊게 지켜보지 않으면 끓어서 넘칠 수도 있다. 이런 일이 일어나면, 크림[유지(乳脂)] 한 조각을 넣어서 펄펄 끓는 거품을 즉시 가라앉힐 수 있다. 소규모로 운영하는 우리는 대부분 증류 냄비에서 시럽을 완성하지 않고, 면밀하게 주의를 기울일 수 있는 부엌 스토브에서 그 작업을 한다.

수액이 최종적으로 시럽이 되는 때를 아는 방법이 몇 가지 있다. 가장 정확하고 과학적인 방법은 액체비중계hydrometer로 하는 것이다. 이것은 특정한 농도를 측량하는 데 사용하는 장치로, 수액이 시럽으로 바뀌는 레벨에 따라 떠오르는 속이 텅 빈 유리 튜브로 구성되었다. 당도는 '브릭스 눈금Brix Scale'으로 불리는 것에 의해 측정된다. 완성된 시럽이 뜨거울 때는 브릭스 59이고, 차가울 때는 66이다.

더 간단한 방법이 있다. 그 하나는 '마무리하는' 동안에 국자로 점검하는 것이다. 만약 수액이 숟가락에서 똑똑 떨어지면 아직 덜 된 것이니, 액체가 국자에서 앞치마처럼 펼쳐질 때까지 기다린다. 우리는 사탕온도계candy thermometer를 우리의 표준으로 사용한다. 시럽이 물의 비등점보다 7.5도 높은 온도에 도달하면 완성된 것이다. 물의 비등점이 고도와 기압에 따라 달라지기 때문에, 반드시 7.5도를 더하기 전에 적절한 비등점을 결정해야 한다.

초석硝石으로도 알려진 질산칼륨을 제거하기 위해서는, 뜨거운 시럽을 펠트[모전(毛氈)]를 통해 여과해야 한다. 앞필터를 펠트 안에 붙여 주면, 펠트가 찐득찐득 달라붙어 막히는 것을 방지한다. 질산칼륨을 제거하는 또 다른 방법에는 질산칼륨이 바닥에 가라앉을 때까지 시럽을 그대로 놓아두었다가 침전물 위의 시럽을 따르면 된다. 이 방법의 불리한 점은 용기를 적절하게 밀폐한 뒤에 시럽을 180도까지 다시 가열해야 한다는 것이다.

시럽은 이제 사용할 준비가 되었다. 첫 번째 단풍당 만들기에서 나온 신선한 시럽만큼 좋은 맛을 내는 것이 있을까? 옥수수 죽이나 팬케이크에 쓰든, 혹은 시리얼에 얹는 감미료로 사용하든, 이보다 더 낫기는 어렵다. 그러나 단풍당 만들기에는 최종 생성물보다 그 이상의 것이 있다. 루이스 브롬필드Louis Bromfield는 말라바Malabar 농장에서의 단풍당 만들기를 이처럼 아름답게 기술했다.

단풍당 만들기의 의식 전체를 물들이는 흥분 같은 것이 있으니, 눈이 녹는 기미를 뒤따라 나무에서 수액이 올라가고 첫 연두색 새싹이 트는 겨울의 끝장과 봄의 도래를 상징하기 때문이다. 봄이 달리면서 다닥냉이cress가 자라기 시작하고 박새와 참새가 노래를 부르기 시작한다. 겨울이 죽은 뒤에, 희망의 시작인 풍년이 약속된 새해가 재생한다.

새 목록 만들기

"기러기goose다!"

어린애들이 외양간 안으로 달려 들어오면서 한 아이가 흥분해서 외쳤다. 우리 대다수는 일이 거의 끝났음을 감지하고, 우유 짜던 소뿐만 아니라, 우리 어두운 구석에서 안전한 곳을 찾던 외양간 고양이까지 깜짝 놀라게 하면서, 그 새를 보려고 외양간을 서둘러 떠났다.

새들은 기러기가 아니라 여덟 마리의 툰드라고니tundra swan로 드러났다. 3월 초의 눈 돌풍에 붙들려 폭풍이 끝나기를 기다리던 새들은 개빙開氷 구역을 찾으려고 낮게 날고 있었다. 이전에 고니를 한 번도 본 적이 없었기 때문에 우리는 무척 기뻤다. 이 새들은 우리 농장에서 관찰되거나 농장 위를 날아간 새들 목록에 136번으로 기록되었다.

새 목록 만들기는 야외에 관심이 있는 많은 사람들이 애호하는 활동이다. 본격적인 조류 관찰자들은 그들이 본 새들의 생활을 기록한다. 이러한 목록은 북아메리카에서 흔히 보이는 새들로 구성되지만, 특정한 주州(state)나 성省(province), 군郡(county)만의 새 목록을 만들어

한층 더 지역적 특성을 살릴 수도 있다.

아내와 나는 결혼하자마자 농장을 위한 목록을 작성하기 시작하며 농사일을 개시했다. 120에이커[49만㎡=14만7천평]의 땅에서 시간의 대부분을 보낼 것이고 그 새들의 생활에 대해 친밀하게 알고 지낼 것이기 때문에, 우리는 이것이 기록해야 할 필수적인 목록이 될 것이라고 생각했다. 만약 보기 드물거나 정처 없이 떠돌아다니는 새가 먹이를 찾기 위해 머물거나 둥지를 튼다면, 우리는 그 존재를 곧 알게 될 것이다. 지느러미발도요northern phalarope가 1972년 10월 어느 아침에 우리 연못에서 발견되었다. 삑삑도요sandpiper 비슷한 이 새는 특별한 먹이 섭취 습성을 가졌다. 연못에서 한 마리를 발견했는데, 곤충과 모기 애벌레 혹은 물에서 살랑거리며 휘젓는 것이라면 아무것이나 가리지 않고 먹이를 발로 차고 재빠르게 쪼아서 마치 팽이처럼 돌렸다. 이 종의 수컷은 정말 엄처시하에 있으니, 빛나게 채색된 암컷이 수행하는 유일한 육체적 의무는 알을 낳는 것뿐이다. 암컷이 알을 낳은 뒤에, 칙칙한 황갈색 수컷은 알을 품고 나서 또 새끼를 돌보는데, 그동안 암컷은 같은 종류의 다른 암컷들과 함께 캐나다 툰드라에서 여름을 한가롭게 보낸다.

130여 종 이후에는, 목록이 느리게 늘어났다. 137번은 아메리카알락해오라기American bittern였는데, 그 새가 목록에 오르기 위해서는 약간의 우여곡절이 있었다. 알락해오라기가 나를 향해 날아오는 것을 보았을 때 나는 솔트크리크Salt Creek천을 건너가는 다리 위에서 있었다. 나는 '수택지의 물펌프swamp pumper'[알락해오라기]가 아주 여러 차례 날개를 저어 왼쪽으로 방향을 틀어 우리 농장 구석을 가로지를 것이라고 확신했다. 140번과 141번은 흰뺨오리common goldeneye와 관머리비오리hooded merganser였는데, 둘 다 1978년 3월에 연못에 있었다.

1980년에는 대백로great egret와 검은제비갈매기black tern, 버지니아 뜸부기Virginia rail와 몇몇 솔새가 더 첨가되었다. 올해는 지금까지 오직 세 가지의 새로운 종만 더해졌다. 줄무늬새매sharp-shinned hawk가 소나무에서 나온 집참새를 잡아채 포획물을 관목 아래로 옮기면서 발견되었다. 작은 과속 운전자가 불운한 참새를 홱 잡아 당겨서 먹기 시작하는 것을 우리는 쌍안경으로 지켜보았다.

늦은 봄에 농장 끝에 있는 옥수수 밭을 점검하다가, 이전에 들은 적이 없는 새가 짝을 부르는 소리를 들었다. 그 소리는 심한 코감기에 걸린 딱따구리 같았다. 몇 분 뒤에 잊지 못할, 뿔피리처럼 부르는 소리를 다시 들었다. 하늘 쪽으로 흘긋 보았더니, 큰푸른왜가리great blue heron 크기의 새 한 마리가 혼자서 머리 위를 날고 있는 것이 보였다. 그러나 왜가리 같은 굴곡된 S자형 목이 아니라, 몸 앞으로 쭉 뻗은 목이었다. 그 새가 사실은 캐나다두루미sandhill crane라고 생각했는데, 나의 억설을 확인할 것은 휴대용 도감밖에 없다.

우리 농장 리스트의 마지막 새인 165번 흰머리수리bald eagle는 밀씨를 뿌리던 9월 말에 관측되었다. 큰아들과 나는 거대한 새가 더 높은 고도에 도달할 때까지 상승 기류를 탔다가 남서쪽을 향해 곧바로 사라지는 것을 20배율 망원경으로 지켜보았다. 그 크기와 위로 향한 익단翼端 그리고 그 무엇보다도 공기를 지배하는 제어력 등 이미 알고 있는 사실로 보아, 그 정체성에 대해서는 의문의 여지가 없었다. 그 새는 어린 독수리여서, 특유의 흰 머리와 꼬리가 아직 없었다. 흰 머리와 꼬리의 특징은 독수리가 네 살 내지 다섯 살의 성숙기에 이를 때까지 나타나지 않는다. 조금도 과장하지 않고, 우리는 상당히 흥분했다.

어린아이들이 나이를 먹고 새를 더 많이 알게 되자, 매년 새롭게 발견되는 새들 목록은 줄어들었다. 그래서 농장 목록과 별도로 새로 발견한 새의 목록을 한 해 단위로 기록하기 시작했다. 매년 새해 첫날에 새로운 목록을 시작하면, 조금씩 속도가 떨어지던 색 바랜 낡은 목록에 대한 흥미가 갑자기 되살아난다. 우리는 가로 선이 그어지고 내려가면서 180종의 새를 기록할 여백이 있는 56×71cm 의 포스터 판지를 사용한다. 각 이름 앞에는 새를 발견한 날짜를 적는 공간이 있고, 각 이름 뒤에는 새가 관측된 장소를 위한 공간이 있다.

예를 들어 우리가 다른 주에 사는 친구를 방문하면, 그들이 우리에게 새로운 새를 보여줄 수도 있다. 우리는 위스콘신주 캐쉬튼 Cashton에 있는 앤디 슈록의 산마루 농장 방문을 잊을 수 없다. 그곳에서 그가 보여준 무당새dickcissel는 내가 이전에 본 적이 없고, 서부들종다리western meadowlark는 노래 곡조가 너무 아름다워서 이루 말로 표현할 수가 없었다. (또한 푸른 풀이 무성한 산허리에서 풀을 뜯고 있던 그들의 멋진 브라운스위스젖소Brown Swiss cow들도 주목하지 않을 수 없었다.)

9cm의 바깥 여백이 포스터 가장자리에 남는데, 각자 이곳에 새를 스케치하거나 그림을 그린다. 여기에 색깔에 관한 짧은 언급을 첨기할 수도 있다. 이 목록을 부엌 테이블 옆 벽에 부착한다. 이제 조사가 시작된다. 먼저 모이통을 찾아온 모든 내방객의 목록을 만든다. 그러고 나서 우리는 모이통을 자주 찾지 않는 다른 겨울철 상주 텃새를 계속 눈을 부릅뜨고 찾는다. 1984년에는 1월이 끝났을 때 34종을 기록했다. 2월에 첫 개똥지빠귀robin와 찌르레기blackbird, 물떼새killdeer 등의 도래를 보았지만, 전부 해서 여덟 마리의 새로운 새들만 이 한 달 동안에 보았을 뿐이다.

3월에 철새인 물새waterfowl가 연못에 머무르면서, 목록은 더 빠른 속도로 늘어났다. 첫 번째 암청색큰제비purple martin가 26일에 도래하기까지는 55종이 목록에 올랐다.

4월은 다른 종류의 제비가 와서 특별히 활기가 넘쳤다. 아메리카메추라기도요와 쌀먹이새는 들판에 아주 흔하다. 갈색쥐빠귀brown thrasher와 은둔자쥐빠귀hermit thrush 역시 기록되었다. 이달은 84번인 고지대삑삑도요와 함께 끝났다.

5월은 모든 조류 관찰자들이 기대를 품고 기다리는 달이다. 5월 초하루에 우리는 그해 첫 노랑솔새yellow warbler를 보았다. 그때부터 이달 중순까지 실제로 매일 새로운 새가 보였다. 18일에 우리는 이리호에서 날을 보내고, 57종을 목록에 더 보탰다. 5월이 지나가고 그와 함께 봄 이동이 끝났을 때, 우리는 162종의 다른 새들을 목록에 올렸다.

여름철에는 몇몇 새로운 새들만 보았다. 그 가운데는 메뚜기참새 grasshopper sparrow와 버지니아뜸부기가 있었다. 9월 저녁에는 아메리카쏙독새common nighthawk가 남행 여로에서 벌레를 잡으려고 공중에 예인망을 치는 모습이 보였다. 11월에 우리는 봄에 놓쳤던 두 종의 철새 오리, 즉 쇠오리green-winged teal와 넓적부리오리northern shoveler (shovelbill)를 보았고 이에 더하여 툰드라고니까지 보았다. 나는 캐롤라이나굴뚝새Carolina wren도 보았다고 생각했지만, 활기 넘치는 노래로 그 정체성을 확인할 때까지는 확신할 수 없었다. 1970년대에 연이은 혹독한 두 해 겨울이 매혹적인 이 작은 가수를 거의 다 절멸시켰다. 그때까지 굴뚝새는 흔히 볼 수 있는 새였다. 나는 그후 8년 동안 한 번도 볼 수 없었다.

우리는 그해를 181종으로 마감했다. 마지막 새는 12월 초에 목초지의 쥐를 찾으며 농장 위를 솟구쳐 날던 털발말똥가리였다. 이 매들은 우리 농장에 흔한 붉은꼬리매와 크기가 비슷하다. 이 새들은 먼 북방에 둥지를 틀고 살다가 겨울을 지내기 위해 위험을 무릅쓰고 남행한다.

우리 가족은 모두 새 목록 만들기에 참여할 수 있다. 그리고 그것은 일상의 일을 부지런히 하는 동안에 이루어질 수 있다. 우리 농장 목록이 농장에서만 본 새의 리스트라면, 우리의 연간 목록은 한계가 없다. 그래도 정확성을 얻으려고 노력한다. 만약 새의 정체성에 대해 확신이 들지 않으면, 우리는 그것을 목록에 올리지 않는다. 만약 당신이 북부의 어느 주에 살고 있고 어린아이 하나가 홍학flamingo을 알려온다면, 의심받을 만한 이유가 있다. 그러나 너무 많이 의심해서는 안 된다. 어린이들이 옳을 수도 있기 때문이다. 그런 일이 지난 봄 옥수수를 심는 동안에 내게 일어났다.

어느 날 일곱 살배기 아들이 함께 들녘에 나갔다. 내가 옥수수밭에 씨를 뿌리는 동안에 아들은 짐마차에서 기다렸다. 내가 두 번째 밭 끄트머리에 가까워졌을 때 "어머나, 아빠, 제가 붉은풍금조scarlet tanager를 보았어요!"라고 외쳤다. 숲에서 오는 길이었지만 울타리 열을 따라 똑바로 왔기 때문에 나는 의심스러웠다. 나는 "홍관조가 아닌 게 확실해?"라고 시험 삼아 물어보았다. 아들은 "예, 확실해요. 그 새는 검은 날개를 가졌어요"라고 확고하게 대답했다. 여전히 무언가 의심스러웠지만, 파종기와 함께 다른 밭으로 옮겨가 그 끄트머리에 접근하자 눈부시게 빛나는 수컷 풍금조 한 마리가 있었다. 내가 배우는 데 느리다는 생각이 들었다. 모래언덕학을 본 것이 바로 2주 전 이곳 같은 들에서였다. 새는 규칙에 따라 늘 같이 행동하거나 놀지 않는다.

좋은 도감은 수많은 다른 종류의 새를 구별하기 위해서는 필수 불가결한 것이다. 두 권의 뛰어난 안내서는 로빈슨Robins, 브룬Bruun, 짐Zim이 쓴 『북아메리카의 새Birds of North America』와 피터슨Roger Tory Peterson의 『로키산맥 동부의 새에 대한 현장 안내서A Field Guide to Birds East of the Rockies』다. 로키산맥 서부의 새에 대한 피터슨의 안내서도 있다. 또 다른 유용한 도구는 좋은 쌍안경이다. 쌍안경은 5월 아침의

'작고 푸른 많은 새들'을 솔새의 독특하고 개별적인 종들로 바꾸어 놓는 능력을 갖고 있다. 아마도 통상적으로 사용되는 대부분의 쌍안경은 7×35배율일 것이다.

새에 대한 우리의 관심은 단지 그 이름을 배워서 목록에 기록하는 데 있는 것이 아니라, 오히려 새를 공부하고 새들의 모험을 관찰하며 새들의 습성을 연구하는 데 있다. 그렇게 해야만 목록 만들기가 적절한 제자리를 갖는다. 나는 그것을 케이크에 설탕을 입히는 것이라고 즐겨 생각한다.

숲과 들녘, 시내 등으로 둘러싸인 시골에서 우리처럼 생활한다면, 새는 우리 일상생활의 일부로 성큼 다가온다. 다른 생명체를 기록하는 것이 우리의 지각을 예리하게 하고 하느님의 가장 아름답고 다채로운 창조물의 하나를 한층 더 식별하게 해주는 것임을 깨닫게 한다.

딱따구리

윙윙거리며 세차게 부는 바람에 눈보라가 거세지만, 깃털이 복슬 복슬한 솜털딱따구리downy woodpecker는 방해를 받는 것 같지 않았다. 그 새는 먹이통 바람막이 쪽에 놓인 소 기름덩이에 달라붙어 있기 때문일 것이다. 박새와 검은방울새가 여름 꽃씨 모이통 안팎을 쏜살 같이 날아다니는 동안, 참새만한 이 딱따구리는 아랑곳하지 않고 추운 겨울밤 내내 생명을 유지시켜줄 고에너지 먹이를 계속 쪼아 먹고 있었다.

겨울철에 이 작고 성실한 딱따구리들이나 그보다 큰 사촌들, 즉 털북숭이딱따구리hairy woodpecker 몇 마리가 소 지방 모이통을 찾지 않고 지나가는 날은 거의 없다. 수컷은 머리 꼭대기에 있는 붉은 점으로 그 짝과 구별된다.

노랑배딱따구리yellow-bellied sapsucker를 제외한 다른 대부분의 딱따 구리와 마찬가지로 깃털이 복슬복슬한 이 딱따구리는 겨울 동안 긴 거리를 이동하는 경우가 드물다. 나무 구멍 속의 곤충 애벌레나 소기름을 먹을 수 있으면, 이 새들은 일 년 내내 텃새로 남는다.

솜털딱따구리와 털북숭이딱따구리 외에 붉은배딱따구리도 소 지방과 여름 꽃씨, 때로는 옥수수를 정례적으로 찾는 손님이다. '붉은 배'란 이름은 이 얼룩말 무늬의 빨간왕관딱따구리zebra-backed red-crowned woodpecker에게 잘못 붙은 이름인 것 같다. 그 이름은 배의 불그스름하고 연분홍색 옅은 색조 때문에, 1758년 칼 폰 린네Carl Linnaeus에 의해 지어진 것이다.

비슷한 크기의 붉은머리딱따구리redheaded woodpecker는 모이통을 찾는 것만큼이나 자주 옥수수 곳간을 방문한다. 겨울에는 그리 흔한 일이 아니지만, 시큼한 버찌가 익는 여름철 숲에서 벚나무 꼭대기로 날아드는 도가머리딱따구리pileated woodpecker의 파상적波狀的 비행은 낯설지 않은 풍경이다. 검고 희며 붉은 이 멋쟁이 딱따구리는 언제나 땅벌레보다도 체리를 더 좋아한다.

딱따구리는 나무속 깊은 곳에서 딱정벌레beetle 애벌레를 끄집어내는 유일무이한 장비를 갖추고 있다. 딱따구리는 벌레처럼 보이는 긴 혀를 가졌는데, 먹이를 찾을 때 놀라울 정도로 길게 뻗을 수 있다. 소형 빨대 갈고리처럼 생긴 이 혀끝에는 단단하고 뾰족한 미늘이 있고, 미늘 주변에는 나무 속 깊은 곳의 벌레를 찌를 수 있는 억센 털이 둘러싸고 있다. 그래서 이 새는 감질나게 하는 한 조각을 갈고리 끝에 걸어 혀를 거두어들이는 낚시질을 한다.

딱따구리의 머리는 부리로 나무를 반복해서 탕탕 칠 때 뇌에 심한 손상이 가지 않도록 특별하게 설계되어 있다. 두개골은 두꺼운 벽으로 둘러싸여 있고 뇌와 질긴 외막 사이에는 공간이 거의 없다. 그래서 뇌 자체가 딱따구리가 연타할 때 받는 충격을 흡수하는 장치가 된다.

나무에서 애벌레를 찾고 있는 도가머리딱따구리를 운 좋게 가까운 곳에서 관찰하게 된다면, 까마귀만한 크기의 딱따구리가 나무꾼의 능력을 가졌음을 증언할 수 있으리라. 나는 숲속에 앉아 있다가 도가머리딱따구리 한 마리가 근처의 물푸레나무에 내려앉을 때, 쏴하고 날개가 용솟음치며 꽥꽥하는 큰 소리가 일어나서 깜짝 놀란 적이 있다. 붉은도가머리[관모(冠毛)]의 새는 뒤로 몇 번 깡충깡충 뛰어 죽은 나무로 내려가더니, 멈추고서는 마치 소리를 듣는 것처럼 머리를 한쪽으로 쫑긋 세웠다. 그때부터 나뭇조각들이 날기 시작했기 때문에, 그 새는 자기가 들은 소리를 좋아하는 것이 분명했다. 딱따구리는 구멍을 기운차게 만들기 시작했는데, 순식간에 머리를 집어넣어 살찐 애벌레를 부리에 물고 나오기에 충분할 정도로 깊은 구멍이 만들어졌다. 이윽고 머리를 홱 잡아당기며 꿀꺽 삼키자, 애벌레는 사라져 버렸다. 딱따구리는 다른 구멍을 찍어 내고 벌레 몇 마리를 더 발견했는데, 이 벌레들은 오전 중반의 식욕을 충족시킨 것으로 보였다. 이 새는 또 한 번의 용솟음치는 날갯짓으로 황량한 겨울 숲을 관통해서 날아갔다.

모든 딱따구리는 움푹한 곳[공동(空洞)]에 둥지를 틀고 순백의 알을 낳는다. 털북숭이딱따구리와 노란배딱따구리는 둥지를 틀기 위해 살아 있는 나무에 구멍을 뚫는 것을 좋아하지만, 다른 종들은 대개 고목枯木을 좋아한다.

위풍당당한 아메리카느릅나무American elm tree가 네덜란드에서 유입된 느릅나무병으로 죽기 시작하자, 곰보버섯이 자라기에 완벽한 환경을 제공할 뿐만 아니라 딱따구리를 위해서도 훌륭한 보금자리를 제공했다. 숲의 가장자리를 따라가면, 12개의 구멍을 가진 거대한 느릅나무 고목 한 그루가 있다. 만약 구멍이 없는 느릅나무 고목이 보인다면, 그것은 미끌미끌한 느릅나무slippery elm이거나 붉은느릅나무red elm가 틀림없다. 이 나무들은 딱따구리가 구멍을 파기에는 너무 단단하다. 우리는 붉은느릅나무를 화목용으로 잘라 버리고 아메리카느릅나무는 새들을 위해 남겨 둔다.

딱따구리는 대개 자기네 보금자리 굴을 한 계절만 사용한다. (쇠부리딱따구리common flicker는 예외다.) 이 굴들은 이듬해 박새와 티트마우스titmouse, 파랑새, 집굴뚝새house wren, 동고비nuthatch, 큰뿔솔딱새great crested flycatcher 같은 수많은 다른 종들이 사용한다. 그리고 불행하게도 돌기장식찌르레기bossy starling와 참새도 사용한다. 숲오리wood duck도 도가머리딱따구리의 묵은 둥지를 사용할 수 있다.

대다수 조류학자들은 대서양과 멕시코만 연안의 저지대와 늪이 있는 산림에서 성숙림을 벌채하고 죽은 고목을 제거한 것이 아메리카의 위엄 있는 딱따구리인 상아부리딱따구리ivorybill woodpecker의 몰락에 크게 기여했다고 입을 모은다. 조류 연구에서 큰 상아부리딱따구리보다 더 큰 흥미를 불러일으키는 새는 거의 없다. 동부 쿠바의 산에서 상아부리딱따구리 세 마리의 관찰이 확인되어 특별한 관심을 끌었다.

미국에서 이 진기한 새를 마지막으로 확인 관찰한 것은 1941년

12월로 거슬러 올라가는데, 루이지애나주의 텐자스강을 따라가는 싱거 트랙Singer Track에서였다. 대부분이 처녀림인 327km²[강화도와 비슷의 이 지역은 싱거재봉틀회사Singer Sewing Machine Company가 소유하고 있었다. 1937년에 코넬 대학의 제임스 태너James Tanner가 상아부리딱따구리의 개체를 조사하기 위해 오듀본협회Audubon Society[미국의 야생조류 보호단체]에서 보조금을 받았다. 남부 전역에서 3년 동안 진행된 이 조사에서 큰 딱따구리 다섯 마리가 발견되었다. 모두 싱거 트랙에서 발견한 것이다. 331km²의 토지 가운데서 상아부리딱따구리를 위해 일부를 남겨 두려는 노력은 실패했고, 그 움직임은 둔해졌다.

1731년에는 상아부리딱따구리가 해안을 따라 풍부하게 서식하고 있었다. 이 새들은 북쪽으로는 버지니아주, 미시시피계곡 위편으로는 오하이오주 남부와 일리노이주까지 멕시코만 전역에서 발견되었다. 마크 케이츠비Mark Catesby는 당시에 이렇게 썼다. "이 새들의 부리는 캐나다 인디언에게는 매우 가치가 있었으니, 이들은 추장과 위대한 전사들을 위해 부리의 뾰족한 끝이 밖으로 향하도록 화관 둘레에 고정시킴으로써 M자형 보관寶冠을 만들었다. 북부 인디언은 자기네 추운 나라에는 이런 새가 없었기 때문에, 부리 하나와 사슴 가죽을 맞바꿀 때 두 배, 어떤 때는 세 배 가격으로 남쪽 사람들에게서 그것을 구입했다."

1821년에 바닥이 평평한 배[평저선(平底船)]를 타고 오하이오와 미시시피강을 내려가면서, 존 제임스 오듀본John James Audubon은 이 종들이 아주 흔하다고 그의 일지에 적어 두었다. 농업과 증기선 연료를 위해 남부 산림이 남벌되자 상아부리딱따구리의 감퇴 추세가 뚜렷해졌고, 1900년에 이르자 이 새들은 멸종의 낭떠러지에서 비틀거렸다.

최근 쿠바에서 이 새들이 발견되면서 미국에서 자취를 감춘 새를 발견하려는 노력이 새롭게 자극을 받았다. 1992년까지 아무것도 발견하지 못한다면, 미국 어류 및 야생생물국Fish and Wildlife Service이 공식적으로 그 절멸을 선언할 것이다.

아직도 상아부리딱따구리가 남부 어느 곳에 생존해 있다고 믿는 사람들이 있다. 사실 식견이 있는 몇몇 조류학자들은 이 숫기 없는 새가 인간의 소란에서 멀리 떨어진 지역에 은거해 있다고 확신한다. 이곳은 조류학 세계의 비밀을 가장 잘 지킬 수 있는 장소일 것이다. 어류 및 야생생물국이나 어떤 보존 기구가 한 쌍의 상아부리딱따구리가 남부에서 발견되었다고 발표하는 것을 상상하는 것은 어려운 일이 아니다. 그러면 무슨 일이 일어날까? 루이지애나 주립대학 동물학박물관의 한 큐레이터는 이렇게 말했다. "여기서 확인 관찰 이야기를 꺼내면, 5,000명의 조류 관찰자들이 그것을 찾아내려고 내려올 테고, 그들 가운데 수백 명은 그 새를 찾기 위해 법을 어기고 불법 침입 등 어떤 일도 저지를 것이다." 아마도 카스트로의 상아부리딱따구리가 더 안전할지 모른다.

지난 20여 년 동안 또 다른 관찰이 보고되었다. 어떤 보고서는 의심할 여지없이 도가머리딱따구리를 상아부리딱따구리로 착각한

62 위대한 소유

것이지만, 아주 설득력이 있는 다른 보고서도 있다. 심지어 상아부리딱따구리의 것으로 추정되는 소리 녹음과 사진도 있지만, 대개는 이것들이 장난이나 속임수라고 무시돼 버린다. 이 새들이 주간州間 간선도로를 가로질러 날아가는 모습이 발견되기도 했다는데, 1960년대 말 플로리다주 중부에서 한 팀의 자원봉사자들이 5년간 조사를 수행하여 11회의 간단한 관찰 보고를 하기도 했다.

만약 멕시코만 주들의 깊숙한 황야에 잔여 개체군이 있다고 가정해 보자. 그것은 그 새들이 결코 발견될 수 없다는 것과 같다. 상아부리딱따구리는 그 큰 크기와 인상적인 색채 문양, 그리고 그 신비한 종적과 함께 그런 방식으로 우리의 마음속에서 살아남을지도 모른다. 그리하여 간선도로를 가로질러 날아가는 그 새를 볼 수 있기를 언제까지나 기대할 수 있을 것이다.

북극에서 온 철새

어제 오후에 호프Hope산에서 집으로 오면서, 올겨울 들어 처음으로 털발말똥가리를 보았다. 그 큰 새는 건초용 풀밭 위에서 저녁거리를 사냥하고 있었다. 매는 상쾌한 바람을 마주해 긴 날개를 천천히 푸드덕거리며 1분가량 같은 자세로 있었다. 그런 다음, 바람에 실려오는 냄새에 주의를 뺏긴 초지의 쥐를 불시에 놀래키려는듯 짧은 거리를 난 다음에 다시 공중에서 정지했다.

먼 북방에서 온 키가 호리호리하게 큰 이 맹금에게는 사람의 마음을 끄는 무언가가 있다. 그중 하나는, 털발말똥가리가 정기적으로 우리를 방문하기 위해 북극에서 오는 유일한 맹금이고, 사냥하면서 습관적으로 공중에서 정지하는 모습을 우리에게 보여주는 유일한 큰 매라는 것이다. 또한 털발말똥가리는 매 가운데 길들여질 수 있는 종류에 속한다. 퇴비를 차로 나를 때, 우리는 자주 먹이를 먹고 있는 다리에 털이난 매에게서 5m 이내로 지나가는데, 매는 날아가려고 하지 않는다. 이따금 우리는 그런 이름을 얻게 된 까닭, 즉 다리를 덮은 깃털이 발톱까지 내려가는 것을 보기에 충분할 정도로 가깝게 접근할 때도 있다. 그 밖에도, 털발말똥가리가 도착할

64 위대한 소유

때는 겨울이 멀지 않기 때문에, 우리 농부들이 여름내 밀쳐놓았던 자질구레한 일들을 따라잡을 수 있는 시간이기도 하다.

북극에서 온 이 철새를 우리가 흔히 볼 수 있는 붉은꼬리매와 비교해 보자. 두 종이 함께 같은 들판에서 사냥하고 있으면, 크기가 뚜렷하게 서로 다르다. 붉은꼬리매가 땅딸막하고 날갯짓이 빠른 데 반해, 털발말똥가리는 더 긴 꼬리와 날개를 가졌고 더 깊게 날개를 쳐서 난다. 그 흘게 늦은 비행은 개구리매marsh hawk(공식적 명칭은 북방약탈자northern harrier다)나 짧은귀올빼미short-eared owl를 연상시킨다.

밑에서 보면, 겨울철 붉은꼬리매는 거의 순백색이다. 이에 반해 털발말똥가리는 배를 가로지르는 갈색의 넓은 띠가 있고, 발목 부분이나 흰색 뒷날개에 거무스름한 얼룩을 가졌다. 배가 얼룩지거나 거의 전체가 거무스름하게 보이는 새도 있다. 마찬가지로 털발말똥가리의 꼬리는 흰색이지만 끝부분에 넓은 흑색 띠가 있다. 이 꼬리 띠와 검은 발목은 붉은꼬리매와 털발말똥가리를 분별하는 야생의 좋은 표시다. 털발말똥가리가 비행 중에 선회할 때, 그 흰색 엉덩이와 꼬리가 늘 두드러지게 눈에 띈다.

어제 본 것을 포함해서, 우리가 보는 털발말똥가리의 대부분은 밝은 형상의 새다. 매우 희귀한 거무스름한 새는 색채가 상당히 다양할 수도 있지만, 날개의 하얀 아래쪽을 제외하고는 거의 전체가 검을 수 있다. 그렇게 몸통이 거무스레하고 다리에 털이 있는 매를 딱 한 번 본 적이 있다. 그 매는 밀 그루터기가 남은 우리 밭 위에서

쥐 사냥을 하고 있었다. 공중에서 정지했을 때 색채의 극적인 대조를 드러냈으니, 긴 날개를 아래로 내려칠 때는 까마귀 같은 검은색을 보였다가 뒷날개를 위로 올려칠 때는 눈 같은 흰색을 번쩍였다. 근사한 새다.

농부에게 털발말똥가리는 진정한 친구다. 존John과 프랭크 크레이그헤드Frank Craighead는 미시간주에서 수행한 매와 올빼미에 관한 광범위 연구에서 털발말똥가리가 일상적으로 취하는 먹이의 98퍼센트가 생쥐와 시궁쥐, 뾰족뒤쥐 등으로 구성되었음을 발견했다. 이 세 가지 가운데 84%가 풀밭 쥐였다. 또한 이 연구는 초원의 쥐들은 4월부터 10월 말까지 다섯 배에서 열 배까지 새끼를 갖고, 한 배에 평균 다섯 마리의 새끼를 낳는다는 사실을 보여준다. 이 수는 10월과 11월에 정점에 이른다. 털발말똥가리가 도래해서 겨울철 내내 붉은꼬리매와 황조롱이kestrel, 올빼미, 붉은여우 등과 함께 이 조그마한 설치동물들이 가장 많이 줄어드는 4월까지 그 수를 감소시킨다.

깊이 쌓인 눈이 쥐에게 매의 공포 없이 돌아다닐 자유를 주면, 털발말똥가리는 죽은 짐승 고기를 먹는다. 몇 해 전 겨울에 소년들이 사향뒤쥐 몇 백 마리를 덫으로 잡았다. 고양이들이 먹지 않은 사체들은 거름 살포기로 들판에 뿌려졌다. 눈이 쥐들을 보호하는 겨우내, 두 마리의 털발말똥가리가 사향뒤쥐를 정찬으로 먹었다. 식사를 함께한 패거리에는 네 마리의 붉은꼬리매와 다수의 까마귀가 포함되었다. (나는 어떤 조류 애호가들이 깃털로 덮인 그들의 친구들을 위해 죽은 암소를 방치함으로써 새 먹이로 주는 일을 거창하게 자랑하며 다닌다는 걸 안다. 여태까지 우리는 사향뒤쥐를 넘어 그 이상의 모험은 하지 않았다.)

3월 말과 4월이 되어 털발말똥가리가 북방의 보금자리 땅으로 뜻대로 돌아가면, 그곳에서 다른 북극 약탈자들과 함께 둥지를 틀 것이다. 1987년 여름에 알래스카주의 노턴Norton 부근에서 생물학자들이 11마리의 어린 털발말똥가리의 다리에 표지 밴드[때]를 달았다. 여기에 더하여 29마리의 어린 송골매peregrine falcon와 6마리의 검독수리golden eagle, 5마리의 큰매gyrfalcon 등도 모두 가까운 곳에서 표지 밴드를 달았는데, 이 새들은 정말 제왕 같이 당당한 일행을 구성했다.

털발말똥가리 암수 한 쌍은 낭떠러지 정면의 바위 선반[암붕(岩棚)]에 둥지를 틀곤 한다. 보통은 갈색 줄무늬가 있는 서너 개의 흰 알을 낳는 암컷은 나그네쥐lemming의 개체수가 많은 해에는 7개나 되는 알을 낳기도 한다. 28일의 부화 기간이 지나면 보통 초여름에 새끼가 껍질을 깨고 나온다. 나그네쥐와 다른 작은 설치동물을 일상의 먹이로 삼는 새끼들은 9월까지는 날아갈 준비가 된다. 그 매들은 깃털이 다 나자마자 혼자서 혹은 두세 마리씩 남쪽으로 이주하기 시작한다. 이 새들은 추위가 올 때까지 고향에 머물다가, 늦가을이나 초겨울에 이곳으로 찾아온다.

지난 몇 해 동안, 수천 마리의 이 새들이 남행 도중에 사살되었는데 좁은 이주 통로를 지키는 총사냥꾼들에 의해서였다. 사람을 의심하지 않는 이 새들은, 사람을 두려워하도록 배우지 못해서 쉽게 사냥꾼의 표적이 됐다.

이주 비행에서 살아남은 매들은 도래지에서 풍부한 초원 쥐들을 발견한다. 쥐들은 건초용 풀밭과 목초지, 과수원, 밀과 귀리 더미 곳곳에서 굉장한 속도로 번식한다. 여름이 지나가면서, 풍부한 먹이와 숨을 수 있는 곳이라면 어디든 쥐가 들끓게 된다. 그렇게 또다른 겨울을 위한 무대가 차려진다. 하지만 가장 잔꾀가 많은 쥐들만 봄을 보게 될 것이다.

우리는 털발말똥가리가 풀밭을 날아다니며 잠시 머뭇거리다가 공중에서 멈추고 그러다가 땅으로 똑바로 강하하는 것을 흥미 있게 관찰한다. 배고픈 쥐가 배고픈 매를 위해 식사를 제공한다.

밤 사냥꾼

안전한 울타리 열을 조심스레 떠난 솜꼬리토끼가 그제 밤에 발견한 옥수수알을 먹기 시작한다. 토끼는 어둠을 통해 엄습하는 위험의 그림자를 보았지만 너무 늦었다. 강력한 갈고리발톱이 그 부드러운 털을 잡아 찢었기 때문에, 도망치려는 시도는 헛된 것이었다. 겨울밤의 고요는 귀를 찢는 듯한 절규로 산산이 부서졌다. 사냥에 나선 붉은여우는 윤기 나는 몸에 흐르는 모든 신경이 팽팽하게 긴장되어 보통 보폭으로 머뭇거리다가, '날개 있는 호랑이'가 한 번 더 살육하는 소리를 듣는다.

수리부엉이(great horned owl)는 잠시 쉰 뒤에, 크고 강력한 날개로 너도밤나무 위에 있는 높은 둥지로 불행한 토끼를 옮겼다. 겨우 2월 말이지만, 암컷은 이미 두 개의 크림색 흰 알을 품고 있다. 짝이 먹이를 날라 오니까, 암컷 올빼미는 자신과 알을 영하의 기온에 노출시키면서까지 둥지를 떠나지 않아도 된다.

우리에게 친숙한 수많은 야생 조류 가운데 부엉이는 아마도 가장 진가를 인정받지 못하는 새일 것이다. 또 확실히 자주 볼 수 없는 새다. 그러나 부엉이가 우는 소리는 겨울철에 빈번하게 들린다. 특히 수리부엉이가 그렇다. 차가운 달빛이 비추는 1월 밤에 이 약탈자들은 벌써 짝짓기를 시작한다. 농장 주변의 거의 모든 숲과 식림지植林地에서 메아리가 울린다. 우리는 "부엉! 부엉-부엉-부엉! 부엉! 부엉!", 깊숙하게 울려 퍼지는 여섯 음조의 울음소리를 듣는다. 수리부엉이는 예상보다 훨씬 더 개체수가 많은 것 같다. 웨인Wayne 카운티에 있는 엽조獵鳥 농장의 농장주가 몇 년 전 내게 말했다. 내가 정확하게 기억한다면, 그는 2년 동안 이 부엉이 45마리를 덫을 놓아 잡았다고 한다. 그는 덧붙여서 말했다. "나는 수리부엉이가 카운티 전역에 그렇게 많이 있을 줄은 몰랐다."

매와 달리 부엉이는 사냥감을 놓치는 경우가 거의 없다. 아마도 소음 없이 날 수 있는 능력이 이 새들이 사냥꾼으로서 성공할 수 있는 이유를 설명해 줄 것이다. 날개의 주요한 깃털에는 부드러운 톱니 모양의 가장자리가 있어, 날개를 넘어가는 공기의 소음을 감소시키고 나방처럼 조용하게 날 수 있게 한다. 매새와 달리 부엉이는 자기 자신의 둥지를 짓지 않고 단지 알을 낳을 적당한 장소를 찾을 뿐이다. 이 시골에서 수리부엉이는 흔히 붉은꼬리매의 낡은 둥지에 보금자리를 튼다. 아서 클리블랜드 벤트Arthur Cleveland Bent는 『북아메리카 맹금 생활사Life Histories of North American Birds of Prey』에서 수리부엉이와 붉은꼬리매는 서로 보완하는 종임을 지적했다. 아메리카올빼미barred owl와 붉은어깨말똥가리red-shouldered hawk도 마찬가지다. 비명올빼미와 아메리카황조롱이American kestrel 즉 새매sparrow hawk도 같은 습관을 공유한다. 올빼미는 밤에 활동하는 약탈자이고, 반면에 매는

70 위대한 소유

오직 낮에만 사냥한다.

아서 벤트는 수리부엉이가 4년 이상 같은 삼림 지대에서 둥지를 트는 경우가 거의 없다고 주장한다. 그는 이 부엉이들이 식욕이 왕성한 대식가이기 때문에 한두 시즌 안에 작은 사냥감마저 소진하고 새로운 사냥터로 이동하지 않을 수 없다는 이론을 상정했다. 그러나 우리 이웃의 숲에 있는 둥지 하나는 우리가 1950년대 중반에 발견한 이래로 거의 계속 사용되고 있다. 부엉이가 그 둥지를 사용하지 않은 유일한 해는 1973년이었는데, 그해에 한 쌍의 붉은꼬리매가 그 둥지를 수선해서 새끼 두 마리를 깃털이 다 날 때까지 그 안에서 키웠다. 다음 해 2월에 두 귀가 다시 둥지 위로 튀어나왔으니, 부엉이가 소유권을 다시 주장하고 그 뒤부터 연례적으로 그 둥지를 사용해 오고 있다.

울타리 열과 숲이 산재한 건초용 초지와 풀밭처럼 다양한 농경이 이뤄지는 농지에는 먹잇감인 들쥐와 솜꼬리토끼들이 충분히 있다. 그렇기 때문에 부엉이들이 그곳에 무기한 남아 있을 수 있다는 것이 내 생각이다. 농사를 짓지 않거나 거의 짓지 않는 지역에서는 벤트의 이론이 아마도 맞을 것이다. 어느 작가가 진술했듯이 "옥수수와 콩을 심어 플로리다 윤작을 하는" 중서부 지방에서도 그럴 것이다.

수리부엉이는 삼림지 보금자리를 사용하는 것 외에도, 가끔 부러진 나무의 움푹 들어간 꼭대기에 둥지를 틀기도 한다. 한 개에서 다섯 개까지 알을 낳는데, 보통은 두세 개다. 26일에서 32일에 이르는 부화기를 지나면, 부엉이 새끼들이 껍질을 깨고 나온다. 갓 태어난 새끼는 눈이 보이지 않기 때문에 부모가 먹이를 먹이기 위해 새끼 부엉이의 조그마한 머리를 자기의 큰 발로 들어올려 주어야 한다. 새끼 부엉이는 천천히 성장하고 깃털이 다 자랄 때까지 10주 혹은 그 이상 둥지에 남는다. 새끼는 보통 6월까지는 둥지를 떠나지만, 여름과 가을철 내내 먹이를 위해 부모에게 여전히 의지한다. 이때 새끼 부엉이는 부모에게 먹이를 달라고 애걸하면서 쩍쩍거리며 까칠하고 소름이 끼치는 소리로 운다. 늦여름과 초가을 이른 아침에 종종 그 울음소리를 듣는데, 그때 나는 암소를 데리고 오고 있었다. 비슷한 외양간올빼미bam owl 소리와 혼동되지 않는 이 야생의 날카로운 울음소리는 언제나 숲 쪽에서 온다.

새끼 부엉이가 자급자족할 수 있게 되면, 어른 부엉이가 집에서 쫓아낸다. 이 새들은 얼마나 멀리 갈 수 있을까? 야생생물학자인 폴 에링턴Paul Errington 박사는, "13마리의 어린 수리부엉이에게 개별적으로 표지 밴드를 달아 주었더니, 3마리가 약 1년 안에 저격되었음이 확인되었는데(이 일은 부엉이가 법으로 보호되기 전의 일이다), 모두 밴드를 부착한 곳에서 21~32km 떨어진 지점에서 발견됐다"고 보고했다.

능수능란하고 대담무쌍한 사냥꾼이 된 젊은 부엉이들에게 그들을 혐오하는 적들이 많이 생기지만, 그중 진짜로 위험한 것은 없다. 인간을 제외하고 부엉이가 두려워하는 것은 거의 없다. 그나마 까마귀와 큰어치가 부엉이의 가장 큰 적이라 할 수 있다. 숲을 걷다 보면, 부엉이를 구석으로 몰고 시끄럽게 짖어 그 위치를 드러내는

72 위대한 소유

까마귀들이 있다. 그 소리로 수리부엉이가 있는 곳을 알아내는 것은 흔한 일이다. 성가신 듯한 부엉이 한 마리가 발을 들어 갈고리발톱을 드러내 자기를 괴롭히는 자들을 위협하는 것을 본 적이 있지만, 부엉이가 까마귀를 공격해 앙갚음하는 경우는 매우 드물다. 보통 부엉이는 어두워질 때까지 참을성 있게 기다리다가 홰에서 그 적을 홱 잡아채서 먹어치운다.

이따금씩 까마귀를 먹는 것 외에도, 수리부엉이는 스컹크나 자신의 영역을 돌아다니는 다른 무엇인가를 먹는 것을 망설이지 않는다. 그러나 연구에 따르면, 이 새가 먹는 희생물의 50~70%는 솜꼬리토끼이고, 초지 들쥐가 나머지 대부분을 차지한다.

부엉이는 털과 뼈 또는 깃털을 소화시키지 못한다. 그래서 부엉이는 이 물질들을 작은 알pellet이라고 불리는 공처럼 둥글게 만들어 토해 낸다. 타원형의 작은 알은 이 새들이 앉아서 쉬는 나무와 둥지 아래에서 발견된다. 이 작은 알을 검사함으로써 부엉이가 먹는 것을 꽤 정확하게 확인할 수 있다. 이 부근에서 내가 발견하는 것은 수리부엉이의 것이고 보통은 토끼와 쥐의 털과 뼈로 구성되는데, 가끔은 놀랍게도 여우다람쥐fox squirrel의 불그스름한 뼈와 털도 있었다.

수리부엉이는 귀깃을 가진, 북미에서 가장 큰 부엉이고, 비명올빼미는 가장 작은 올빼미다. 비명올빼미는 농장 주변에서 꽤 흔하게 보인다. 떨리며 우짖는 그 소리는 봄과 여름밤에 자주 들리고, 비명올빼미는 그보다 더 큰 사촌처럼 쥐와 새부터 벌레와 물고기까지 거의 모든 것을 먹는다. 몇 년 전 봄날, 남학생 몇 명과 킬벅습지야생

지역Killbuck Marsh Wildlife Area 답사에 동행했다. 매니저인 존John Staab이 우리에게 다채로운 흥미거리를 보여주었는데, 그중에는 비명올빼미 가족에 점거된 다람쥐 상자가 있었다. 상자 안에는 거의 다 자란 새끼 6마리가 있었다. 존은 이 작은 올빼미들이 손쉽게 구할 수 있는 것은 모두 먹어치우는데, 이주중에 있던 솔새에게 그 참사가 돌발적으로 발생했다고 이야기해 주었다. 상자 바닥에는 모든 종류의 솔새 깃털이 어지럽게 흐트러져 있었다. 그해의 다른 때에는 아마도 이 새들의 일상 식단이 온전히 쥐나 벌레로 짜였을 것이다.

이 답사에서 외양간올빼미의 둥지를 보았다. 이 올빼미들은 미국 동부에 흔했지만 지금은 희귀하다. 국가가 야생 지역에 편입된 농장을 구입했기 때문에 많은 수의 외양간이 존속되었다. 그 뒤 존은 외양간올빼미를 위해 둥지 상자를 만들었는데, 그것은 몇 년 동안 매우 성공적이었다. 그러나 최근에는 많은 상자들이 소용없어져 버렸다. 내 의견으로는, 그 이유가 목초지와 건초용 풀밭이 포함된 습지 주변의 들판이 '서식지 개량'이라는 명목으로 잡초가 자라나도록 방치되었고 외양간올빼미가 그 지역에 그냥 남겨졌기 때문이다. 외양간올빼미는 주로 시궁쥐와 생쥐를 먹이로 먹기 때문에, 먹이를 찾고 얻기 위해서는 농작물이 짧게 베어진 '그루터기만 남은' 밭이 필요하다. 설치동물의 개체수를 계속 억제하려면 '날아다니는 쥐덫'이라고 적절하게 명명된 이 새 한 쌍쯤 갖는 것이 농부에게도 유리하다. 조용한 날개를 가진 이 밤의 새는 유익하고 우리의 보호를 받을 만한 가치가 있다.

배고픈 달

우리가 1월을 January라고 부르는 것은 로마의 신 야누스Janus 때문이다. 인디언은 '늑대의 달'이라고 부르는데, 그렇게 부르는 좋은 이유가 있다. 그것은 눈이 담요처럼 땅을 온통 뒤덮고 겨울이 가장 혹독한 시점이기 때문에, 굶주린 늑대가 먹이를 사냥하러 인디언 야영지로 접근하지 않을 수 없게 된다는 뜻이다.

오늘날에는 늑대가 더 이상 위협적인 자세를 취하지 않는다. 달 밝은 1월 밤 매서운 추위가 반짝반짝 빛나는 시골을 가로질러 바라보면 오히려 평화롭고 고요한 인상을 받게 된다. 물론 많은 야생생물이 이렇다고 하기는 어렵다. 그래도 겨울의 얼음 같은 추위에 꽉 잡혀서, 늑대들은 생존을 위해 발버둥 친다. 늑대들에게는 1월의 만월滿月이 '굶주림의 달'로 불리는 것이 더 적절할 수 있다. 물론 마못과 흑곰black bear처럼 동면하는 동물은 겨울의 혹독함에 영향을 받지 않는다. 또한 어떤 벌레는 자기 종을 유지할 알을 낳은 뒤 가을에 죽는 반면에, 놀라울 정도의 많은 벌레가 독특한 방법으로 준비해 겨울 내내 살아남는다. 겨울이 가깝게 다가옴에 따라, 벌레 피 속의 글리세린 수치가 급속히 오른다. 글리세린은 부동액과 방부

제 기능을 하기 때문에 벌레들은 영하의 기온에서도 살 수가 있다.

다람쥐squirrel와 얼룩다람쥐chipmunk 같은 동물은 겨울을 위해 먹이를 저장해 두는데, 가을에 도토리와 다른 견과를 모으고 그것을 파묻거나 속이 빈 나무속에 감추기 위해 끙끙거린다. 숨겨둔 견과가 겨울 중반까지 다 소비되는 것은 아니다. 이런 방식으로 많은 수의 거대한 오크가 생의 첫걸음을 내딛게 된다. 얼룩다람쥐는 먹이를 저장하는 데 놀랄 만큼 부지런하다. 몇 년 전 얼룩다람쥐 한 마리가 부모님 댁 현관 밑에 거처를 잡고 겨울을 대비하기 위해 새 먹이통을 급습했다. 부모님은 우리 남자애들을 시켜서 얼룩다람쥐를 생포용 덫으로 사로잡아 숲으로 옮기도록 했다. 애들은 옥수수를 미끼로 아무런 어려움 없이 얼룩다람쥐를 잡았는데, 숲으로 데리고 가는 대신 집 안에 있는 새장 안에 잠시 넣어두기로 했다. (엄마는 적극적으로 반겨하지는 않았다.) 아직도 그 다람쥐 다루는 방법을 잘 모르겠는데, 그 작은 침입자는 새장을 탈출해서 몇 주 동안이나 집 안을 마음 놓고 쏘아다녔다. 이 얼룩다람쥐의 위치를 고정시키려는 어떠한 시도도 성공하지 못했다.

가축 시중드는 허드렛일을 하고 돌아온 어느 아침, 결국 우리는 부엌에서 이 쨱쨱참새chipping sparrow[얼룩다람쥐]를 깜짝 놀라게 했다. 모든 이들의 도움을 받아서 우리는 이 작은 동물을 다시 잡아 숲으로 데리고 갔다. 얼룩다람쥐가 머물던 2주 동안 사발 속에서 담겨 익고 있던 밤들이 계속 사라지고 있는 것을 알아챘다. 그러나 우리는 집에 있는 화분들이 밤나무 싹을 틔우기 시작한 늦겨울까지 무슨 일이 일어나고 있는지 알지 못했다.

먹이를 저장하지 않는 동물과 새들도 많지만, 그들도 날마다 혹은 밤마다 자양물을 찾지 않을 수 없다. 무엇이 일어나고 있는지 이해하려면 눈이 내린 뒤에 위험을 무릅쓰고 문밖으로 나서야만 한다. 이것은 책을 읽는 것과 같은 경험이다. 야생생물들은 자기네 발자취 옆에 누가 있었는지 이야기를 해줄 뿐만 아니라, 자기들이 꾀하는 것이 무엇인지도 드러내 보여주는 것 같다. 1976~77년과 1977~78년의 혹독한 겨울 동안에 나는 문밖 주변의 '뉴스를 읽으면서' 기웃거리며 돌아다니는 재미있는 시간을 많이 보냈다.

흰발쥐white-footed mouse의 발자취를 우연히 만날 때가 있는데, 마치 하얀 누비이불을 가로지르는 두 줄의 바늘땀처럼 보인다. 굶주림에 등 떠밀린 쥐는 잡초씨를 찾기 위해 위험을 무릅쓰고 안전한 목재 더미를 떠난다. 발자취는 눈이 움푹 함몰된 곳에서 끝나는 경우가 흔한데, 수리부엉이가 의심이 부족한 쥐를 깜짝 놀라게 한 장소다. 그 명백한 증거는 눈 위에 난 부엉이의 날개 끝 자국과 진홍색 얼룩 몇 점이다. 솜꼬리토끼들도 옥수수나 어린 나무의 부드러운 껍질을 찾기 위해 잡목 더미를 떠날 때 같은 운명을 만났다. 쥐와 토끼는 목재 더미나 잡목 더미, 혹은 옥수수대를 쌓아 놓은 곳에 머무는 한 부엉이에게서 안전하다. 하지만 이런 장소도 족제비의 습격으로부터 충분한 안전을 제공하지는 않는다. 족제비는 무자비한 행위를 자행하면서 목재 더미에서 옥수수 단으로 여행하기 때문에 그 발자취를 따라가는 것은 어렵지 않다.

배고픈 달 77

습지와 작은 내 주변에서는 족제비보다 더 큰 족제비의 사촌인 밍크mink도 먹이를 찾아 어슬렁거린다. 이 동물은 쥐와 토끼 대신 사향쥐muskrat를 사냥한다. 밍크는 일단 잡을 수 있는 놈을 죽여서 먹고 나면, 사향쥐의 집에 웅크리고 하루나 이틀을 잔다.

나는 회색여우가 같은 짓을 하는 것을 알아냈다. 여우들은 솜꼬리 토끼를 죽여서 맛있게 먹은 뒤에, 자기네 소굴로 돌아가서 며칠 동안 새로운 발자취를 보이지 않는다. 회색여우와 달리 붉은여우는 주로 초지 들쥐를 먹이로 하고 거의 매일 밤 사냥하러 나간다. 눈이 깊이 쌓여 쥐들이 다니기 어렵다는 사실을 알면, 붉은여우는 솜꼬리 토끼를 포함한 다른 먹이를 사냥할 것이다. 숲을 통과하고 들판을 가로지르는 붉은여우의 구불구불한 발자취를 따라가면, 그 습성의 많은 것을 배울 수 있다.

때로는 놀랄 만한 일이 일어난다. 집 옆 건초용 초지에서 붉은여우의 발자취를 뜻밖에 만났다. 그 발자취를 따라가니, 여우가 과수원 덤불을 냄새 영역으로 사용하는 현장까지 왔다. 발자취 주인공의 정체를 확인하고자 냄새를 맡으려 상체를 구부리는 순간, 솜꼬리토끼 한 마리가 내 얼굴에 눈을 흩뿌리며 숨어 있던 풀 속에서 후다닥 뛰쳐나와서 나를 깜짝 놀라게 했다. 이는 레이너드Reynard[서양 중세 설화에 나오는 사기꾼 여우]가 지나갈 때 토끼가 그곳에 숨어 있었음을 가리키는 것이었다. 나는 이 솜꼬리토끼가 여우와 같은 냄새를 풍기면서 그 설화를 이야기하기 위해 살아남은 바로 그 몇 마리 토끼 가운데 하나라고 감히 추측하고 싶다.

78 위대한 소유

겨울 동안 너구리와 스컹크는 몸에 축적된 지방에 의존하여 연명하면서 몇 차례의 긴 선잠을 잔다. 만약 1월에 추위가 풀리면, 이 동물들은 깨어나서 먹이를 사냥하고, 그 뒤에 추위가 돌아오면 선잠을 다시 잔다.

주머니쥐opossum는 겨울에 어려움을 겪는 동물의 하나다. 너구리나 스컹크와 마찬가지로 주머니쥐는 축적된 지방에 의존해서 살지만, 한 가지 이유나 다른 이유로 주머니쥐는 겨울의 중간쯤에 이르러 연료가 바닥나는 것처럼 보인다. 그러면 이 동물은 무언가 먹을 것을 찾아 나서지 않을 수 없다. 나는 눈 위를 더듬으며 아주 가엾은 귀와 코, 그리고 추위로 인해 빨갛게 발가벗은 발을 드러내고 있는 그 동물들을 봐왔다. 이 유대류有袋類 포유동물은 그 긴 코가 이끄는 대로 얼어붙은 미국자리공pokeberry부터 죽은 짐승 고기까지 무엇이든 먹을 것이다. 그럼에도 추위가 계속되면, 불운한 주머니쥐는 보통 그 싸움에서 이기지 못한다. 이렇게 급격히 떨어진 개체 수는 온난한 겨울이 돌아와야만 회복될 수 있다.

미국 가운데서도 이 지방에는 쓸모 있는 사슴 먹이가 많기 때문에, 사슴은 겨울에 쓰디쓴 신고辛苦는 겪지 않는다. 여름과 가을에 사슴은 풀과 콩 꼬투리, 옥수수, 도토리 등을 '우적우적 차례로 먹어치운다.' 겨울이 다가옴에 따라 이 동물은 연한 잎과 새싹을 뜯어먹는다. 수확하지 않은 옥수수밭이 영역 안에 있다면, 언제나 이 사슴들을 발견할 수 있다. 북부 시골에서는 흰꼬리사슴whitetail이 서식처에서 집단을 이루고 있다가, 눈 위에 난 오솔길을 따라 먹이

배고픈 달 79

있는 곳으로 이동한다. 이것을 '사슴 군집群集'이라고 부른다.

새들도 추운 날씨로 고통을 겪으니, 특히 북쪽으로 구역을 확장한 종들이 그렇다. 1970년대 말의 추운 겨울에 우리는 캐롤라이나굴뚝새를 이곳 농장에서 본 적도 들은 적도 없다. 그것은 흉내지빠귀 mockingbird가 돌아온 1985년 여름까지 지속됐다. 모이가 잘 공급되는 모이통이 구비되어 있으면 대부분의 새들은 예쁘게 잘 지낸다. 가끔 우리 새집에서 체온 저하로 죽은 것 같은 파랑새를 발견하기도 하지만, 이들은 구호품 없이도 아주 잘 지내는 듯 보인다. 한 친구가 말하기를, 기온이 섭씨 -7도로 내려간 지난겨울에 아홉 마리의 파랑새가 상자 하나에 들어가는 것을 보았다고 한다. 필시 그 숫자에는 흥분된 과장이 들어 있을 것이다. 나는 지난봄에 찔레꽃multiflora rose 씨가 바닥에 4cm 가까이 쌓인 상자를 깨끗이 쓸어냈다. 내가 보기에 이 유독한 장미씨가 겨울을 나는 파랑새에게는 중요했던 것 같다.

먹이주기는 혹독한 날씨에 야생생물에게 많은 혜택을 줄 수 있다. 삼림 지대의 동물들을 위해서는 옥수수알을 터는 것보다 더 좋은 것이 없다. 우리는 토끼들을 위해 잡목 더미와 찔레밭에 옥수수알을 흩뿌린다. 여기서 토끼들은 부엉이의 공포 없이 먹을 수 있다. 나는 또 2.5cm짜리 병아리용 철망으로 바구니를 만들었는데, 그 안에는 다람쥐를 위한 옥수수를 채웠다. 바구니를 땅에서 150cm 정도 되는 나무에 고무로 만든 끈으로 고정시킨다. 다람쥐는 옥수수 속만 먹기 때문에, 나머지는 땅에 떨어져서 홍관조와 큰어치, 티트마우스 등에게 번갈아 가면서 즐거움을 준다.

배고픈 달이 끝으로 다가감에 따라 겨울이 붙잡고 늘어진다. 겨울
의 중간점이 다다랐으니, 외양간에 남아 있는 먹이의 재고를 점검한
다. (다람쥐도 자기네 도토리를 헤아리리라.) 적어도 반이 남아 있음
을 발견하기를 기대할 때 나는 어느 늙은 농부의 운시를 결코 잊지
않는다.

　　1월이 그 끝에 가까워질 때
　　이 충고에 그대는 기댈 수 있다.
　　그대 장작의 반과 그대 건초의 반을 가지면
　　그대는 5월까지 내내 무사히 오게 되리.

사사프라스나무

"사사프라스Sassafras는 당신을 괴롭히는 바로 그것에 좋지만, 특히 봄철 강장제로 좋아요"라고, 나의 오랜 이웃은 사사프라스의 갓 파낸 뿌리를 북북 문지르는 함지 위로 몸을 굽히면서 말했다. 그는 이어서, "당신이 겨울의 침울한 정체 기간 한가운데에 있는 2월 무렵에 사사프라스 차의 마력이 바이올린처럼 곧 당신의 컨디션을 좋게 만들 거예요. 그것은 피를 묽게 하는데, 피는 어떤 이유로 겨울을 지나면서 걸쭉해져요. 자동차에 경량 오일을 넣어서 더 미끄럽게 출발하고 달리는 것과 비슷한 거죠"라고 말했다.

첫 유럽인이 신세계에 내도했을 때, 사사프라스보다 더 흥미를 자아내고 사사프라스보다 더 아메리카 탐험과 밀접하게 관련된 초목은 없었다. 사실 이 향기로운 나무는 아메리카의 발견 과정에서 직접 두각을 나타냈을지도 모른다. 콜럼버스가 사사프라스의 강렬한 향기를 맡고서 육지가 가까워졌음을 느꼈다고들 한다. 그리고 이것은 육지가 가까워졌다는 것을 반항적인 선원들에게 납득시키는 힘을 주었다.

1500년대 말에 니콜라스 모나르데스Nicolas Monardes라는 스페인 의

82 위대한 소유

사가 서반구에서 스페인으로 온 약용식물의 놀라운 품종을 기술한 책을 저술했다. 이 책은 그 뒤에 『새로 발견된 세계에서 온 기쁜 소식*Joyfull Newes out of the Newe Founde Worlde*』이라는 제목으로 영어로 번역됐다. 모나르데스 선생은 사사프라스의 "나무와 뿌리"에서 만들어진 차를 "몹시 아프고 변화 많은 질병들"을 치료하기 위해 플로리다 인디언이 사용했다고 썼다. 이 차는 또 "나쁜 고기를 먹고 끓이지 않은 생수를 마시거나 이슬 젖은 곳에서 잠자기" 등으로 인해 앓게 되는 끊임없이 계속되는 오한과 말라리아에 대한 "놀라운 약효"를 가졌다고 했다.

1582년에 이르면 사사프라스는 독일에서, 몇 년 뒤에는 전 서유럽에서 말라리아와 다른 많은 [가볍고 만성적인] 병들을 치료하기 위해 사용되었다. '오한[학질]' 나무에 대한 수요가 너무 커서 그것을 구하기 위해 배를 타고 아메리카로 가게 되었다.

영국인이 마서Martha의 빈야드Vineyard에 사사프라스가 자라고 있는 것을 발견하고, 그 뿌리를 캐서 영국으로 가지고 갔다. 사사프라스는 신세계에서 수출된 첫 상품이었다.

인디언은 유럽인이 아메리카의 해안에 다다르기 훨씬 전에 사사프라스를 사용하고 있었다. 나무가 분포한 구역의 북쪽 언저리에서 살았던 이러쿼이Iroquois 족은 류머티즘 치료제와 이뇨제뿐만 아니라 봄철 강장제로도 사용하고 있었다. 그 뒤에 인디언 약초상은 새로 도래한 백인 이웃에게 뿌리껍질을 행상하기까지 했다.

사사프라스는 북부에서는 일반적으로 관목으로 자라지만, 남쪽으로 내려갈수록 이따금 18m 이상의 높이와 1m의 지름에 이르는 교목으로 자란다. 사사프라스는 같은 나무에서 확연히 다른 세 가지 형태의 잎이 자라는 특이한 나무다. 어떤 잎은 계란 모양으로 자라고, 같은 작은 가지에 나는 다른 잎은 하나의 열편[엽판(葉瓣)]을 가져 벙어리장갑의 엄지손가락을 닮았다. 또 다른 잎은 바깥 끝부분에서 세 개의 열편으로 나누어진다.

초록빛을 띤 노란색의 향기로운 꽃은 송이를 이루어 피고 잎이 처음 펼쳐지면서 나타난다. 열매는 타원형이고 짙은 남빛이나 검은색이며 크기는 완두와 비슷하다. 개척 시기에 부드럽고 가벼운 나무는 황소의 멍에로 사용되기도 했고, 지금은 필요에 맞는 큰 나무가 발견되면 짐차의 빔[도리]과 사과 상자로 사용된다.

뿌리의 내피가 가장 좋은 차를 만들지만, 나무의 모든 부분이 향기롭다. 정확하게 조리된 사사프라스 차의 맛있는 향미를 우리에게 소개한 와인스버그 출신의 밥Bob Mohr에 따르면, 1월과 2월에 캐낸 뿌리가 가장 풍미 있는 차를 생산한다. 나무와 관목은 이 시기에 잠을 자고, 아주 가장 좋은 향미가 그 뿌리에 저장된다.

나는 납이 포함된 가스의 독기와 제초제에 의해 오염되었을 가능성 때문에 많은 차가 지나가는 길을 따라 발견되는 나무의 뿌리를 사용하는 것을 주저했다. 어떤 군구郡區 관재인은 대로변은 잡초와 잡목 죽이는 약을 매년 끼얹지 않는 한 무시해도 된다는 생각을 가지고 있다. 특히 사사프라스나무가 천명을 다하기 전에 잎이 누렇게 변하는 것을 보는 것은 언제나 괴롭다. 그것은 많은 사람들에 의해 진가를 인정받을 뿐만 아니라 아름다운 프로메테우스나방 promethea moth의 우선적 서식처이기도 하다. 이 나방의 애벌레는 사사 프라스 잎을 먹이로 먹고, 실을 자아서 진자 모양의 고치를 나무의 잔가지에 매단다.

우리는 1년치 사용분 뿌리를 파낼 수 있는 마음에 드는 울타리 열을 가지고 있다. 뿌리를 캐는 데 필요한 도구는 19리터짜리 물통 과 삽, 그리고 뿌리를 자를 손도끼나 전투용 도끼 등이다. 사냥용 작은 괭이도 뿌리 옆을 파는 데 편리하다. 마지막으로 파랑새가 지저귀고 노래참새가 봄노래를 조율하는, 해빙을 뒤따르는 따뜻한 날씨가 필요하다. 그러면 당신은 일을 시작할 준비가 된 것이다. 채집 그 자체가 '봄철 강장제'의 생기 넘치는 부분이라고 생각되기 때문에, 좋은 한나절을 보낼 계획을 세운다.

어린나무와 작은 뿌리가 최고의 차를 만든다고 생각하는 사람도 있지만, 지름이 3cm나 5cm에 이르는 나무의 뿌리도 사용될 수 있 다. 우리가 사용하는 뿌리는 지름이 7.6cm에서 10cm가 되는 나무에 서 캔 것이다. 그 뿌리를 집에 가져오면 북북 문질러야 하고(뻣뻣하 고 억센 털의 식물성 솔이 잘된다), 깨끗한 물로 씻어야 한다. 이어서 뿌리를 물통에 넣는다. 무딘 칼을 사용해서 뒤에서 앞으로 움직이며 외피를 긁어내서 불그레한 오렌지빛 내피를 드러낸다. 크고 묵은 뿌리일수록 뒤틀리고 마디져서 깨끗하게 하기가 쉽지 않다. 외피를 제거한 뒤에 다시 깨끗한 물로 뿌리를 헹구고, 신문지에 활짝 펼친 다.

이제 가장 재미있는 부분이 온다. 이번에는 날카로운 칼을 써서 오렌지빛 내피를 작은 조각으로 뿌리에서 잘라내서 쿠키시트[쿠키 굽는 철판이나 알루미늄 팬]에 똑똑 떨어뜨린다. 차를 만들 부분보다 더 많이 얇게 썰어 내지 않을까 신경 쓸 필요가 없다. 뿌리의 하얀 심재心材는 아주 단단해서 잘라내기가 거의 불가능하기 때문이다. 얇은 조각으로 깎인 뿌리를 쿠키시트 위에 얇게 펼치고, 열을 가해 말린다. 우리는 그것을 화목난로 위에 놓는다. 태우지 않도록 조심 해야 한다. 사사프라스를 말리는 즐거움의 정수는 그것이 집 안에 속속들이 배어들면서 '봄철 강장제'의 이득이 더 많아진다는 것, 그 하나뿐이다. 6시간에서 8시간이 지난 뒤, 혹은 밤을 지새운 뒤에 사사프라스는 완전히 말라 유리 항아리에 거의 무제한 쌓을 수 있 다. 이런 방식으로 준비된 사사프라스는 대부분의 약초 공급처가 제공하는, 통째 잘라진 뿌리보다 월등히 뛰어나다. 통째 뿌리로 만 든 차는 쓴 뒷맛을 남긴다.

차를 끓일 때 늘 마음에 두어야 하는 것 하나가 있으니, 작은 조각 하나가 긴 길을 간다는 것이다. 1.9리터의 차를 위해서는 식탁 용 큰 스푼 하나 정도의 말린 뿌리만 필요하거나 한 티볼[차 거르는 기구]에 반을 채우면 된다. 물을 비등점까지 끓인 뒤에 열을 끊고 뿌리를 넣어 10분 내지 15분 동안 적시는데, 더 강한 차를 원하면 더 길게 적신다. 흔히 우리는 찻주전자에 물을 보충해서 같은 뿌리 로 2차분을 끓인다. 입맛에 맞도록 설탕이나 꿀을 첨가할 수도 있다. 우리는 이것이 모든 차 중의 차라고 생각한다.

최근 몇몇 의학 연구자들이 사사프라스 유油의 주성분인 사프롤 safrole이 과용하면 해로울 수 있다고 주장해서, 적당히 마신다.

300년 전에 "몹시 아프고 변화가 많은 질병들"이 사사프라스 덕분에 많이 치료되었다는 이야기는 오늘날 일반적으로 에누리되어 들린다. 의약적 목적은 제쳐 두고, 우리는 감칠나게 하는 맛 때문에 그 차를 마시고, 아직도 "놀라운 약효"를 얻는다.

뭄

봄의 비상 : 캐나다기러기

3월 무렵이 되면 야외 생활에 가장 열정적인 사람들마저 겨울의 지루함을 느끼기 시작한다. 오직 몇몇 새로운 새들만이 1월 이후 목록에 첨가되었다. 모이통을 찾는 새들은 겨우내 우리와 함께 있었고, 그 새들조차도 들떠 있다는 신호를 보내고 있다. 우리는 봄의 신호, 즉 겨울이 붙잡고 있던 것을 놓아 버렸다는 힌트를 주는 어떤 것을 마음대로 해석한다. 내 어떤 이웃에게는 봄이 새로 변화한 대지의 풍부한 방향芳香이고, 다른 이웃에게는 봄이 설탕 캠프에서 피어올라 너울거리는 증기다. 나는 어제 기러기가 돌아온 것을 확인했다. 그 새들이 도래한 것을 들은 어제 저녁, 암소를 위해 밀짚을 밀어 내리고 있었다. 나는 기러기가 울며 연못으로 오면서 날개로 내는 씽 하는 바람 소리를 듣고 싶어서 제때에 외양간 밖으로 나갔다.

캐나다기러기도 우리처럼 봄을 어렵게 기다린다. 날씨가 따뜻해질 때까지 기다렸다가 북쪽으로 신속하게 여행하는 대부분의 다른 이주자들과는 달리, 기러기는 얼음이 녹으면 돌아간다. 봄이 하루에 약 24km씩 북쪽으로 움직이기 때문에 기러기의 북행은 느린 이주로 생각할 수도 있다.

나는 우리의 기러기 한 쌍이 체사피크만의 동부 해안과 같이 상당히 멀리 떨어진 곳이나, 루이지애나주의 호수 물목과 강어귀에서 겨울 달들을 보내다 2월 초에 북쪽으로 움직이기 시작한다고 생각하고 싶다. 아마 그럴 수도 있지만, 나는 우리 영역에 사는 기러기들이 캐나다큰기러기giant Canada goose처럼 주州를 떠나지도 않았을 거라고 의심하기도 한다. 캐나다큰기러기는 캐나다기러기의 열 가지 속屬 혹은 아종亞種 가운데서 가장 큰 것이고, 그 이주 기간 동안에 가장 짧은 거리를 여행한다. 캐나다큰기러기는 무게가 5.4kg에서 6.4kg까지 나가고, 성숙한 수컷은 190cm의 익폭과 함께 9kg 혹은 그 이상에 이를 수도 있다. 그 새들은 더 작은 속과 비교할 때 거대한 것처럼 보인다. 아마도 영역이 서로 겹쳐지는 일반 기러기와 큰기러기 사이에 혼종이 있었을 수 있다. 허드슨만 부근의 캐나다 북부에 둥지를 틀고 살다가 미국의 내지와 동부를 통해 남부로 이주하는 보통캐나다기러기common Canada goose는 평균 무게가 3.6kg 정도다. 꽥꽥기러기cackling goose는 그 아종 가운데서는 가장 작은 것으로, 무게가 겨우 1.4kg 내지 1.8kg 정도 나간다(청둥오리 정도의 크기다). 이 기러기는 알래스카에 둥지를 틀고 서부의 주들에서 겨울을 보낸다.

캐나다큰기러기는 1920년경에 소멸되기 시작한 것으로 생각된다. 어떤 학자들은 그 새가 결코 존재한 적이 없고 단지 9kg의 기러기를 쏘았다고 큰소리 친 옛날 총 사냥꾼의 마음과 전설 속에서 살았을 뿐이라고 믿는다. 그러나 1951년에 초기 박물학자들에 의해 남겨진 광범한 기록을 연구한 장 들라쿠르Jean Delacour가 그 새가 어느 시기에 실제로 존재했다고 확신하고, '캐나다큰흑기러기Branta canadensis maxima'라고 명명하였다. 그러나 그조차도 그 새가 여전히 돌아다니고 있는지 의심해서, 몇 년 뒤에 "캐나다큰기러기는 절멸된 것으로 보인다"고 말했다.

일리노이주 자연사측량국Illinois Natural History Survey의 해럴드 핸슨 Harold Hanson이 1962년에 캐나다큰기러기를 미네소타주 로체스터시의 호수에서 재발견했다고 발표했을 때 회의론자들이 경악하고 대경실색하는 것을 상상해 보라. 잔존한 개체 역시 미조리주의 세인트 찰스시와 제퍼슨시 사이의 미주리강을 따라가는 접근하기가 거의 불가능한 벼랑에 둥지를 틀고 있는 것이 발견되었다. 핸슨은 이 새떼와 다른 무리를 조심스럽게 연구하고 조사한 뒤에, 적어도 2만 5천 마리의 야생 기러기들이 현존하는 것으로 추정했다.

자연자원국은 중서부 주들부터 예전의 분포 지역에 기러기를 다시 안착시키기로 했다. 거기에 쓰일 새들을 구득한 것은 미네소타주의 새떼였다. 오하이오주는 이 주들 가운데 하나였고, 지금은 꽤 많은 새떼를 두루미천주립공원Crane Creek State Park과 모기저장소 Mosquito Reservoir, 물떼새초원Killdeer Plains 등지에 성공적으로 안착시켰다. 더 작은 새떼도 주 전역에 많이 산재해 있다.

12년 전쯤에 우리는 어린 캐나다기러기 두 마리를 구입했다. 이 새들은 한 쌍으로 추측됐지만, 두 마리 다 암컷으로 드러났다. 봄이 가까이 왔을 때, 수컷이 날아와서 재빨리 암컷의 짝임을 주장했다. 연못에서 물오리를 포함한 모든 것을 쫓아낸 뒤에, 암컷이 마른 풀과 가슴 솜털을 이용해서 둥지를 만들었다. 그리고 암컷 기러기는 크림색의 하얀 알을 다섯 개 낳고 한 달 가깝도록 품었다. 이 모든 것이 수컷이 지키고 서 있는 동안에 진행되었는데, 수컷은 마지못해 우리가 연못 먼 끝에서 낚시를 할 수 있도록 허락했다. 솜털이 복슬복슬한 새끼가 부화되어 나온 뒤에 가족이 물을 향해 나아갔다. 솜으로 만든 노란 볼처럼 생긴 새끼가 엄마를 따라다녔다. 이 새끼들의 길을 엄마가 안내했다. 수컷은 뒤에 서서 위풍당당한 머리를 곧추세우고 줄곧 위험을 경계했다.

애송이들이 얼마나 빨리 자라는지 거의 믿을 수 없는 정도였다. 몇 주 만에 새끼들은 레그혼암탉Leghorn hen 크기만큼 컸다. 어린 기러기들이 반쯤 자랐을 때, 어른 기러기는 연례적인 털갈이를 시작한다. (털을 가는 대략 6주 동안, 캐나다기러기는 날지 않는 생존 지혜에 의지하지 않을 수 없다.) 우리가 7월 하순에 도토리를 타작할 때, 어린 기러기의 날개는 충분히 갖춰지고 어른 기러기의 비행 깃털은 원래 상태로 자라나서 한 가족으로 함께 비상하고 있었다. 그 새들은 대체로 12월까지 머물다가, 휴식을 위해 멈추었던 기러기 철새 떼와 같이 떠났다.

기러기는 거의 일 년 동안 한 가족으로 함께 머물렀던 몇몇 새들 가운데 하나다. 다음 3월에 우리 기러기 가족은 고스란히 돌아왔다. 새집 찾는 계절이 다가오면서, 가족이 해체되는 시간이 오고 야단법

석 소동이 뒤따랐다. 나는 어린 기러기들이 가엾게 느껴졌는데, 부모의 갑작스러운 공격성으로 인해 어쩔 줄 몰라 하는 것 같았다. 그래도 잠시 뒤에 한 살배기들은 굴복하고 그 지역을 떠났다.

우리의 기러기 한 쌍은 3년 동안 봄마다 동배 새끼를 길렀지만, 네 번째 3월이 왔을 때 한 마리의 기러기도 내도하지 않았다. 나는 레이첼 카슨Rachel Carson의 『침묵의 봄Silent Spring』을 생각하지 않을 수 없다. 결국 그달이 끝나갈 무렵에 수컷이 혼자서 돌아왔다. 그 새는 며칠 동안 연못에서 연못으로 날아다니며 자신의 짝을 찾기 위해 쓸쓸하게 우짖었다. (그 수컷은 자신의 거대한 크기와 미국의 '물고기와 야생생물국'이 다리에 묶은 끈으로 쉽게 알아볼 수 있었다.) 한 주 가깝게 찾았지만 결실이 없자, 수컷은 심지어 우리 집에 다가와 앞마당에 서서 꺽꺽 울었다. 마치 자기 가족에게 일어난 큰 슬픔을 우리가 함께 나누어 주기를 바라는 듯 보였다. 며칠 뒤에 그 당당한 새는 우리 삶으로부터 날아가 버렸다. 우리가 아는 한, 그 새를 다시는 볼 수 없었다.

지난 2년 동안 다른 쌍이 여기에 둥지를 틀었는데, 아마도 원래 기러기 쌍의 자손일 것이다. 나는 그렇게 생각하고 싶다. 그것들은 젊은 쌍이 거의 확실한게, 그 수컷이 늙은 수컷보다 더 소극적이기 때문이다. 그 새는 자기 짝의 둥지에서 6m 이내에서 송어를 낚시하는 것을 용인할 것이다. 첫해에 다섯 마리의 새끼가 부화했지만, 약탈자들에게 모두 잃었다. 지난해에는 다섯 마리가 부화해서, 그중 두 마리가 살아남아 날았다. 아마도 올해는 좀 더 성공하게 될 것이다.

이 큰 새들의 지역 개체수는 건실하게 증가하고 있다. 5년 전에 40에서 60마리의 기러기가 함께 떼를 지어 가을마다 인근에 남아 있었다. 지난가을에는 200마리가 족히 넘었다. 아서 벤트는 이렇게 썼다. "기러기들이 꽥꽥하는 그 유명한 음조로 오고 가는 것을 알려 줄 때, 그 누가 너무 바빠서 [하던 일을] 잠시 멈추고 가장 웅대한 야생 새의 빽빽하게 밀집한 행렬을 올려다보며 어디서 왔고 어디로 가는지를 알지 못하겠는가."

뿔종다리

내가 좋아하는 노래하는 새[명금(鳴禽)]의 목록을 만든다면, 뿔종다리가 분명 정상 가까이에 자리를 잡을 것이다. 이 기품 있고 조심성 있는 새는 연중 매일 돌아다닌다. 여름의 열기 속에서든 겨울의 눈 폭풍 속에서든, 뿔종다리는 결코 멀리 가지 않는다. 그 새들은 날씨에 대해 언제나 낙천적이다.

전세계 75종 종달새 가운데 오직 뿔종다리만 미국과 캐나다 토박이다. 뿔종다리는 개방된 시골의 새다. 나는 뿔종다리가 땅 위에서 바위나 부서진 옥수숫대보다 더 높은 곳에 앉아 있는 것을 본 적이 없다. 심지어 조류학자들은 뿔종다리가 세계에서 가장 흔한 땅새일 수 있고 북반구 전역에서 널리 보이는 새라고 믿지만, 이 숫기 없는 새는 사람에게 거의 알려지지 않았다. 55개 주 가운데 그것을 공식적 주조(州鳥)로 명명한 주는 하나도 없다.

1월 말에 겨울 종다리 떼가 여전히 여기 머물고 있다. 200~300마리가 외양간 뒤에 뿌려 놓은 곡물을 먹고 있다. 그러나 2월에는 때때로 큰 종다리 떼가 흩어 없어지고 짝지은 쌍만 머물 것이다. 쌍들은 늦겨울에 처음 맞는 따뜻한 날에 들녘을 휙 소리 내며 가로질러 갈 때 쾌활하게 보인다. 나는 가끔 우리 농장에서 둥지를 틀고 사는 새들이 일 년 내내 여기에 머물다가 겨울에 북방에서 온 친족과 합류하는지, 아니면 이것들도 남쪽으로 여행했다가 2월 말에 돌아오는지 궁금하다. 나는 그 새들이 일 년 내내 여기에 있으리라는 예감이 든다.

휴대용 도감에 따르면, 북방 종種 뿔종다리는 우리의 여름 종다리인 목초지 종에 비해 등이 더 검게 보이고 눈 위가 더 노랗다. 올겨울 종달새 떼 가운데서 나는 북방 종과 목초지 종 사이의 다양한 명암을 가져서 양자를 모두 설명하는 데 적합한 새들을 찾았다.

종다리[종달새]는 3월까지 둥지를 만든다. 둥지는 풀숲에 움푹 들어간 굴을 파고 그 안에 만드는데, 꼭대기 가장자리는 땅과 높이를 같게 한다. 암컷은 혼자서 둥지를 이틀 내지 나흘 만에 짓고 좋은 풀로 안을 채운다. 둥지에서 특이하고 내게 하나의 예술 작품으로 보이는 것은, 암컷이 한쪽을 따라 지은 파티오patio[테라스]다. 이 현관 층층대는 완두 크기의 조약돌과 옥수수대의 작은 조각들로 만들어진다. 그것은 둥지에서 2.5cm 정도 밖으로 뻗어 나오는데, 폭은 5cm 정도다. 내가 보아 온 모든 둥지들은 아침 해를 향해 둥지의 동남쪽 가장자리를 따라 파티오가 있다. 과학자들은 이러한 행동에 대해 약간 당황해 한다. 내 추측으로는 파티오가 우리의 시멘트 보도와 같은 기능을 제공하는 것 같다. 3월에는 뿔종다리 영역 대부분의 기온이 빙점 이하로 내려가는 밤이 있다. 낮에 땅이 녹으면, 종다리들이 파티오에 먼저 내려앉아 발에 묻은 진흙을 털고 둥지로

뿔종다리 97

들어갈 수 있다. 땅이 녹는 3월 아침에 토끼풀씨를 뿌려본 이라면 누구나 진흙이 할 수 있는 것, 장화의 폭이 20cm에 이르고 무게가 9kg나 된다는 것을 안다.

밀밭에 콩씨를 뿌릴 때 종다리 둥지를 종종 발견한다. 씨를 뿌리면 알을 품고 있던 새들이 둥지에서 푸르르 날아오르는 소동을 일으킨다. 작년에 발견한 둥지에는 세 개의 알이 있었는데, 초기의 한배로서는 통상적인 숫자다. 나는 그 장소를 마음속에 새겨 둔다. 그 다음 밭을 갈 때, 밀 덤불을 배경으로 한 둥지와 갈색의 반점이 얼룩덜룩한 알, 그리고 파티오의 아름다움을 가끔씩 점검하고 감탄한다. 일주일 뒤에 우리는 50cm에 달하는 습한 눈을 맞아서 둥지를 잃어버렸다.

몇 년 전 발견한 어느 둥지는 적게 내린 눈 속에서 알과 새끼들을 구한 것 같았다. 세로 8cm 가로 20cm 정도 되는 알루미늄 조각 하나가 밀밭에 자리 잡았는데, 어쩌면 폭풍에 날려 오거나 지난 윤작에서 거름과 함께 실려왔는지도 모른다. 어찌어찌해서 끝내 그 금속은 V자와 반대 모양으로 굽어져서 그 끝이 흙 속에 박혀 있었다. 이 '지붕' 아래 뿔종다리는 움푹하게 땅을 파내, 앞으로 툭 튀어나온 통상의 파티오를 가진 둥지를 만들었다. 내가 7월에 밀단을 만들면서 이 정교한 둥지를 발견했을 때, 새끼는 몇 달 동안 깃털이 다 나서 날아갈 수 있게 된 것 같았다.

뿔종다리의 노래는 높은 음조의 아름다운 음을 불규칙적으로 지저귀는 것으로 묘사된다. 멀리서 딸랑딸랑 울리는 조그마한 방울

소리처럼 들린다. 크지는 않지만, 그럼에도 아름답다. 열린 공간의 친숙한 소리.

수컷은 비행하며 구애하는 노래로 유명한데, 76m에서 244m에 이르는 고도에서 노래를 부른다. 심지어 내 인생 대부분을 뿔종다리 부근에서 살았는데도, 몇 년 전 봄까지는 이러한 과시 행위를 처음부터 끝까지 본 적이 없다. 나는 귀리씨를 뿌리고 있었고, 저녁 허드렛일을 하고 나서 밭일을 끝내려고 마음먹었다. 해가 질 무렵, 하루 종일 이랑에 곡물 씨를 뿌리며 걸은 뒤라 내 다리는 타고 갈 준비가 되었다. 아들이 씨를 뿌리고 싶다고 말해서, 경운수레에 올라탈 수 있었다. 언덕 꼭대기에 다다르자 승차의 엷은 만족감에서 오는 기분 좋은 졸림을 느끼기 시작했다. 그때 우리 앞에서 뿔종다리가 갑자기 날아올랐다. 나는 멈추어서 관찰했다. 종다리는 희미하게 사라지는 빛 속에서 가까스로 보일 때까지 거의 수직으로 날아올랐다가 이따금씩 잠깐 멈추기도 했다. 그러고서 종다리는 날개를 펼쳐서 마치 매처럼 높이 솟구쳤고, 몹시 경쾌한 구애 노래를 부르기 시작했다. 그 노래가 어떤 사람들에게는 "퀴트, 퀴트, 퀴트, 너는 바보같이 꾀부리다가 도망을 간다"는 것처럼 들린다. 노래를 한 번 부른 뒤에, 종다리는 날개를 몇 번 퍼덕거리다가, 치솟아 올라가서는 노래를 되풀이한다. 5분 정도 활공하며 노래를 부른 뒤에, 종다리는 날개를 접고 땅 쪽으로 하강하다가, 땅에서 1m 정도 되는 곳에서 날개를 펴고서는 자신이 날아오른 곳과 거의 같은 지점에 착륙한다.

셸리Shelley의 「종달새에게To a Skylark」라는 시가 생각난다.

너에게 싸락눈이 내려쳐도, 쾌활한 마음!
그대 새는 결코 천상에서 오지 않고 늘 가까이 있어,
숲은 너의 충만한 마음,
미리 계획하지 않은 예술의 풍성한 선율.

마찬가지로 우리의 『정선 찬송가집*Ausbund hymnal*』에 있는 찬송가 47번도 셸리의 유럽종달새를 언급했는데, 그만큼 습성이나 노래에서 뿔종다리와 밀접한 관계가 있다.

달콤한 목소리와 선율의 종달새,
구름 뚫고 날아간다.

겨울 끝자락에서 이 찬송가가 교회에서 불릴 때면, 나는 뿔종다리를 생각한다.

습지 음악

지난겨울 그러했듯이, 겨울이 길고 추울 때 가끔 햇볕과 봄의 따스함, 그리고 그것에 동반하는 소리가 그립다.

사탕단풍나무 꼭대기에서 들려오는 개똥지빠귀redwing의 첫 '오-키-리잉' 소리, 북쪽으로 날아가는 기러기의 소란스러운 외침, 둥지 상자에서 체크아웃한 파랑새가 지저귀는 노래, 이 모든 것이 정말 봄이 다가오고 있다는 것을 확인해주는 신호다. 그러나 진정한 결정타는 청개구리spring peeper들이 개골개골 울면서 노래 부르기 시작할 때라고 생각된다. 간절히 기다려온 이 사건은 낮 온도가 섭씨 10도까지 올라가서 사나흘 지속할 때 일어난다. 처음에는 튼튼한 새끼 몇 마리만 울지만, 햇볕이 따뜻해지면 곧 합창단이 참여해서 함께 부른다.

봄의 밭갈기와 봄 청개구리는 함께 간다. 부드럽게 저항하는 흙을 뒤집고 있을 때, 새된 소리가 처음으로 이웃 숲 작은 소택지沼澤地에서 메아리 되어 들려오는 것은 흔한 일이다. 그것은 끽끽거리는 깃털 소리와 자주개자리 뿌리의 삥 하는 소리와 잘 뒤섞인다. 개구리의 시기 맞추기는 해에 따라서 3주 이상 달라지는 것 같다. 지난해에는 조그마한 청개구리가 4월 2일부터 울기 시작했는데, 이것은 늦은 편이다. 2년 전에는 첫 번째 소리가 3월 7일에 들렸지만, 그 뒤에 추운 날씨가 되돌아오자 그 새들[청개구리들]은 그달 말까지는 다시 울지 않았다. 그러나 평균적으로는, 새끼들이 동면에서 깨어나 진흙에서 나와서 봄기운이 완연한 춘분 시기나 흰털발제비martin가 처음으로 도래하기 1주 전쯤부터 부르기 시작한다.

봄 청개구리는 나무개구리tree frog과에 속한다. 학명은 하일러 크루서퍼Hyla crucifer이다. 크루서퍼는 십자가를 진 동물이란 뜻으로, 등에 새겨진 검은색 십자가로 알아볼 수 있다. 십자가는 흔히 X자 형태인데 때로는 완전히 그렇지는 않다. 길이가 겨우 3cm밖에 되지 않는 불그스름한 갈색개구리brown frog는 물에서 멀리 떨어진 곳에서는 거의 발견되지 않는다.

봄 개구리의 유쾌한 노래를 들은 몇 해 동안 나는 살아 있는 개구리를 본 적은 한 번도 없었다. 우리가 학교에서 본 알코올이 채워진 병에 든 오그라든 표본은 그렇게 유능한 음악가로 보이지는 않았다. 그래서 어느 따뜻한 4월 밤에 한 친구와 나는 청개구리를 볼 수 있길 기대하면서 엉덩이까지 오는 장화를 신고 가까운 소택지로 갔다.

우리가 얕은 물을 조심스럽게 걸어서 건너자, 수풀과 잡초 덤불 주위에서 모든 소리가 조용해졌다. 10분 정도 꼼짝 않고 서 있으니, 청개구리 몇 마리가 먼 곳에서 다시 울기 시작했고, 곧이어 늪 전체에 수많은 새된 소리가 울려 퍼졌다. 침묵을 지키며 천천히 주변으로 움직였고, 잘 위장한 개구리 몇 마리를 회중전등으로 발견할 수 있었다. 그 개구리들은 물 밖으로 10cm 정도 기어올라서 풀잎과 부들cattail처럼 쓸모 있는 곳이라면 어디에든 매달렸다.

목구멍 기낭氣囊을 완두콩만한 크기로 부풀림으로써(실제로 청개구리 온몸이 얼마간 부푼 것처럼 보인다), 개구리는 믿을 수 없을 정도로 새된 '뺍뺍' 소리를 낸다. 날씨가 따뜻할 때 개구리들은 두 번에 한 번 비율로 '새된 소리를 낸다.' 거대한 개구리 합창이 좀 떨어진 거리에서는 딸랑딸랑 울리는 썰매방울 소리처럼 들리는 것은 조금도 이상한 일이 아니다.

청개구리 울음은 짝짓기의 부름이고, 적어도 내게는 또 하나의 겨울을 살아남았다는 승리의 외침으로 들리기도 한다.

조심스럽게 듣는다면, 개골거리는 소음의 한가운데서 다른 목소리도 들을 수 있다. 그중 하나는 끝을 향하는 음조에서 올라가는 '끼릭 하는 소리'를 규칙적으로 되풀이하는 서부합창개구리western chorus frog의 것이다. 그 소리는 빗살이 가늘고 촘촘한 주머니빗의 끝을 엄지손톱으로 긁어서 제법 그럴듯하게 흉내낼 수 있다. 낮은 음조의 코 고는 소리는 강꼬치개구리pickerel frog한테서 온다. 흔치 않은 이 소리는 흔히 수컷이 물속에 푹 잠겨서 내기 때문에 힘이 거의 없다. 표범개구리leopard frog는 강고치고기개구리와 상당히 비슷한 소리를 내지만, 소리가 더 크다.

개골거리는 부류와 같은 과에 속하는 또 하나의 개구리는 회색나무개구리gray tree frog다. 그 음악적 지저귐은 보통 개구리들이 세레나

습지 음악 103

데를 다 마친 한참 뒤, 늦봄과 초여름 내내 나무와 수풀로부터 울려 퍼진다.

우리 대부분은 보통녹색개구리common green frog의 '블루 블루' 하면서 우는 소리와 30cm까지 자랄 수 있는 큰황소개구리big bullfrog의 '터룸' 혹은 '저거룸' 하며 떨리는 소리에 익숙하다. 이 개구리는 미묘한 풍미를 제공해서 많은 사람들이 즐기는 개구리 다리의 주인 공이다. 한번은 친구가 자기에게는 개구리가 새된 소리로 "투딥, 투딥(too deep, too deep)"[너무 깊다, 너무 깊에]이라 외치고, 식용개구리가 큰 소리로 "베터고라운드, 베터고라운드(better-go'round, better-go'round)"[돌아서 가는 게 좋아, 돌아서 가는 게 좋아]라고 외치는 것처럼 들리기 때문에, 자기는 결코 개구리를 찾으러 소택으로 들어가지 않는다고 내게 말했다.

개구리들이 쉴 새 없는 울음을 시작한 지 한두 주가 지나면, 모든 양서류의 소리 중에서도 가장 아름다운 아메리카두꺼비American toad 의 한결같이 떨리는 깨끗한 소리가 들린다. 정원에서 흔히 볼 수 있는 두꺼비가 이처럼 숙련된 음악 명가임을 아는 것은 쉽지 않다. 소택지에 거주하는 청개구리나 다른 개구리들과는 달리, 두꺼비는 건조 지역에서 사는 생물이다. 개구리와 두꺼비를 분간할 수 있는 가장 큰 차이점은 개구리가 매끄러운 피부를 가졌고 두꺼비는 사마귀 투성이라는 것이다.

노래를 부르는 것은 수컷 두꺼비인데, 추측건대 짝을 유혹하려는 의도일 것이다. 암컷 두꺼비는 4살이 되면, 흔히 자신이 태어난 곳인 연못이나 늪으로 알을 낳기 위해 여행한다. 암컷 두꺼비는 자신의 짝과 동반해서 연못 가장자리를 따라 천천히 헤엄치며 두 줄의 알을 낳는다. 한 번에 5,000~6,000개의 알을 생산한 암컷 두꺼비는 연못을 떠나 자신이 온 정원이나 다가올 여름을 보낼 곳이라면 어디로든 깡충 뛰어서 되돌아간다.

암컷 두꺼비는 낮 시간을 보내기 위해 그늘진 장소를 찾는다. 지난여름에 암컷 두꺼비 한 마리가 대황大黃이 자라는 곳 아래서 반쯤 묻혀서 지냈는데, 이곳에서 두꺼비는 가장 더운 날에도 시원하고 편안하게 살아남았다. 그 두꺼비는 밤에 잔디밭과 정원으로 깡충 뛰어 나와서 입 앞에 고정된 혀를 인간의 눈이 따라갈 수 없을 정도로 빠르게 날름 내밀어 벌레를 와락 잡아채서 먹어 치웠다.

암컷 두꺼비가 연못을 떠난 며칠 뒤에, 자그마한 올챙이가 부화해 연못 바닥으로 떨어진다. 우리는 연못 가장자리를 따라 조류藻類 떼 사이로 무리지어 우글거리는 올챙이들을 관찰했다. 올챙이들은 먹이를 찾고 적으로부터 도피할 피난처를 찾는데, 이곳에는 이런 것이 많이 있다. 까마귀와 왜가리, 알락찌르레기grackle 등이 조심성 없는 올챙이들을 잡으려고 물가를 걷는다. 올챙이들은 조류를 떠나 더 깊은 물속으로 들어가는 모험을 감행해야 하지만, 배스와 블루길이 언제나 그들을 간절히 먹고 싶어한다. 부화된 수천 개의 알 가운데서 오직 적은 수만 어른 두꺼비의 삶을 살기 위해 생존한다.

허파가 발달하고 네 다리가 자라나 꼬리를 잃으면(꼬리는 흡수되어서 자양물로 사용된다), 올챙이는 물을 떠날 준비를 마친다. 개구

습지 음악 105

리들은 불안해지면 한두 번 껑충 뛰어서 안전을 되찾을 수 있는 물과 습지 가까이에 머문다. 그러나 어린 두꺼비들은 건조 지대를 가로질러 멀리 가는 모험을 감행한다. 농사짓는 우리 대부분은 초가을에 경작하는 밭 가운데서 대략 5센트짜리 백동화보다 더 크지 않은 두꺼비를 만난 적이 있다. 나는 팀과 써레를 피하려는 두꺼비들을 여러 번 도와주었다.

두꺼비는 자신을 보호할 몇 가지 수단을 갖는다. 그 하나는 주변과 완벽하게 섞이는 능력이다. 또 다른 하나는 개나 다른 잠재적 적들이 몹시 싫어하는 쓴맛의 물질을 내뿜는 목둘레의 선腺이다.

차가운 날씨가 되돌아오는 10월이나 11월이 되면, 개구리는 연못과 늪의 바닥에 있는 침니沈泥와 진흙 속에 자신을 묻는다. 반면에 두꺼비는 지하 동결 한계선을 벗어나는 땅이나 퇴비 속으로 깊이 파고들어 가서 동면한다. 3월과 4월의 햇볕과 비가 도래할 때, 두꺼비는 땅 위로 모습을 드러내고, 우리는 습지에서 들려오는 개굴개굴하는 소리와 새된 소리, 코 고는 소리 등이 뒤섞인 합창으로 즐거워진다.

삼림지의 보배

여러 해 전 헨리 워드 비처Henry Ward Beecher는 다음과 같이 썼다. "꽃은 신이 만들어 놓고 영혼을 넣어 두는 것을 잊어버린 가장 감미로운 것이다." 이 소감은 야생화의 장관이 4월에 진행될 때 특히 진실로 여겨진다. 우리가 그토록 야생화를 소중하게 여기는 것은 아마도 그 머무는 시간이 너무 짧기 때문일 것이다. 삼림지의 꽃은 나뭇잎이 나와서 가리기 전에, 꽃송이가 피고 다음 해 꽃을 위한 자그마한 시작을 만들기 위해 아주 짧은 시간을 갖는다.

나는 봄의 첫 꽃인 앉은부채skunk cabbage를 번번이 놓친다. 습지 식물의 수상꽃차례[수상화서(穗狀花序)] 덮개 안에서, 우리가 꽃으로 인정하기 어려운 것이 나타난다. 그래도 꿀벌들이 앉은부채를 부지런히 찾는 것은 꽃들이 그토록 관대하게 생산하는 황금빛 꽃가루 때문이다.

처음으로 나타나는 '진짜' 야생화는 머위coltsfoot다. 이 밝은 노란색 꽃은 처음 얼핏 민들레처럼 보이는데, 흔히 길가나 숲 가장자리를 따라서 자란다. 이 꽃은 봄 햇볕이 흙을 따뜻하게 하자마자 핀다. 잎은 꽃 핀 뒤에 나오고 망아지 발굽colt's hoof 모양과 크기를 갖는다.

머위는 다른 많은 길가 꽃과 함께 귀화식물이다. 식민지 개척자들이 약초로 사용하기 위해 아메리카로 가져온 머위는 조금씩 서쪽으로 행진해서, 불과 지난 20년 안에 이 지역에 널리 퍼졌다.

내가 1950년대에 학교를 다닐 때, 자연주의자이신 우리의 취르허 C. F. Zuercher 선생님은 각 종의 첫 번째 꽃을 가져오는 학생에게 새 연필을 주셨다. 단 하나의 요구사항은 뿌리 주변에 충분한 흙과 함께 식물을 온전하게 가져와서 옮겨 심어야 한다는 것이었다. 우리는 새로운 발견을 만나면, 종이 수건이나 구겨진 딕시컵Dixie cup[음료와 아이스크림용 종이컵 상표명]에 담아서 주머니에 넣어 옮겼다. 어쨌든 많은 야생화가 손수건이라는 요람에 담겨 교실에서 데뷔했다.

첫 연필을 상으로 받아 희색이 만면한 학생들이 가장 먼저 가져온 것은 봄의 미인들[클레토니아(Claytonia)]이었다. 그것들은 봄에 가장 일찍 피는 꽃 가운데서도 화사한 백색이나 엷은 분홍색을 띨 뿐만 아니라, 가장 흔하고 가장 널리 알려진 꽃이기도 하다. 우리에게는 봄의 이 아름다운 꽃들에 의해 채색된 초원에 작고 둥근 언덕이 하나 있는데, 그 언덕은 봄꽃들이 만개했을 때 떨어져서 보면 거의 눈이 덮여 있는 것처럼 보인다.

봄의 아름다운 꽃들을 바짝 뒤따르는 것은 붉은뿌리양귀비 bloodroot[혈근초(血根草)]인데, 이 가냘픈 흰색 꽃은 밤에 반듯하게 접히고 며칠 가지 않고 진다. 그 뿌리가 부러지면, 그 이름이 가리키듯이 불그스레한 오렌지색 수액을 '출혈'한다. 인디언이 붉은뿌리양귀비의 수액을 사용해서 전사에게 칠하는 물감을 만들었다고 한다.

초봄에 피는 또 하나의 꽃은 큰꽃연령초large-flowered trillium나 흰연령초white trillium다. '트릴리움trillium이란 이름은 '세 잎'이란 뜻이다. 잎, 꽃잎[화판(花瓣)], 꽃받침 조각[악편(萼片)]이 윤생체輪生體를 이루고 있다. 드물게 네 장의 잎으로 발견되는 것도 있다. 그 식물은 습한 숲에서 무성하게 잘 자라고, 크고 흰 꽃은 나이를 먹음에 따라 분홍색으로 바뀐다. 이 집단의 또 다른 일원으로 붉고 색채가 선명한 연령초red and painted trillium와 두꺼비모양 연령초toadshade trillium나 잎자루가 없는 연령초sessile trillium[무병연령초(無柄延齡草)]가 있다. 이들 세 가지 모두 흰연령초보다 흔하지 않다. 뿌리줄기[근경(根莖)]가 굶주리면 죽기 때문에, 이 아름다운 꽃들을 채집하는 것은 참도록 애쓰자. 그 외에도 어떤 연령초는, 특히 붉은연령초red trillium는 '웨이크로빈wakerobin'[개똥지빠귀 깨우기]이라고도 불리는데, 거슬리는 냄새를 풍긴다.

감미로운 향내가 나는 야생화는 솜털플록스downy phlox다. 푸르스름한 라벤더꽃은 라일락 같은 향기를 뿜으며, 넓은 지역에서 잘 자란다. 2년 전 봄날 어느 저녁에 아내의 부모님이 방문차 오셨다. 오후에 비가 왔기 때문에 숲으로 걸어 내려가기로 했는데, 우리는 버섯을 마음에 두고 있었다. 버섯을 발견하지는 못했지만, 우리가 본 것은 더욱 만족스러운 것이었다. 숲의 어느 작은 구역은 문자 그대로 양탄자를 깔듯이 솜털플록스와 노란금불초yellow ragwort로 온통 뒤덮여 있었다. 지는 해의 황금빛 광선이 비에 씻긴 나뭇잎 사이로 새어 나오고 금불초와 플록스의 노란색과 푸른색을 가로질러

알록달록 반사되었다. 숲의 암청색과 대비되는 그 생기 있는 색채가 우리 눈을 사로잡았다. 이 자연스러운 꽃밭이 우리가 보았던 어떠한 인공적 꽃밭보다 아름다웠다.

모든 야생화가 솜털플록스나 봄의 미녀처럼 흔히 볼 수 있는 것은 아니다. 우리 집에서는 드문 몇몇 야생화들, 예컨대 금낭화 Dutchman's-breech나 복주머니란lady's slipper, 월귤나무trailing arbutus 등이 다른 공동체에서는 꽤 흔하게 보일 수도 있다.

불행하게도 많은 야생화는 귀리씨를 뿌리고 옥수수밭을 준비하느라 바쁠 때 꽃을 피운다. 이 기간 우리의 자연 탐사는 우리 숲이나 이웃 숲에 한정될 수밖에 없다. 가끔 우리 뒤뜰에서 진기한 새를 보기도 하지만, 야생화를 볼 수 있는 행운까지 만나기는 쉽지 않다. 야생화는 땅에 뿌리를 박고 있고 해가 지나도 거의 움직이지 않기 때문에 그 아름다움을 잠시라도 흘끗 보려면 우리가 다가가야만 한다. 그래서 나는 노루귀hepatica를 발견한 적이 없다. 2년 전까지만 해도 그러했으니, 얼마나 놀라운 일인가.

교사 친구인 로라Laura Yoder가 학생들의 자연 소풍에 동행해 주기를 내게 요청했다. 비록 철새가 이동하기에는 조금 이르고 많은 야생화조차 약간 이른 4월 중순이었지만 나는 흥분했다. 내게 반나절 동안 밭일에서 벗어나 자연 세계를 살필 수 있는 구실을 주었기 때문이다.

그날 날씨는 아름답고 화창하며 포근했다. 모두가 알다시피 학교 어린이들의 열의는 거의 한계가 없어서, 곧 그들은 우리에게 머위꽃부터 지네centipede까지 무엇이든 확인하기 위해 가져왔다. 야외 안내인의 도움으로 우리가 발견한 것 대부분의 이름을 알 수 있었다. 그리고 나서 학생 한 명이 여전히 줄기에 붙어 있는 꽃 한 송이를 내게 건네주었다. 줄기는 털이 많고 꽃송이는 짙은 라벤더 자주색이었다. 나는 믿을 수가 없었다. 노루귀라니! 한 작가가 사랑스러운 노루귀에 대해, "짙은 자주색 컵을 배경으로 반짝이는 수술의 하얀 끝은 여름밤의 별과 같다"고 말한 적이 있다. 우리는 그 뒤에 근처 산골짜기에 있는 비탈에서 그 아름다운 식물을 여섯 혹은 여덟 포기나 발견했다. 이제 우리는 노루귀가 어디에 있는지 알고 있다.

여러 해 만에 단 한 번 만난 것은 캐나다백합Canada lily이다. 몇 년 전 블랙베리를 따고 집으로 걸어가다가, 그 품위 있는 식물이 적어도 24개나 꽃을 피우고 있는 개간지까지 왔다. 그 꽃들이 핀 그 열린 숲은 이전에 목장으로 사용되던 곳인데, 거의 10년 동안 울타리로 막혀 있었다. 그다음 해에 축우畜牛가 되돌아왔고, 그 멋진 붉은 꽃들은 처음 나타날 때처럼 조용히 사라졌다.

야생화의 행진은 끝이 없다. 나무아네모네wood anemone와 루아네모네rue anemone, 개종용toothwort, 삼백초bluet, 야생제라늄wild geranium, 송어백합trout lily, 꽃고비Jacob's ladder, 그리고 인디언순무Indian turnip로도 알려진 천남성jack-in-the-pulpit[설교단의 야곱] 등 언급할 수 있는 것이 많다.

내 이웃의 숲은 산재하는 천남성 군생群生에게는 집이다. 5월 초에는 야곱(Jack)이 녹색과 자주색의 가늘고 긴 조각보 아래 설교단에서 있는 것 같다. 그때 가끔은 진홍색 풍금조 합창단과 개고마리도 머리 위에서 노래부른다.

그리고 제비꽃violet도 있다. 피터슨Peterson과 맥케니McKenny의『야 생화 도감Field Guide to Wildflowers』에는 41종 이상의 다양한 제비꽃이 목록 에 올라 있다. 초기에는 아메리카제비꽃이 흉곽과 허파의 문제를 해결하려는 약초 연구자들에 의해 사용되었다. 그들은 제비꽃이 "특히 가슴에 좋다"고 말한다. 제비꽃은 아직도 약효가 있는 것으로 생각되지만, 그것은 대부분의 야생화에도 통용되는 말이다.

봄 소풍

지난 5월 여덟 살 먹은 막내딸 에밀리와 나는 조심스럽게 소풍을 계획했다. 그 애 언니들이 벌린Berlin[오하이오주에 있는 아미쉬 타운]으로 가는 길에 우리 농장에서 서남쪽으로 몇 킬로미터 떨어진 곳에 우리를 내려 주었다. 우리는 밀러스버그Millersburg까지 11~13km를 걸어 갔다가 저녁 버스를 잡아타고 집으로 돌아올 작정이었다. 이 노정은 우리가 이 카운티[郡] 구역에서 가장 아름다운 삼림 지대로 여겨지는 곳을 관통하게 해준다.

또한 친구 농장을 가로지르며 짧은 방문의 기회도 갖기로 했다. 우리는 가볍게 여행했다. 가벼운 쌍안경과 야생화 도감, 임시변통으로 식물을 압착시킬 시어스Sears[미국의 유통업체] 판매 카탈로그, 1리터의 물, 약간의 간식, 그리고 먹거리를 담을 빵가방뿐이었다. 그날은 아침부터 안개가 자욱했기 때문에 따뜻한 햇살이 안개를 흩뜨릴 때까지 기다렸다. 마침내 기온이 섭씨 16도 정도에 이르렀다. 소풍하기에 완벽한 날이었다. 우리는 마음속에 특별한 주제도 갖고 있지 않았다. 에밀리가 말했듯이, 우리는 그저 사물을 보면서 갔다.

길을 떠나 숲을 향해 내리막길을 걸어 내려가면서 우리는 노란

것에 시선을 빼앗겼다. 걸어서 지나가는 청정한 목초지에 민들레꽃 파도가 넘치듯이 넘실대고 있었다. 야생벚나무에서 황금핀치 몇 마리가 날아올랐는데, 잘생긴 수컷은 노랗고 검은색 외투를 입고 있었다. 그리고 찬란하게 빛나는 노랑솔새yellow warbler 한 마리가 산사나무 꼭대기에서 경쾌한 노래를 불렀다. 그때 블랙베리와 찔레꽃이 얽혀 있는 부근에서 노랑목솔새common yellowthroat의 노래인 "위치티, 위치티, 위치티" 하는 소리가 요정처럼 다가왔다. 검은 얼굴과 노란 가슴을 가진 이 솔새 가수는 덤불 사이로 낮게 휙휙 날아 그 습성이 거의 굴뚝새를 닮았다.

숲에 더 가까운 곳에 다다르니 크고 비음악적인 노래가 찔레밭에서 튀어나왔다. 갈색쥐빠귀나 흉내지빠귀 소리처럼 들렸는데, 그 가수가 까마귀 흉내마저 냈기 때문이다. 그러나 그 새가 덤불에서 날아올라 청미래덩굴greenbriar 줄기에 앉자, 놀랍게도 그 흉내쟁이가 노랑가슴솔새yellow-breasted chat임을 알게 되었다.

그 작은 새도 솔새과의 일원이지만, 동종의 다른 성원들보다 크고 습성이 솔새답지 않다. 그래도 이 새는 아름다움에서는 색채가 풍부한 이 과에 속해서 들새를 관찰하는 사람들의 사랑을 받는다.

우리의 소풍은 좋은 출발을 끊었다.

지빠귀 과의 작은 새를 본 뒤에, 우리의 길을 계속 갔다. 멀리 가지 않아서, 햇볕을 쬐고 있는 마못을 보고 놀랐다. 깜짝 놀란 설치동물이 자신의 안전한 굴로 뛰어들기 위해 쓰러진 나뭇가지를 재빠르게 기어오르는 것을 보고 웃었는데, 그 소굴은 근처의 버려진

탄광의 갱도로 연결된 것처럼 보였다.

숲으로 가기 위해 울타리를 가로지르며, 에밀리는 사슴 두 마리를 발견했다. 사슴은 다가오는 우리를 분명 보았을 텐데, 이 숫기 없는 동물들은 크게 놀라는 것처럼 보이지 않았다. 잠깐 뒤 사슴은 호기심을 충족시킨 듯, 흰 꼬리를 흔들면서 우리에게 작별 인사를 했다.

다 자란 사탕단풍나무와 오크의 차양[천개(天蓋)] 아래 이르자, 동부나무딱새eastern wood pewee, 붉은풍금조, 붉은눈개고마리red-eyed vireo의 노래를 들었다. 그보다 떨어진 곳에서 적갈색 옆구리의 피리새 rufous-sided towhee가 "치윙! 치윙!" 하며 우는 소리가 뚜렷하게 들렸다. 방울새 비슷한 이 작은 수컷은 대조적인 색채를 가진 새다. 흑단처럼 까만 머리, 목, 등과 더불어 개똥지빠귀의 가슴 색깔과 거의 필적하는 적갈색 옆구리를 뽐내는 그 수컷은 화려하다. 이 새는 땅에다 둥지를 만들고 땅에서 먹이를 찾는다. 왕왕 먹이를 찾기 위해 어질러진 나뭇잎을 긁어모으는 모습으로 보이기 때문에, 이 지방에서는 이 새를 땅개똥지빠귀ground robin라고 부르기도 한다.

오래도록 사용하지 않은 묵은 밭에 도착한 우리는 꽃이 만발한 층층나무dogwood의 전경에 눈이 부셔서 경외의 마음으로 서 있었다. 아직도 이슬에 젖어 있는 꽃 한 송이를 꺾었는데, 직경이 10cm는 넘어 보였다. 층층나무가 그 밭에서 유일한 구경거리는 아니었으니, 삼백초도 있었다. 네 개의 꽃잎을 가진 이 자그마한 꽃은 멀리서 보면 들판이 서리로 덮여 있는 것처럼 보일 정도로 풍성하게 자라 꽃을 피운다. 쌍안경을 거꾸로 돌려 돋보기처럼 해서 우리는 금빛

봄 소풍 115

눈을 가진 그 파란 꽃을 확대해 보았다. 퀘이커아가씨Quaker lady라고도 불리는 이 꽃들은 아무 때도 묻지 않아 더욱 예쁘다. 농부로서나는, 소홀히 관리해 목초는 적고 관목 덤불투성이가 된 묵은 밭을보면 심란해지는 것을 인정할 수밖에 없다. 그러나 묵은 밭은 삼림지대로 돌아가는 게 가장 근사한 방법일 것이다.

우리는 숲으로 다시 들어갔다. 좁은 골짜기를 따라 바닥으로 내려가 구불구불한 작은 내를 끼고 걸었다. 우리는 냇가의 비옥한 낮은지대에서 곰보버섯 약간과 새로운 꽃들을 발견했다. 휴대용 도감은이 꽃이 난초과에 속하는 야생란orchis이라고 설명했다. 비록 연자주와 하얀 꽃이 동족인 복주머니란lady's slipper만큼 크지는 않았지만,그럼에도 우리는 이 아름다운 꽃 가족을 발견한 것에 흥분했다.

우리는 작은 내를 계속 따라갔다. 버섯을 찾기 위해 플라타너스주변을 점검하고 새들을 찾기 위해 나무를 둘러보았다. 몇 년 전부터 많은 야생부추가 서식하는 곳으로 기억해 온 장소에 다다랐다.막대기와 손을 사용해서 우리는 피칸pecan 열매 크기의 구근을 수십개 파냈다. 부추는 양파과이고, 올해 초봄에 나는 그것이 맛있는식재료임을 알게 되었다. 버섯과 함께 부추를 가방에 넣자, 나는곧 먹게 될 식사, 즉 신선한 버터를 바른 따뜻한 빵 한 조각에 구운버섯과 잘게 썬 부추를 얹은 식사가 기대되었다. 우리는 부추를거둔 뒤에, 앉아서 간식을 먹었다.

마틴Martin천川에 와서, 우리는 길을 벗어나 다리를 건너가느니 차라리 신발을 벗고 걸어서 건너기로 했다. 차가운 물이 기분을 상쾌하게 해서, 계속 가기 전에 발이 마를 때까지 휴식을 취했다. 남쪽으로 다음 골짜기로 가는, 지금은 사용하지 않고 내버려 둔 지방도로를 따라 걷다가, 그때까지 한 번도 본 적이 없는 두 종류의 꽃, 즉 봄참제비고깔spring larkspur과 큰장대dame's rocket를 발견했다.

친구를 방문한 뒤, 그의 농장을 가로질러 다음 산등성이에 올랐다. 우리는 꼭대기에 도착해서 아메리카딱새American redstart를 보았는데, 놀랍게도 그것은 오늘날 희귀한 이주 솔새 가운데 하나다. 제철에 앞서 귀리와 옥수수를 수확할 수 있도록 허락한 완벽한 날씨는 아마도 이 이동 솔새가 덜 보이게 된 원인으로도 작용했을 것이다. 새들이 앉도록 강제하는 폭풍이 없으면, 이 새들은 북쪽으로 가는 여행 중에 이 지역 상공을 지나간다. 적어도 나는 그것이 이유이기를 희망한다. 그러나 미국에서 패스트푸드 식당에 값싼 쇠고기를 제공하는 대목장을 창출하기 위해 열대다우림(많은 솔새의 겨울철 서식지)을 베어 넘어뜨린 것도 아마 부분적으로는 이 새들이 덜 보이게 하는 데 책임이 있는 건 아닌지 걱정된다.

산등성이의 다른 쪽으로 내려가서 우리는 4천m^2[1,200평] 정도 되는 높고 평평한 땅으로 왔는데, 당당한 너도밤나무와 사탕단풍나무로 그늘진 이곳은 흰 꽃이 핀 연령초와 라벤더향을 풍기는 야생제라늄lavender wild geranium으로 빽빽이 채워져 있었다. 그 왼쪽으로, 켄터키솔새 한 마리가 흥겨운 노래를 부르기 시작했다. 풍경이 정말로 목가적이었다. 이럴 때에는 자연 세계의 아름다움과 그 창조주를 향해 모자를 벗고 싶다. 통나무에 앉아서 감탄하는 동안, 나는 시간을 점검했다. 4시 30분. 정확히 버스가 밀러스버그를 떠날 시간인데, 우리는 아직도 몇 킬로미터 떨어져 있다. 에밀리는 나를 보고 어깨를 으쓱하면서, "글쎄"라고 말했다.

우리는 깊은 골짜기를 가로질러서, 지금은 우리의 좋은 친구 존이 소유하는 농장에서 야생생강을 발견했다. 밭 가장자리를 따라서, 큰 소리로 부르는 새의 노래가 우리의 고된 여행을 방해했다. 나는 이전에 그 노래를 들은 적이 있지만, 누가 부른 노래인지는 생각해낼 수 없었다. 그 새는 자신을 드러냄으로써 협력했고, 우리는 그 새가 흰눈개고마리white-eyed vireo임을 알아챘다. 모든 개고마리 가운데서도 흰눈개고마리는 예능이 보잘것없는 가수다. 그 새는 마치 자신이 노래를 잘하는 개고마리와 동종인 것처럼 소리를 내지도 않는다.

이제 '굳은 땅'으로 다시 왔으니, 그늘진 좁은 길이다. 여기서 우리는 붉은가슴밀화부리rose-breasted grosbeak와 과수원꾀꼬리orchard oriole를 듣고 보았다. 그리고 비록 우리가 본 모든 새의 목록을 적어두지는 않았지만(이처럼 대단한 날에는 적절한 일이 아닐 것이다), 우리는 만족했다.

길고 좁은 길의 끝에서 우리는 읍까지 가는 아스팔트 도로의 남은 길을 걸어서 가기로 결정했다. '출입금지' 신호가 나무와 장대 위에 나타나기 시작하자 우리가 문명세계에 복귀하고 있음을 알아챘다. 우리는 그들이 바라는 대로 멈추어 섰다. 이 마지막 몇 킬로미터의 머캐덤도로macadam road[포장법을 발명한 사람 이름에서 따온 도로명]가

숲과 들판을 지나온 거리보다 더 우리를 피곤하게 했다.

샌드위치와 밀크셰이크를 빨리 먹고 마신 뒤에, 우리는 한 친구에게 전화해서 그의 차를 얻어 타고 집으로 갔다. (특히 아빠가) 지쳤지만 행복했고 야생부추의 향내와 동행했다.

지빠귀

블랙베리가 얽힌 곳을 휙휙 나는 여러 마리의 황록색 작은 새에 시선이 끌리고 있을 때, 나는 숲의 가장자리를 따라 걷고 있었다. 상당히 유순한 이 새들에게 가까이 다가가 금관상모솔새golden-crowned kinglet임을 알아보았다. 그리고 그보다 더 큰 갈색 새가 큰 나무 밑 덤불 속에 있는 것을 보았다. 쌍안경 대신에 울타리 도구를 가져왔기 때문에, 그 새가 자신의 정체를 드러내기를 기다렸다. 오래 기다리지 않았다.

그 새가 가시 돋친 줄기에 앉자마자, 머리 뒷면과 등이 갈색이고 가끔씩 꿈틀거리는 꼬리는 불그스름한 것을 보았다. 은둔자지빠귀hermit thrush였다. 지빠귀 철새들의 하나를 이렇게 일찍, 4월의 둘째 날밖에 되지 않았는데 발견해서 몹시 기뻤다. 3월 마지막 날에 내린 '최루탄' 같은 눈보라가 봄 밭일을 중단시켰듯이, 때 이른 철새의 북행을 갑작스럽게 멈추게 했다.

은둔자지빠귀는 봄에 이 지역을 통과해 이주하는 5종의 이른바 갈색등지빠귀brown-backed thrush의 하나다. 다른 것은 숲지빠귀wood thrush와 스웨인선지빠귀Swainson's thrush, 회색뺨지빠귀gray-cheeked thrush,

120 위대한 소유

그리고 비어리veery지빠귀 등이다.

열대 지방으로 깊숙이 이주하는 다른 4종과 달리, 은둔자지빠귀는 남부 주들과 멕시코에서 겨울을 지내고, 드물게는 북방에서 겨울을 보내기도 한다. 2년 전 우리의 크리스마스 탐조 기록Christmas Bird Count에 등록된 새들을 살펴보았다. 당연하게도 북방 보금자리 땅으로 가는 길에 봄에 나타난 첫 번째가 갈색등지빠귀였다. 은둔자지빠귀는 북아메리카 새들 가운데서 가장 아름답다고 여겨지는 노래를 부르는데, 이 노래는 달리 말한다면 유럽나이팅게일European nightingale과 비교할 만하다. 불행하게도 이 새는 이주하는 도중에는 더없이 아름다운 그 노래를, 가끔 예외도 있지만 좀처럼 부르지 못한다. 캐나다 지역의 새는 로키산맥과 애팔래치아산맥의 높은 고지에서만 남쪽을 향해 둥지를 트는데, 그 노래는 이러한 곳에 살거나 이러한 곳으로 여행하는 새들의 것이다.

비록 은둔자지빠귀가 타고난 재능이 가장 뛰어나다고 찬사를 받지만, 다른 많은 지빠귀도 능란한 가수들이다. 모리스 브룩스Maurice Brooks는 『애팔래치아 산맥The Appalachians』에서 웨스트버지니아주의 하이치트산맥에 사는 새의 생활에 대해 이렇게 썼다. "그러나 어스름 황혼은 정말 지빠귀의 것이다. … 처음에는 대부분의 새들에게도 내리막이 좋지만, 숲지빠귀만이 그곳에 남을 것이다. 그늘이 위로 살금살금 기어오르자, 비어리지빠귀와 은둔자지빠귀들이 꼭대기를 향해 빛을 찾는다. 비어리는 흔히 큰 나무 밑의 덤불을 지키지만, 은둔자는 가문비나무의 가장 높은 첨단에서 노래 부르기를 좋아한

지빠귀 121

다. 그중 가장 가깝게 접근하는 것은 … 스웨인선지빠귀다. 그것들은 햇빛을 쬐는 한순간, 여름날 저녁놀이 진 하늘에서 비치는 한 줄기 양광을 놓치기 싫어하는 것 같다. 마침내 노래 부르기를 그쳐야 하니, 졸음이 깃든 쩍쩍 소리가 조금 들리다가 조용해진다."

은둔자지빠귀를 이어 곧 따라오는 것이 숲지빠귀다. 숲지빠귀는 다섯 종류의 지빠귀 가운데서 둥지를 틀고 노래하기 위해 지역에 머무는 유일한 종이다. 그것은 머리 부분의 짙은 홍색과 갈색 꼬리, 더 크고 더 많은 가슴 반점 등으로 은둔자와 구별된다.

반면에 비어리는 숲지빠귀 같은 불그스름한 머리와 은둔자지빠귀 같은 불그스름한 꼬리가 없이 미숙한 갈색이다.

비록 다섯 종 지빠귀의 이주 기간은 겹치지만, 스웨인선과 회색뺨지빠귀는 주된 이주가 봄에 끝나는 것처럼 보인다. 이 두 종은 따로 분리해서 말하기도 어렵지만, 갈색등지빠귀로 분류한다 하더라도 둘 모두 실제로는 회색빛이 도는 갈색에 더 가깝다. (그래서 스웨인선지빠귀의 원래 이름이 올리브색등지빠귀였다.) 둘을 확인하는 가장 확실한 방법은 눈 고리를 점검하는 것이다. 그 새가 담황갈색 바탕에 뚜렷한 흰 눈 고리를 가졌다면, 그것은 스웨인선이다. 반면 눈 고리가 뚜렷하게 보이지 않는다면 회색뺨지빠귀다.

갈색 등을 가진 다섯 종의 지빠귀는 모두 습하고 빽빽한 삼림 지대에 둥지를 틀지만, 오직 숲지빠귀만이 진정한 동부의 새다. 그것은 100번째 자오선[서경 100되]에서 더 먼 서쪽으로 모험하는 경우가 거의 없다. 회색뺨지빠귀는 이주를 위해 가장 먼 거리를 여행하

122 위대한 소유

는데, 간혹 최남단의 페루에서 동북 시베리아와 알래스카까지 여행하기도 한다.

지빠귀의 네 종은 미국 서부와 캐나다에 서식하고, 다른 한 종은 북극 지방에 서식한다. 다만 드문 사례로 이들 가운데 한 종만 동부에서 두드러지게 눈에 보인다.

서부 산맥의 지빠귀인 타운센드외알박이Townsend's solitaire는 파리를 잡아먹는 딱새의 습성을 가졌지만, 그 노래는 전형적으로 지빠귀와 같다. 곡조가 아름다운 그 노래는 그 새들이 둥지를 트는 산악 고지의 넓게 펼쳐진 공간에 잘 어울리는 선율을 가졌다고 일컬어진다.

다채로운 지빠귀는 겨울철에 때때로 뉴잉글랜드와 버지니아처럼 먼 동쪽에 있는 모이통에 모습을 드러내는 서부의 가수이기도 하다. 마찬가지로 북극에 보금자리가 있는 북부 흰머리딱새northern wheatear가 이따금씩 가을에 길을 잃고 미국 동부로 가기도 한다. 이 새들의 평소 겨울철 서식처는 인도와 아프리카에 있다.

갈색등지빠귀는 미국 동부와 캐나다 토착의 유일한 지빠귀는 아니다. 이 과의 다른 두 멤버는 동부의 파랑새와 아메리카지빠귀American robin다. 아메리카지빠귀와 파랑새는 숲지빠귀의 반점 가슴을 갖고 있지 않지만, 새끼는 가지고 있다. 우리는 부모에게 모이를 애걸하면서 잔디밭 주변을 여기저기 뛰어다니는 반점가슴지빠귀spot-breasted robin 새끼를 아주 잘 알고 있다. 새끼가 다 성장하면 반점이 사라진다. 많은 사람의 사랑을 받는 이 새들은 수줍음을 많이 타는 사촌들과는 달리 현관 앞마당의 새가 되고 봄의 전령으로 여겨진다. 두 종의 새들은 유능한 가수들이다.

동부파랑새는 로키산맥 기슭의 작은 언덕과 같이 먼 서쪽에 둥지를 튼다. 그곳에서 서부파랑새와 산악파랑새mountain bluebird가 발견되는데, 이것들은 대초원지대Great Plains의 동쪽에는 거의 온 적이 없다.

온화한 동부파랑새는 자신의 등에 하늘의 푸름을 싣고 가슴에는 새로 뒤집힌 땅의 윤택한 갈색을 지니고 있다고 일컬어진다. 이 새들은 암컷이 둥지 지을 곳을 찾느라 봄철의 처음 따뜻한 날에 더욱 눈에 띄지만, 파랑새는 내한성耐寒性이 강해서 겨울을 지내기 위해 아주 먼 남쪽으로 가는 것 같지는 않다. 봄이 시작되면, 이 새들은 여름에 늘 드나들던 곳으로 되돌아온다.

파랑새의 구애는 그 새 자체만큼이나 아름답다. 수컷은 보통 암컷에 앞서 며칠 전에 도착해서 둥지로 쓸 만한 움푹한 곳을 고른다. 그리고 암컷이 도착할 때까지 가장 달콤하고 가장 곡조가 아름다운 음률로 노래한다. 수컷은 암컷이 자기가 고른 여름 서식처를 받아들이도록 최대한의 노력을 기울인다. 암컷이 받아들이면, 두 새는 둥지를 짓기 시작한다. 둥지는 마른 풀과 잡초 줄기로 느슨하게 구축하고, 알받이 컵의 안은 더 좋은 풀과 털로 채운다. 둥지를 만드는 일은 암수가 함께 하지만, 대부분의 실제 일은 암컷이 한다. 둥지가 완성되면, 암컷이 보통 4개나 5개, 때로는 6개, 아주 드물게는 7개의 연청색 알을 낳는다. 12일간 품은 뒤에 새끼 새들이 부화한다. 두 부모는 15일에서 18일까지 새끼들을 돌보고 먹이를 주는데, 때가 되면 새끼가 깃털이 나고 날개를 완전히 갖추어 둥지를 떠날 준비를 마친다.

전세계에는 306종의 지빠귀가 있다. 이들 가운데 3종이 우리 농장에서 우리와 함께하는 게 기쁘다. 개똥지빠귀는 집 근처에서, 파랑새는 과수원과 밭에서, 그리고 숲지빠귀는 숲에서 함께한다.

지난봄 가장 먼 밭에서 꼴을 만들었는데, 때때로 예상치 못한 일이 일어나서 어두워질 때까지 건초 만드는 일을 지속했다. 어스름 땅거미가 다가오자 "티오리, 오리애이, 티오래이"라고 하는, 느긋하고 달콤하며 물 흐르는 듯한 소리가 가까운 숲에서 온화하게 떠내려 왔다. 숲지빠귀의 아름다운 플루트 소리 같은 노래였다. 붉은눈개고 마리나 꾀꼬리의 노래처럼 의기양양하지도 않고 굴뚝새처럼 흥겹게 까불지도 않지만, 평온하고 청명하며 마음을 고상하게 한다. 존 오듀본은 다음과 같이 썼다. "숲지빠귀를 만드시고 그것을 이 외딴 숲에 두신 하느님을 내 얼마나 열렬하게 찬양해 왔는가."

제비

6종의 제비 가운데 이 지역에 흔한 5종이 우리 농장에 둥지를 틀었다. 이 우아한 새들은 낮 시간 대부분을 나는 벌레를 찾아 날아다니며 보낸다. 낮게 연못을 스쳐 지나치며 부리를 물속에 살짝 담가서, 날면서 물을 마신다. 이 새들은 같은 방식으로 몸을 씻는다. 몸으로 물을 스치며, 상쾌해진 모습으로 빠르게 날아서 사라진다.

열린 외양간 창문으로 활공해 들어오는 봄의 첫 외양간제비barn swallow의 쾌활한 지저귐은 닫힌 막사에서 겨울을 보낸 외양간 동물들의 억눌린 소리에서 고맙게도 잠시 벗어나게 해준다. 아서 벤트는 외양간제비를 이렇게 말했다.

조금이라도 새를 아는 사람이라면 누구나 우아하고 정다운 외양간제비를 알아보고 감탄하고 사랑한다. 이 기분 좋은 모습 없이는 평화로운 시골 풍광이 그 매력의 많은 부분을 잃을 것이다. 그러나 그처럼 매력적인 시골 풍광은 지금까지 그러했듯이 그다지 흔한 것은 아니다. 문이 넓게 열려 있고 건초더미가 우뚝 솟은 구식의 외양간과 농사용 짐차가 서 있는 열린

광은 새들이 들어올 수 없도록 꽉 닫힌 문과 개방되지 않은 창문을 가진 현대식 건조물로 대체되고 있다. 말은 자동차와 트랙터로 광범하게 교체되었고, 젖소는 현대식 착유장 외양간에서 살게 되었으며, 개방된 건초더미는 사라지고 있다. (이 글은 1942년에 쓰였다.) 현대의 농장 경영에서는 제비를 위한 장소가 없다.

우리 외양간의 다락을 지탱하는 거칠게 톱질 된 들보가 외양간제비에게는 이상적으로 잘 맞다. 길고 깊게 갈라진 꼬리와 짙은 갈색의 아랫부분을 가진 이 제비들은 우리가 들보에 못을 쳐서 고정시킨 받침대에 진흙과 짚으로 둥지를 만들기를 망설이지 않는다. 이 새들은 차라리 낡은 둥지를 재사용하는 것을 더 좋아하니, 단순하게 흰 깃털로 안을 갈아 대고, 4개 내지 5개의 알을 낳을 준비를 한다.

외양간제비와 달리 벼랑제비는 외양간의 바깥 처마 아래에 조롱박 모양의 둥지를 만든다. 지난해에 우리 공동체 안에 있는 다섯 농장의 외양간에 둥지를 튼 이 '진흙' 제비들은 1,000쌍 정도 있었다. 오렌지색 엉덩이와 담황갈색의 앞머리, 네모진 꼬리 등을 가진 이 새들은 귀중하게 여기는 농부들의 환영을 받는다. 어른 제비가 둥지를 찾는 횟수를 헤아려 본 연구자들은 둥지에 있는 새끼들을 위해 매일 900마리의 벌레가 필요하다고 추정했다. 이러한 계산이 정확하다면, 1,000쌍의 제비가 매일 100만 마리에 가까운 벌레를 구제驅除할 것이다!

어쨌든 벼랑제비의 거류지를 유지하기 위해서는 약간의 노력을 기울여야 한다. 먼저, 적절한 서식지는 사활이 걸린 중대한 것이니, 처마는 잘 보호되어야 한다. 벼랑제비는 쥐와 고양이가 둥지를 급습할 수 있는 곳에 자리잡지 않을 것이다.

둘째, 가장 나쁜 적인 집참새가 어떤 방식으로든 통제되어야 하지만, 그러한 간섭 자체가 문제를 불러일으킬 수 있다. 나는 이 제비들이 새로운 거류지를 만들려고 시도한 몇 가지 사례를 알고 있는데, 첫 둥지가 거의 완성되자마자 집참새들이 탈취하기 시작했다. 집참새들이 총격을 받아서 제거되었을 때, 제비도 그 장소를 포기했다. 그 까닭은 분명 총격에 의한 소란 때문이었을 것이다. 그러나 이미 안정된 거류지에서는 이러한 방식으로 괴롭힘을 당하지는 않는 것처럼 보인다.

예전에 우리 벼랑제비의 거류지에서는 맹렬하게 퍼붓는 비로 인해 둥지가 젖어 땅에 떨어지는 일이 자주 발생했다. 이 문제는 쐐기 모양의 고정구固定具를 처마 아래에 10cm 정도의 여유를 두고 고정시켜서 제비들이 그곳에 둥지를 부착할 수 있도록 해서 해결됐다. 5년 전에는 제비들이 사용할 공간이 점차 사라져, 나는 첫 번째 것의 10cm 아래에 두 번째 고정구를 첨가했다.

불순한 일기가 제비에게 피해를 끼친다. 1979년 6월에 춥고 비 많은 날씨가 닷새나 이어졌다. 새들은 추위와 먹이 부족으로 고통을 겪었다. 날씨가 맑게 개고 사물이 정상으로 돌아온 뒤에 나는 벼랑제비의 둥지로 들어가는 입구를 그 주검 하나가 틀어막고 있는 걸

128 위대한 소유

발견했다. 사다리를 놓고 둥지를 점검했다. 우리는 11마리의 죽은 어른 제비와 4개의 알을 보고 깜짝 놀랐다. 새들은 온기를 지키려고 같이 모여 있었고, 입구에서 한 마리가 죽었을 때 모두 비명횡사한 것처럼 보였다. 벼랑제비와 외양간제비는 둥지가 완성되자마자 알을 낳는다는 점에서 흰털발제비와 구별된다. 이로 인해 이 새들은 두 배의 알을 낳을 수 있다. 이르면 5월 중순에, 늦게는 8월 중순에 둥지 아래 땅에서 부화된 알들의 껍질을 발견하곤 한다.

제비는 빠르고 강한 비행가다. 나는 건초나 밀 그루터기를 베면서, 어떤 때는 내 얼굴에서 불과 1m 안에서 풀 베는 기계가 휘저어 놓은 벌레들을 찾아 제비들이 회전하고 급강하하는 것을 보고 즐겼다. 한번은 바람 부는 날에 풀을 베고 있었는데, 그때 풀 베는 기계 칼날에 교란된 귀뚜라미같이 보이는 것이 바람 부는 방향으로 날면서 내 얼굴을 때렸다. 나는 정신을 차리고 그 비상을 뒤따라 주시했다. 그것이 3m도 채 여행하지 못했을 때, 벼랑제비가 뒤에서 나타나서 공중에서 잡아챘다. 타이밍이 완벽했다.

목초지에서 암소를 집으로 데려올 때, 우리는 때때로 제비과의 일원인지 확실하지 않은 거친날개제비를 목격한다. 갈색을 띤 이 새들은 냇가 모래톱을 파서 굴속에 둥지를 튼다. 제방제비bank swallow[갈색제비]와 달리 이 새들은 버려진 자갈과 모래 구덩이나 톱밥 더미에 있는 거류지에 둥지를 트는데, 거친날개제비는 혼자 사는 단생單生의 경향이 강하고 작은 냇가의 모래톱을 따라 자기 굴을 갖는 것을 더 좋아한다.

여러 해 동안 몇 쌍이 냇가를 따라 있는 낡은 물총새kingfisher 굴에서 여러 배의 새끼를 낳았다. 그러나 나는 쓸 만한 둥지용 터보다 제비가 언제나 더 많이 있는 것 같다는 사실을 주목했다. 나는 둥지를 위한 더 많은 공간을 위해 구멍을 뚫는 데 사용할 수 있는 도구에 대해 골똘하게 생각했다. 잠시 후 나는 지역 철물점에서 담장 귀퉁이 고정 장치를 우연히 보았다. 한쪽 끝에 10cm짜리 나사송곳날이 달린 90cm 길이의 이 막대기가 거기에 더할 나위 없이 좋을 것 같았다.

그해 봄 우리는 60cm 깊이의 구멍을 네 개 뚫었다. 우리가 첫 번째 구멍을 다 뚫자마자, 한 쌍의 제비가 벌써 그 새 굴에 쏜살같이 날아가서 면밀하게 살펴보았다. 이틀 뒤에 작은 가지와 풀로 된 둥지가 완성되고 흰색 알 한 개가 담겼다. 우리가 만든 네 개의 굴 가운데 세 개가 사용되었다.

첫해에는 하나의 문제가 있었다. 10cm의 트인 구멍이 너무 컸고, 몇 개의 둥지를 너구리가 파괴해 버린 듯했다. 그 다음 해에 나사송곳이 지름 7.5cm로 조정되었다. 지난여름에는 우리의 '인공' 둥지 12개 가운데 11개가 사용되었고, 새끼 제비 모두가 성공적으로 보금자리에서 날아갈 수 있었다. 12번째 구멍은 확대되어서, 띠두른물총새belted kingfisher 한 쌍이 사용했다. 거친날개제비는 제비의 전통을 따르지 않으니, 그것들은 한배의 알만 낳고 7월에 가버린다.

파랑새 지원 활동가들은 나무의 움푹 파인 곳에 둥지를 트는, 위는 초록색이고 아래는 하얀색인 새, 즉 나무제비tree swallow를 알아

본다. 이 제비들은 오직 가끔씩만 우리 상자에 둥지를 튼다. 나무제비는 점잖은 파랑새보다 공격적이고, 집에 대한 애착이 크다. 그러나 이 제비들도 아름답고 유익한 새들이어서, 파랑새 집에 세 드는 한 쌍의 나무제비를 갖는 것을 하나의 특별한 혜택이라고 생각해 왔다.

한 마리의 제비가 여름 한철을 만들지 않는다는 속담이 있지만, 여기 우리 농장에서는 제비가 여름철 동안 우리 삶의 대단히 많은 부분을 이룬다. 매일 아침에 우리는 제비과의 가장 큰 일원인 암청색큰제비의 낭랑하고 꿀꿀거리는 소리에 눈을 뜬다. 비록 예쁘게 지저귀는 개고마리warbling vireo나 과수원꾀꼬리의 노래와 비교할 때는 음이 아름답다고 생각되지 않을 수 있다. 그럼에도 이 새들의 경쾌한 지저귐은 외양간의 허드렛일을 하러 가는 길에서 듣는 즐거운 소리다.

사람들의 감탄을 받고 새끼든 성체든 보호를 받는 암청색큰제비는 아마도 북아메리카에서 가장 키우고 싶어 하는 새일 것이다. 심지어 첫 유럽인이 도래하기 전부터도 인디언은 속을 움푹 파낸 호리병박을 장대나 나무에 매달아서 제비를 사람 사는 촌락으로 유인했다. 비슷한 호리병박이 아직도 몇몇 남부 주에서 사용되고 있다.

첫 번째 암청색큰제비가 새 상자 위에 내려앉아 짹짹하며 지저귀는 것은 봄에 맞는 가장 흥미로운 사건 가운데 하나다. 암청색큰제비의 집은 그때 개방된다. 우리는 제비들이 내도할 때까지 집 개방을 늦추는 것이 찌르레기와 집참새를 쉽게 통제하는 방법임을 알게 됐다. 이들 폭력배들은 초봄 내내 말썽을 일으키지만, 늦게 둥지를 트는 암청색큰제비가 오면 보루를 고집하지 않는다. 심지어 첫 제비가 3월 말에 내도할지라도, 5월이 깊어지면 4개 내지 5개의 하얀 알을 낳을 것이라고 큰 걱정 없이 기대할 수 있다. 그때가 되면 암청색큰제비는 그 수가 많아져서 참새들이 실제로 뒤로 밀려나고, 악한 같은 찌르레기는 몇몇 운 나쁜 딱따구리의 둥지용 구멍을 접수하는 것 같다.

암청색큰제비는 애써 공들여 둥지를 짓지 않는다. 암수 모두 둥지를 지으면서 엄청 재잘거린다. 내가 보기에 둥지를 만드는 재료는 해마다 다양하다. 통상 짚과 옥수수대 조각, 그리고 나무껍질과 풀 끄트러기 등으로 이뤄진다. 어떤 해에는 많은 둥지가 단지 경작된 밭에서 주운 마른 사이비 풀뿌리나 뿌리줄기로만 이뤄졌다. 가끔은 알이 입구 밖으로 굴러나가는 것을 지키기 위해 둥지 앞 둘레에 진흙 테두리가 위치하기도 한다. 그리고 거의 모든 둥지에는 우리 마당에 있는 중국느릅나무Chinese elm tree에서 딴 몇 장의 푸른 잎이 담겨진다. 왜 그런지 확인할 수는 없지만, 아마도 잎이 진드기와 같은 기생충의 통제를 돕는 것으로 보인다.

기생충의 심한 만연은 갓 깐 새끼들이 둥지를 때 이르게 떠나게 하는 원인이 된다. 달리 말해서, 그것들은 더 이상은 도저히 버틸 수 없어서 날 준비가 되기도 전에 뛰쳐나온다. 암청색큰제비에 열광적인 사람은 살충제 세빈Sevin[카르밤산계의 살충제 상품명]을 사용해서 이 문제를 관리한다. 그러나 이 살충제는 둥지를 틀고 있는 기간에는 사용하지 않는 게 좋다. 천연제인 규조토가 안전하게 사용될 수 있고, 진드기를 제어하는 데도 상당히 효과적이다. 우리는 보통 새들이 떠날 때까지 기다렸다가, 집을 청소하고 소독한다. 우리의 집들이 히말라야삼목cedar으로 만들진 것도 도움이 될 터이니, 그것이 진드기를 어느 정도 물리칠 것으로 생각한다.

제비의 다른 종들과 마찬가지로, 아마도 암청색큰제비가 겪는 재난의 원인으로 불순한 날씨가 모든 적들을 다 합친 것보다도 더 클 것이다. 우리 가운데 많은 이들이 1972년 6월에 허리케인 아그네스가 동부 해안으로 북상한 때를 기억한다. 우리는 이 강력한 기상체계의 서쪽 가장자리에 있었는데, 시곗바늘 반대 방향으로 도는 바람의 결과로 우리는 열흘 가까이 차가운 북풍과 비를 맞았다. 암청색큰제비의 많은 거류처가 황폐화되었는데, 많은 경우는 추위 때문이 아니라 필수적 먹이인 날아다니는 벌레의 결핍 때문이었다.

오하이오주의 키드론Kidron 부근 출신인 엘머 거버Elmer Gerber는 태풍이 불 때 넓은 서식처를 갖고 있었지만, 그 다음 해에 단 한 쌍의 암청색큰제비도 돌아오지 않았다. 그가 [도로에서 현관까지의] 차도에 알 껍질을 흩뿌려서 이웃 거류지에 있던 암청색큰제비가 그것을 먹기 위해 들어왔지만, 그 새들은 엘머의 상자에 둥지를 틀지는 않았다. 12년이 지나 원래의 새들 가운데 어떤 새도 주변에 돌아오지 않았을 가능성도 있을 것이고, 다음 세대가 둥지로 다시 돌아올 가능성도 있었을 것이다. 하지만 이런 일은 일어나지 않았다.

우리는 행운이 더 따랐다. 살아남은 암청색큰제비들도 그해 6월 말까지 남아 있었지만, 다음 해 봄에 14쌍이 돌아와 조금씩 늘어 올해에는 100쌍이 좋게 넘는 암청색큰제비가 여기에 둥지를 틀었다.

분명히 성숙한 암청색큰제비 다수가 해를 이어서 같은 둥지 구멍을 차지하는 것 같다. 아버지가 기억하시기를, 그분이 소년이었을 때, 본래의 흰색 깃털을 가진 수컷 암청색큰제비 한 마리가 아홉 번이나 연속적으로 둥지 트는 계절에 같은 구획으로 되돌아왔다고 한다. 이 새가 돌아올 때는 다른 암청색큰제비가 '그의' 구획에 있었을 것이기 때문에, 난투가 계속 일어나고 불법 점거자가 축출되었을 것이다.

암청색큰제비는 모기를 먹는 습성 때문에 오랫동안 칭찬을 받아 왔지만, 최근 몇몇 조류학자들이 이러한 주장에 의문을 제기했다. 그들은 모기가 야행성 벌레이기 때문에 낮에 활동하는 주행성의 암청색큰제비는 흔히 일컫는 것처럼 1,000마리까지 모기를 탐식하는 것은 도저히 가능하지 않다는 이론을 폈다. 그러나 모든 모기가 밤에만 날아다니는 것은 아니다. 그리고 머리 위로 날아다니는 암청색큰제비와 다른 보통 제비들 덕분에, 우리는 저녁에 모기로 인해 고통을 받지 않으면서 마당에 앉아 있을 수 있다.

암청색큰제비가 먹거나 새끼에게 먹이로 주는 몇몇 다른 벌레로는 개미, 말벌, 말파리[쇠등에], 광대파리매robber fly, 딱정벌레, 갑충beetle, 나방, 잠자리, 그리고 가끔은 꿀벌도 있다. 가끔씩 꿀벌을 먹는 암청색큰제비의 습성은 이 점잖은 새들을 비난하는, 내가 들은 유일한 불평을 불러일으킨다. 알렉산더 윌슨Alexander Wilson은 암청색큰제비를 싫어하는 한 사람에 관해 다음과 같이 썼다. "이 사람은 인색한 독일인으로, '자기의 완두콩을 먹는다'는 이유로 그 새들을 싫어한다. 나는 암청색큰제비가 완두콩을 먹는 사례를 결코 알지 못하기 때문에 그가 확실히 오해하고 있다고 말했지만, 그는 자신이 직접 '[암청색큰제비개] 꿀벌통 근처에서 놀다가 싹둑 잘라서 덥석 물고 가는 것'을 여러 번 보았다고 대답했다. 이로써 나는 [암청색큰제비한테서] 고통을 받은 것이 완두콩pea이 아니라 꿀벌bee이었음을 알았다."

암청색큰제비의 먹이에 대한 연구가 이뤄졌는데, 200개의 위 가운데서 오직 5개의 위에서만 꿀벌이 나왔고, 그것들 모두가 수벌이었다. 나도 암청색큰제비가 꿀벌을 잡아서 그 새끼에게 가져가는 것을 보았다. 그러나 이것은 불순한 날씨로 더 좋아하는 먹이가 없는 동안에 일어나는 일이다.

벼랑제비와 외양간제비와 달리 암청색큰제비는 새끼를 한배만 낳는다. 7월 말이 되면 이 새끼들 대부분은 깃털이 다 나서, 어른 제비들을 따라서 브라질에 있는 겨울 집으로 갈 여행을 벌써 준비하고 있다. 최근까지는 이 새들이 우기의 아마존 숲에서 겨울을 보낸다고 생각되었다. 그러나 1984년 5월 『자연학회 소식지Nature Society News』에 게재된 한 논문에서 암청색큰제비 100만 마리가 브라질의 상파울루에서 거대한 무리를 지어 겨울을 보내는 것을 발견했다고 알려주었다. 농장들과 작은 읍이 있는 이 지역은 북아메리카에서 암청색큰제비가 둥지를 트는 많은 지역들과 비슷하다.

8월 중순경 늦은 배의 새끼들이 깃털이 다 나서 둥지를 떠날 준비가 됐다. 그리고 갑자기 그 새들이 가버렸다. 때로는 며칠이 지난 뒤에야 그 건축물 주위가 조용해진 것을 알아챈다.

여름은 짧은 것 같고, 나는 우리가 때때로 이 새들을 당연한 것으로 여길까 염려스럽다. 그러나 건초를 쌓아 올린 긴 하루의 저녁에, 아쉬운 듯 남아 있는 향내로 공기가 여전히 향긋하니, 마당에 앉아서 쉴 새 없이 들려오는 새소리와 아이들의 웃음소리를 듣는 것은 즐거움이다. 태양은 서쪽 지평선을 넘어 사라지고 제비들은 거의 모두 둥지 안에 있는데, 그 부드러운 지저귐이 이따금씩 속삭거리는 작은 소리로 잦아들다가 끝내 밤 속으로 빠져든다. 이제 남은 유일한 소리는 멀리 떨어진 곳에서 들려오는 말이 나지막이 우는 소리와 회색 나무개구리의 떨리는 울림소리뿐이다. 그 뒤에 멀리서 뇌성이 우르르 울리고 작은 아이들은 더 가까이 파고든다. 건초는 헛간에 있으니, 비가 내려도 괜찮다. 머리를 침대로 돌리며 나는 솔로몬의 말을 기억한다. "노동하는 이의 잠은 달콤하다."

솔새와 버섯

"오크 잎이 다람쥐 귀만큼 크고 고사리 양치류羊齒類가 이물 양쪽의 소용돌이 꼴 장식처럼 아직 곱슬곱슬하게 오그라든 때가 옥수수 심을 적기이다'라는 격언이 있다. 만약 우리가 이 규칙을 따른다면, 그리고 날씨가 협조해 준다면, 옥수수가 시간표대로 땅에서 자라게 될 것이고, 몹시 바쁜 발걸음으로 봄에 밭을 갈고 곡물을 심고 나면, 이제 우리는 또 다른 봄의 즐거움을 추구할 한 주 혹은 그 이상의 시간을 갖게 된다.

따뜻한 5월 아침 숲속에 있는 것보다 더 즐거운 일은 없을 것이다. 연령초와 천남성, 야생제라늄과 더불어 수많은 야생 꽃들이 나뭇잎이 썩고 있는 풍부한 부식토에서 수없이 피어나고 있다. 밤비에 여과된 공기는 깨끗하고 향긋하다. 먹을 수 있는 버섯 가운데서 가장 높게 평가되는 곰보버섯이 있다. 이 지역 사람들이 '스펀지버섯'이라고 부르는 이 버섯이 '뼝하고 소리 내며 터지도록' 따뜻한 비도 자극한다. 한 해의 이 무렵에는 솔새들도 봄이 다가옴을 알려 주는 전령사 노릇을 한다. 그리고 숲솔새wood warbler는 대규모 야행성 철새이기 때문에 밤에 부는 폭풍으로 수많은 새들이 땅으로 피신하는 일도 간혹 일어난다. 조류학자들의 견해에 따르면, 이러한 현상은 두드러지게 따뜻한 기후의 온난전선이 새들을 데리고 남쪽에서 이동해 와서 북서쪽에서 접근하는 차가운 한랭전선과 만나 정체되는 곳에서 일어난다. 한랭전선에 의해 제지된 새들은 북행 여행을 지속하는 데 유리한 바람을 기다리는 동안 피난처와 먹이를 찾는다. 이와 같은 '예기치 않은 부산물'을 모든 솔새 애호가들은 우연히 마주치기를 기대한다.

날씨가 이상적이지 않을 때조차도, 다른 종류의 수많은 솔새들이 덤불과 나무 사이로 먹이를 찾아 휙휙 날아다니는 것을 발견하는 것은 그다지 어려운 일이 아니다. 솔새의 이주를 그토록 흥미롭게 하는 것 가운데 하나가 많은 종이 거의 같은 시기에 이주한다는 사실이다. 열 종 넘게 모인 새떼가 그 눈부신 깃털로 단일 식림지를 번쩍이게 하는 장면을 보는 것은 드물지 않다.

소나무솔새pine warbler와 노랑궁둥이솔새yellow-rumped warbler, 오렌지색왕관솔새orange-crowned warbler 등을 포함한 몇몇 종이 미국에서 겨울을 보내는 동안에, 거의 모든 다른 종은 라틴아메리카에서 겨울을 지낸다.

노랑궁둥이를 제외한 모든 솔새는 오직 벌레와 그 유충만 먹이로 삼는다. 그래서 그 새들은 대부분의 다른 명금[우는 새]보다 더 늦은 날에 이주하는 경향이 있다. 겨울을 보낸 땅을 떠난 뒤에, 그 작은 새들은 4월 20일경 멕시코 만에 인접한 주들에 내도하고, 쓸 만한 벌레 먹거리를 찾아 북쪽으로 여행해서 5월 10일과 20일 사이에

138 위대한 소유

5대호Great Lakes에 도착한다.

이리호Lake Erie는 일종의 장벽으로 솔새들이 캐나다로 가로질러 가는 모험을 감행하기 전에 그 남쪽 기슭을 따라 머물게 하는 원인으로 작용한다. 많은 새들이 캐나다의 최남단인 포인트 필리Point pelee를 첫 번째 기착지로 삼는데, 그 남쪽은 이리호로 돌출되어 있다.

존 앨런 리빙스턴John Allen Livingston은 포인트 필리의 조류 생활에 대해 『조류 관찰자의 아메리카The Bird Watcher's America』에서 다음과 같이 썼다. "따뜻해지는 햇볕이 서서히 효력을 나타냄에 따라, 처음에는 가늘고 머뭇거리던 상쾌한 소리가 커지고 강해지기 시작했다. 곧 포인트[곶] 전체가 한 덩어리가 된 다양한 새들 소리로 가득 채워졌다. 어디에도, 확실히 캐나다 어디에도 그처럼 주목할 만한 합창대는 없다고 한다. … 좋은 날에는 100종 이상의 솔새가 이 작은 반도에 압축되는데, 그 종들 대부분은 수효가 많고, 그 종들 모두가 어느 정도는 발성력이 있다. 포인트 필리는 조류 경청자들에게 북쪽에 둥지를 트는 수많은 솔새의 소리를 배울 수 있는 기회를 드물게 제공한다. 그 가운데 몇몇은 먼 남쪽을 통해 왔기 때문에 충실한 노래를 부르지 못할지도 모른다. 합창은 보통 아침 10시까지는 끝난다."

가장 흔한 솔새인 노랑솔새는 걸프 만에서 알래스카까지 북아메리카 대륙 전역에 걸쳐 둥지를 튼다. 그러나 다른 많은 종들은 잠깐만 머무르기 때문에, 우리는 5월의 며칠 동안에만 가장 빛나는 색깔을 입은 이 아름다운 새들을 볼 기회를 갖는다. 가을에 그 새들은 다시 남쪽으로 여행하지만, 그때는 어른 새들이 털갈이를 해서 윤택한 봄의 색깔이 좀 더 거무스름한 농도로 대체되어서, 특히 아마추어 조류 관찰자들이 그 정체를 확인하기가 아주 어렵다.

만약 우리가 봄에 볼 기회를 놓쳤다면, 또 다른 기회를 위해 열두 달을 기다려야 하는 종이 몇몇 있다. 이 솔새들은 타원형의 이주 경로를 여행한다. 한 예로, 코네티컷솔새Connecticut warbler는 봄에는 대륙 내부를 통해 애팔래치아 산맥 서북쪽으로 나아갔다가, 가을에는 동부 해안을 따라 남쪽으로 돌아간다. 알렉산더 윌슨은 1812년에 코네티컷주에서 이 흔치 않은 솔새를 발견하고 그 주 이름을 따서 명명했다. 검은머리솔새blackpoll warbler와 윌슨솔새Wilson warbler, 농청색솔새cerulean warbler, 그리고 케이프메이솔새Cape May warbler도 이 에두르는 경로를 따른다. 이 새들은 코네티컷솔새만큼 드물지는 않고 매년 볼 수도 있다. 3년 연속 케이프메이솔새 수컷이 우리 사과나무를 찾는 것이 부엌 창문을 통해 보였다. 아마도 그것은 같은 새일 테지만, 케이프메이솔새는 사과꽃 안과 주변에 있는 벌레를 선호하는 것 같다.

당신이 솔새를 찾는 데 아직 익숙하지 않다면, 여기에 당신을 도와줄 약간의 힌트가 있다. 무엇보다도, 첫해에 모든 종을 알아내려고 시도하지 말라. 실질적으로 불가능한 일이다. (북아메리카에는 56종의 숲솔새가 있다. 약 37종이 미시시피강 동쪽에서 관찰된다.) 그 대신에 노랑·검은목 파랑솔새yellow and black-throated blue warbler와 아메리카딱새, 아메리카솔새 등과 같은 한결 쉽게 알 수 있는 새들에 집중하라.

숲속으로 들어가는 모험을 감행하기 전에, 휴대용 도감을 잘 공부하고, 쓸 만한 쌍안경이 있으면 그것을 사용하라. 명금이 15m 높이의 나무 꼭대기 주변을 쏜살같이 날아다닐 때, 당신 쌍안경의 시계 안으로 먹이를 찾는 솔새를 포착하는 것은 약간 까다로울 수 있다. 당신의 야외 안경을 들어 올리는 동안에 당신의 눈을 새에서 떼지 말고, 새에 가까이 있는 큰 가지나 아귀의 나무마디[옹두리]와 같은 한 지점에 초점을 맞추도록 시도하라. 일단 이 표적이 설정되면, 쌍안경을 빨리 새에게로 움직인다. 이제 솔새를 당신의 쌍안경에 담게 되면, 머리와 목의 색깔과 그 부리의 모양, 눈 줄과 눈 고리, 익대翼帶의 존재와 부재 등 그 특징에 집중하라. 당신이 야외 표적을 충분히 관찰했다고 생각하면, 그 정체성을 분류하는 휴대용 도감을 찾아서 참고하라.

새의 정체를 파악하는 능력에 확신이 생기면, 다 자란 흰느릅나무 꼭대기에서 거의 늘 발견되는 블랙번솔새Blackburnian warbler 같은 더 강인한 종으로 움직일 수 있다. 흑백솔새black-and-white warbler는 쉽게 알아볼 수 있는 또 다른 종이다. 그것은 동고비처럼 나뭇가지를 따라 살살 기어 다니며 벌레를 찾기 위해 나무줄기를 오르내린다. 만약 당신이 캐롤라이나굴뚝새 소리 같은 흥겹게 까부는 노래를 듣는다면, 그것은 켄터키솔새다. 그 새들은 흔히 땅 위나 낮고 빽빽한 은폐처에 있다.

비록 켄터키솔새와 몇몇 다른 솔새들이 크고 생기 넘치는 노래를 부른다 하더라도, 대부분의 솔새 음악은 은은해서, '꿀벌의 붕붕거리는 소리'보다 음조가 높지 않다. 적어도 내게는 그렇게 들린다. 그러나 솔새 탐조가들은 각기 다른 종의 솔새가 부르는 노래를 배워서 새들의 위치를 알아낸다.

미시간주의 미오Mio에 사는 사람이 아니라면, 커트랜드솔새 Kirtland's warbler를 숨죽여 기다리지 마라. 멸종 위기에 처한 이 새가 둥지를 트는 지역은 미시간주의 저지대 반도 일부에 제한되고, 그것도 단지 방크스소나무jack pine의 어린 입목立木에만 둥지를 튼다. 현재 개체수는 500마리를 넘지 못하는 것으로 추정된다. 그 새들은 이주 기간 중에 아주 드물게 보일 뿐이다.

바흐맨솔새Bachman's warbler는 멸종에 더 가깝다. 아마도 몇 십 마리에 불과할 이 새들은 사우스캐롤라이나의 아이온 소택지I'On Swamp에 존속해 있을 것으로 생각된다.

비록 이들 두 종이 곤란한 처지에 있다 하더라도, 대다수의 솔새가 번성하고 있거나 적어도 감소하지 않고 있다. 우리가 관찰할 시간만 있다면 볼 수 있다는 것을 낙으로 삼을 수도 있다. 때때로 기대하지도 않은 보상이 솔새 관찰에 부수적으로 따라온다.

몇 년 전 목초지에서 말을 데려오기 위해 갔다가, 나는 운 좋게도 그 새들을 우연히 보았다. 눈이 부시도록 좋은 날이어서, 곰이 산을 넘어간 것과 같은 이유로, 내가 볼 수 있는 것을 보기 위해, 나는 숲을 가로지르는 긴 길을 갔다. 나는 곧 캐나다솔새를 발견했는데, 그때 그 새들은 가시나무들 사이에서 움직이고 있었다. 아름다운 이 솔새는 밝은 노랑 가슴과 가슴을 가로지르는 검은 목걸이를 하고 있었고, 대개 이주가 마무리될 즈음에 자주 보였다. 그 새들이 덤불을 마구 뒤지며 먹이를 찾아다니자, 나는 아주 잠깐 그 새들을 뒤쫓았다. 새들이 빽빽하게 뒤얽힌 덤불로 들어가자, 나는 더 잘 보려고 손과 무릎을 아래로 내렸는데, 그때 갑자기 내 주의가 솔새에서 크고 노란 몇 개의 곰보버섯으로 돌려졌다. 숲속에 어질러진 잡동사니와 잘 뒤섞여 있어서, 만약 내가 무릎을 꿇지 않았다면 그것들을 놓칠 뻔했다. 모자 하나 가득 그 버섯들을 주운 뒤에 나머지는 남겨두었는데, 철이 늦어서 많은 버섯이 최고의 신선도를 넘겼기 때문이다.

버섯은 엽록소가 없고 자양분 공급을 위해 썩은 것에 의존해야 한다는 점에서 대부분의 식물과 구별되지만, 식물 왕국에서 중히 여겨지는 일원이다. 그것들은 홀씨가 흩뿌려져서 재생산된다. 대부분의 홀씨는 너무 작아서 오직 현미경으로만 보인다. 한 개의 버섯이 이러한 홀씨 수백만 개를 풀어놓을 수도 있다. 아직도 충분히 밝혀지지는 않았지만, 적절한 조건이 주어진다면 발아한 홀씨는 복잡한 과정을 거쳐 발육하고 결국은 하나의 버섯으로 땅 위에 나타난다.

야외에서 곰보버섯은 다양한 장소에서 자란다. (이 근처에서 열광적으로 찾는 두 종류는 노랑곰보버섯yellow morel과 반열림곰보버섯half-free morel이다. 반열림곰보버섯은 보통의 노랑곰보버섯보다 7일 내지 열흘 이르게 나타난다.) '스펀지'버섯을 찾을 수 있는 가장 좋은 장소는 죽은 느릅나무 주변일 것이다. 곰보버섯을 찾는 데 숙련된 사람이라 생각되는 내 친구가 한 말이다. "나는 죽어서 2~3년이 지나 껍질이 막 벗겨지기 시작하는 느릅나무를 찾는다. 나는 붉은[미끄러운]느릅나무red elm보다는 아메리카느릅나무American elm를 선호한다. 그러나 모든 경우가 그러하듯이 예외가 있다. 나는 죽은 지 5년이나 그보다 더 오래된 느릅나무 아래서 버섯을 발견한 적도 있고 '더할 나위 없이 좋아 보이는' 느릅나무에 버섯이 없는 적도 있다." 대중에 인기 있는 다른 사냥 지점은 오래된 사과나무와 서양물푸레나무, 튤립나무 둘레다. 지난해 최고의 발견은 플라타너스 둘레였다.

버섯에 대한 토론은 그 성장률에 대한 서로 다른 의견들을 언급하지 않고서는 철저하게 진행되기 어려울 것이다. 균류학자들은 곰보버섯이 몇 시간이라는 짧은 기간에 최고의 크기에 도달한다고 생각하는 경향이 있다. 다른 사람들은 버섯의 등이 바뀌는 동안에 '뻥하고 소리를 내며 터진다'고 주장한다. 그리고 곰보버섯은 여러 날을 넘기며 자란다고 주장하는 사람들도 있다. 내가 경험한 것은 이 마지막 견해를 지지할 것이다.

버섯을 발견한 다음 해 봄, 나는 나의 최고 지점을 정기적으로 점검했다. 그러나 멋진 노랑곰보버섯 대신에 작은 회색곰보버섯을 발견하고 실망했다. 날씨가 춥고 건조했기 때문에 나는 그 버섯들이 '자란' 다음에 보기 위해 그것들을 남겨놓기로 결심했다. 그 다음 주에 따뜻한 날씨가 찾아오고, 그 뒤를 약간의 뇌우가 뒤따랐다.

비가 온 뒤에 며칠 동안 버섯을 점검했더니 (내 신용을 걸고 이것을 말한다.) 그 버섯들이 상당히 자라나 있었다. 며칠 뒤에 이제는 노랑곰보버섯이 된 먹거리를 땄다. 가장 큰 것은 이 기간에 5cm 회색버섯에서 24cm의 노랑곰보버섯으로 자라났다.

나는 정말 무언가 좋은 일이 일어날지도 모른다고 생각했다. 그 다음 해 봄에 버섯을 다시 면밀하게 찾았지만, 눈에 띌 만큼 자란 버섯은 하나도 볼 수 없었다. 그 이후 여러 해에 걸쳐 크기가 약간 커진 것을 볼 수 있었지만, 결코 첫해의 그것만큼 극적인 것이 아니었다. 경험은 2년 전에 뜻밖의 결말에 이르렀으니, '나의' 버섯을 점검하기 위해 되돌아갔을 때, 부서진 줄기 외에는 아무것도 찾지 못했다. 다른 누군가가 나의 비밀 장소를 발견한 것이다.

나의 결론은 날씨 조건이 아주 좋다면 곰보버섯이 짧은 며칠을 넘어 계속 자란다는 것이다. 그리고 회색곰보버섯은 단지 미숙한 노랑곰보버섯일 뿐이라는 것이 사실일지도 모른다.

버섯을 찾는 사람이 명금을 관찰하는 사람들보다 더 많은 것 같다. 버섯 찾는 사람들에게 제안을 하나 하고 싶다. 다음에 버섯을 따라갈 때, 휴대용 조류도감과 쌍안경을 버섯 자루에 슬쩍 집어넣어서, 지금까지 놓쳤던 것을 발견하도록 하자.

여름

날아다니는 청소부

6월 이른 아침에 서둘러 숲에 갔다. 우리는 붉은풍금조와 멀리서 들려오는 숲지빠귀의 지저귐, 그리고 붉은눈개고마리의 쉴 새 없는 노래 등, 둥지를 트는 새들의 소리로 환대를 받았다. 이 새들은 우리를 따라오는 것처럼 보였다. 산등성이에 가깝게 다가가자 켄터키솔새의 크고 활발한 노래가 튀어나왔다.

그날 아침에 특별히 찾던 새는 비록 그 비행이 우리의 감탄을 자아내기는 했지만 음악가는 아니다. 친구인 케니 거버Kenny Gerber가 와인스버그Winesburg 부근에서 터키독수리turkey vulture(시골 사람들은 흔히 대머리수리buzzard라고 부른다) 한 쌍을 발견해서 자신의 발견을 함께 나누기 위해 우리를 데리고 갔다.

외양간만큼이나 커 보이는 어느 바위에 다다르자, 독수리 한 마리가 바위 밑동에서 날아올랐다. 우리의 안내자는 나무 위를 선회하는 검은 형체를 조심스럽게 지켜보았다. 그 큰 청소부가 초대받지 않은 손님에게 아침식사나 어제 저녁식사를 토하는 곱지 않은 습관을 가졌다는 사실을 잘 알기 때문이었다. 아무것도 떨어지지 않아, 우리는 기괴하게 생긴 맨들 바위 아래 있는 동굴 같은 틈 속으로

148 위대한 소유

기어 올라갔다.

손전등을 비추자 두 마리의 새끼 독수리가 보였다. 그것들은 당황해서 동굴 뒤쪽으로 종종걸음을 치며 발을 굴렀다. 우리의 침입에 대해 쉬익 하며 불만의 소리를 크게 냈다. 이미 레그혼 암탉만큼 큰 두 새끼는 비행용 깃털이 나오고 있는 날개에 조그마한 검은 반점은 있지만 아직도 하얀 솜털로 완전히 덮여 있었다. 머리는 털이 없고 검었다. 승리자의 외양은 아직 나타나지 않았지만, 죽은 짐승 고기를 먹는 자로서의 역할을 수행할 준비가 되어 있었다.

새끼 독수리는 부화한 지 35일 내지 40일 정도 된 것으로 보였다. 새끼들은 자기네 바위 집에서 떠나기 전에 또 다른 40일 정도의 보호가 더 필요할 것이다. 익폭翼幅이 180cm나 되는 날개를 가진 새끼 독수리는 한번 높이 떴다 하면 공중의 지배자가 된다. 맑게 갠 날에 그 새들은 가끔씩 천천히 날개를 치기만 해도 수 킬로미터나 높이 치솟을 수 있다. 새끼 새는 성장하면서, 자기네 부모들처럼 검은 머리가 붉은 머리로 바뀔 것이다.

눈으로 먹이를 찾는 동종 사촌인 검은독수리black vulture와 캘리포니아콘도르California condor와는 달리, 터키독수리는 먹잇감을 찾기 위해 잘 발달된 후각에 의존하기도 한다. 이 큰 새들은 먹는 것에 대해 그것이 움직이지 않는 한 특별히 까다롭게 굴지 않는다. 신선한 것부터 부패한 것까지 어떤 것이든 가리지 않는다. 뱀과 거북, 마못, 너구리, 스컹크, 고양이, 그리고 새끼 돼지까지 포함된다. 가끔 그 새들이 차에 치어 죽은 솜꼬리토끼나 주머니쥐를 마음껏 즐기면서 아랑곳하지 않고 길가에 앉아 있는 것을 본다. 어떤 때는 시체 하나에 서너 마리의 독수리가 모이고, 한 마리가 먹는 동안에 다른 독수리들은 자기 차례를 참을성 있게 기다린다.

터키독수리는 방랑하는 성향이 있다. 활동 범위는 미국과 남부 캐나다의 대부분과 남쪽으로 케이프 혼Cape Horn[남미 최남단 곶]에 이르는 전역에 걸친다. 반면에 검은독수리는 메릴랜드에서 캔자스를 통해 남부 애리조나까지 달리는 동서 라인의 북쪽 하늘을 거의 날지 않는다.

짧고 네모난 꼬리와 더 짧고 넓은 날개를 가진 검은독수리는 붉은 머리를 가진 친척보다 더 땅딸막해 보인다. 날 때 검은독수리는 날개 끝 부근에 있는 연한 얼룩으로 터키독수리와 구분된다. 검은독수리는 버려진 맛있는 것을 뒤지면서 도시의 쓰레기 더미나 부패한 잉어가 발견될 수도 있는 하수구 주변을 드나드는 습관을 갖고 있다. 때때로 왜가리 둥지에서 어린 왜가리를 잡아채기도 한다.

캘리포니아콘도르의 습성은 터키독수리의 그것과 좀 더 비슷하다. 콘도르가 살아 있는 동물을 공격했다는 기록은 아직 없다. 자유롭게 비행한 마지막 야생 수컷 콘도르가 1987년 2월에 덫으로 생포됐기 때문에, 이 기록은 당분간 바뀌지 않을 것이다. 이 콘도르의 짝도 1986년 가을에 잡혔기 때문에, 지금 이 한 쌍은 감금된 상태에서 새끼를 잘 키우고 있다.

야생의 세계에서 거의 멸절된 새를 구할 수 있는 가장 좋은 방법

150 위대한 소유

에 관한 각각 다른 주선이 이따금씩 이뤄지면서, 수많은 논쟁이 콘도르에 집중되었다. 지금 생존해 있는 서른 마리도 채 되지 않는 콘도르는 모두 잡혀서 감금되어 있다.

익폭이 290cm에 이르는 콘도르는 북아메리카 지역에 있는 새들 가운데서 가장 큰 새다. 그 활동 영역은 브리티시컬럼비아에서 오리건을 거쳐 네바다까지, 그리고 유타와 애리조나와 캘리포니아에 이른다. 근래 50년 동안, 20~30마리의 이 독수리들이 남부 캘리포니아의 바위투성이 산악 지방의 320km 길게 뻗은 지역에서 살아남았다. 길들여지지 않은 야생의 먼 지역에서, 콘도르는 진보하는 문명으로부터 여러 해 동안 자유를 누렸다.

그러나 인간의 침략이 이 큰 새를 절멸의 벼랑 끝으로 조금씩 떠밀었다. 총사냥이 콘도르에게 가장 큰 피해를 끼쳤다. (인간의 본성 가운데 무엇이 그토록 많은 사람들이 이 큰 새를 죽이고 싶어 하도록 만드는 것일까?) 독살된 코요테 시체를 먹는 것도 이 새들 다수를 죽였고, (콘도르가 죽은 가축을 먹는) 대규모 소 방목장의 감소도 콘도르의 감퇴에 기여했다.

하여간 콘도르는 관찰 가능한 야생 세계 잔존자로 다시 들어올 수 있다. 멸종 위기에 처한 송골매를 콘도르와 함께 다시 방사하는 좋은 방법을 찾는 일은 더 어려울 수도 있는데, 콘도르가 완전한 성조成鳥가 되어 가족 이루기를 고려하는 데까지 5~7년이 걸리기 때문이다. 더구나 야생 상태에서 암컷은 한 해에 단지 한 개씩의 알을 낳는다. 50일이 넘는 부화 기간이 지난 뒤에 새끼가 알을 깨고

날아다니는 청소부 151

나오는데, 모든 것이 잘 진행된다면, 먼 거리를 날 수 있을 때까지 또 다른 7개월이 더 필요할 것이다. 새끼 콘도르의 첫해가 끝날 때에, 자신의 힘으로 하늘로 날아올라서 먹잇감을 사냥하지만, 그 부모는 두 번째 여름으로 들어갈 때까지 여전히 먹이 주기를 계속할 것이다.

만약 콘도르가 바위투성이고 산이 많은 서부에서 영구히 보이지 않는다면 슬플 것이다.

장대한 비행체인 독수리는 공중에서 가장 좋은 상태가 된다. 어제 옥수수를 심는 동안에 까마귀 한 마리가 터키독수리를 귀찮게 구는 것을 보았다. 아마도 까마귀는 근처에 있는 자신의 둥지가 그 큰 새의 위협을 받는 것으로 느꼈거나, 어쩌면 그냥 성질이 고약한 놈이었을지도 모른다. 어찌 되었건, 독수리가 넓은 원을 그리고 날면서 고도를 얻기 위해 날개를 치는 동안에도, 까마귀는 자신의 적이라고 상상하는 상대의 위와 뒤를 확보하려고 애썼다. 마침내 까마귀가 우위를 점하는 위치를 얻었을 때, 자신의 날개를 날카로운 각도로 접어 독수리에게 급강하 폭격을 가하였다. 평소에는 느린 독수리도 급각으로 떨어지며, 이 길 저 길을 바꾸면서 놀라울 정도의 민첩함으로 공격자를 교묘하게 피했다.

터키독수리는 겨울철을 위해 남쪽으로 이동한다. 늦겨울에 이뤄지는 이 새들의 회귀는 산 후안 카피스트라노San Juan Capistrano[푸에르토리코의 수도]에서는 거의 제비의 회귀만큼이나 유명하다. 적어도 오하이오주의 힌클리Hinckley읍에서도 그렇다. 매년 3월 17일이나 대략

152 위대한 소유

그 무렵에 이 작은 마을에 사는 주민들은 '대머리수리의 날'을 선포한다. 터키독수리가 읍 가까운 곳에 있는 홰로 돌아오는 것을 축하하기 위한 것이다. 민간전승에 의하면, 1818년 12월 메디나Medina카운티에서 열린 힌클리대수렵Great Hinckley Hunt을 따라서 대머리수리가 떼를 지어 힌클리로 모이기 시작했다. 이 사냥에서 한 패거리의 사람들이 농작물과 가축을 위협하는 것으로 간주되는 21마리 곰과 17마리 여우, 300마리 사슴, 그리고 수백 마리의 작은 동물들을 대량으로 도살했다.

이것이 사실인지 아닌지는 알 수 없다. 그럼에도 올해 첫 터키독수리를 3월 16일에 보았다. 그리고 그 새는 북쪽으로, 힌클리를 향해 날아갔다.

박쥐

어느 날 저녁, 암소들을 젖 짜는 외양간으로 데리고 갔을 때, 갑자기 새 같은 것들이 날아서 기둥과 칸막이 벽 주변을 조용하게 지그재그로 움직였다. 여자애 하나가 비명을 지르며 "박쥐다!"라고 외쳤다. 고양이 몇 마리가 날아다니는 한 입 거리를 잡아채려는 듯이 재빠르게 칸막이 기둥 위로 기어올랐다. 흥분한 누군가가 수고양이를 밟았고, 구슬프게 우는 고양이 소리가 소음을 더하였다. 회중전등 불빛과 소동으로 당황한 박쥐는 마침내 머리 위 들보에 내려앉아 도리 2개가 교차하는 틈 속으로 허둥지둥 사라졌다. 평화와 고요가 외양간에 되돌아왔다.

박쥐는 자연 세계의 동물 가운데서 아마도 뱀을 제외하고 이미지가 가장 나쁠 것이다. 특히 서방 사회에서 그렇다. 박쥐는 불결하고 광견병을 옮기며 어둡고 습기 찬 고미다락과 동굴에서 살고 머리털을 뒤엉키게 하는 것으로 여겨진다. 그리고 박쥐는 자주 사악함과 관련시켜 연상되기도 한다. 마왕은 흔히 박쥐의 날개와 함께 묘사된다.

박쥐는 민속과 미신, 마술 등에서도 중요한 표상으로 나타난다.

중국인에게는 박쥐가 오랫동안 행복의 상징이었다. 오스트리아에서는 박쥐의 왼쪽 눈을 사람에게 갖다 대면 눈이 보이지 않게 된다는 믿음이 있다. 그리고 고대 의술의 조제약에는 흔히 박쥐의 일부가 포함되었으니, "유향乳香과 도마뱀 피, 그리고 박쥐의 피가 같은 비율로" 섞어서 만들어진 연고가 눈 질환인 트라코마trachoma를 치료하는 데 사용되었다. 마찬가지로 "박쥐 머리를 가루로 빻아서 꿀과 섞은" 혼합물이 약한 시력을 교정하는 치료법이었다.

두개골이 흥분하여 안절부절 못하는 등 비정상적인 일이 생기면, "(박쥐처럼) 머리가 돈다(batty)"고 말하거나 "종루鍾樓에 박쥐가 있다[머리가 이상하다]"고도 한다.

박쥐에 관한 나쁜 이야기들에도 불구하고, 그리고 우리가 박쥐를 좋아하는지 좋아하지 않는지와 상관없이, 박쥐는 매혹적이고 유용한 동물이다. 또한 박쥐는 날 수 있는 유일한 포유동물이다. (날다람쥐는 활공하는 동물이지 진정한 비행 동물은 아니다.) 서남부의 파파고 인디언은 사막박쥐desert bat에서 떨어지는 구아노guano를 교회와 산 동굴에서 모아 사용해서 밭을 기름지게 한다.

박쥐에 관한 우리의 인식은 수많은 오해로 둘러싸여 있다. 그중 하나로, 박쥐는 눈이 멀지 않았다. 박쥐도 눈이 있고 여러 각도로 볼 수 있는데, 부족한 시력은 날카로운 청각에 의해 보충된다. 포획동물에 대한 스웨덴의 연구에 따르면, 파리가 날개를 청소하고 다리를 비비는 소리까지 박쥐는 들을 수 있다. 박쥐는 그 방향으로 쏜살같이 날아가서 파리를 물어 챈다.

과학자들은 자기 소리의 반향을 이용해서 먹이나 장애물의 위치를 알아내는 박쥐의 놀라운 능력을 반향정위反響定位라고 부른다. 박쥐는 초고음의 고주파 음향을 방사하고 그 반향을 해석함으로써 이를 성취한다. 이런 방식으로 박쥐는 벌레 먹잇감의 거리와 방향, 움직임 등과 소리를 반향하는 부근 목표물의 본질을 판단할 수 있다. 박쥐가 드나드는 건축물의 통로를 가로질러 줄을 걸어놓는다면, 박쥐는 결코 그 줄 안으로 날아들지 않을 것이다.

박쥐는 온대와 열대 지방 전역에 광범하게 분포되어 있다. 약 900종이 알려져 있는데, 열대 지방에 월등히 많이 살고 있다. 말이나 개, 돼지, 토끼 등을 닮은 안면을 가진 열대 박쥐가 있고, 작은관코박쥐tube-nosed bat나 보통코박쥐plain-nosed bat, 잎코박쥐leaf-nosed bat, 긴코박쥐long-nosed bat 등처럼 특징을 나타내는 이름을 가진 열대 박쥐도 있다. 불독박쥐bulldog bat와 코밑수염박쥐mustache bat, 틈새얼굴박쥐slit-faced bat, 쥐꼬리박쥐mouse-tailed bat, 깔때기귀박쥐funnel-eared bat, 민엄지박쥐thumbless bat, 흡혈박쥐vampire bat 등이다.

열대 박쥐는 대부분 과일과 꽃가루, 꽃꿀 등을 먹이로 삼는다. 이 박쥐들은 소나sonar[음파탐지기] 대신에 시각과 후각으로 사냥한다. 과일을 먹으며 날아다니는 구세계의 거대한 날여우박쥐flying fox는 몸무게가 0.9~1.4kg나 나가고 날개를 뻗치면 180cm에 이른다. 중앙아메리카와 남아메리카의 흡혈박쥐는 큰 박쥐와 비교하면 작은데, 날개폭이 13cm밖에 되지 않는다. 이것들은 밤에 살아 있는 동물의 피를 먹이로 한다. 흡혈박쥐는 먹거리를 발견하기 위해 반향정위를 이용한다. 잠자고 있는 산 제물 가까이 착륙해서, 살금살금 기어가서 면도칼처럼 날카로운 앞 이빨로 피부에 재빨리 깊은 상처를 만든다. 이것들의 침은 피가 엉기는 것을 막아 주는 항혈액응고 물질을 담고 있다. 일단 절개가 이뤄지면, 흡혈박쥐는 원하는 만큼 실컷 마신 뒤에 날아가 버린다. 보통 흡혈박쥐는 암소와 다른 가축을 더 좋아하고, 인간을 공격하는 일은 드물다. 인간을 공격할 때는 보통 옷에서 비어져 나온 발가락이나 아래팔, 코 등의 신체 부위를 공격한다. 한 마리의 흡혈박쥐는 1년에 거의 19리터의 피를 소비한다.

미국과 캐나다에서 발견되는 박쥐는 과일을 먹거나 피를 마시지 않는다. 단지 벌레만 먹는다. 흥미롭게도 박쥐는 암청색큰제비가 마시는 만큼 물을 마신다. 물 위를 스쳐 지나가면서 아래턱을 국자처럼 사용해서 물을 떠 올린다.

따뜻한 여름 저녁에 이곳저곳 날아다니며 날벌레를 잡아채는 장면을 연출하는 박쥐는 작은갈색박쥐little brown bat다. 무게가 7g밖에 되지 않는 이 박쥐는 농장 건물과 마을 주변에 흔한데, 들보에 있는 틈이나 닫힌 처마 장식, 고미다락 등에 있는 은신처에서 발견된다. 늦봄에 암컷이 단 한 마리의 새끼를 낳는데, 드물게는 두 마리를 낳기도 한다. 새끼는 빠르게 자라서 약 3주가 지나면 날 수 있다. 그리고 한 달이 되면, 자기들이 은신하던 집을 떠나서 자신의 힘으로 벌레를 사냥하기 시작한다.

새에 표지 밴드를 다는 연구에 의하면, 9월이 되면 다수의 작은갈색박쥐가 여름에 늘 드나들던 곳을 떠나서 추위를 피해 겨우내 동면할 수 있는 동굴로 수천 마리씩 군집한다. 오하이오주와 인디애나주에서 사는 박쥐들은 켄터키주의 동굴에서 겨울을 나는 것 같다.

우리 지역에 있는 또 다른 박쥐는 붉은박쥐red bat다. 작은갈색박쥐처럼 그렇게 흔하지는 않지만, 이 귀여운 박쥐는 나뭇잎에 매달려서 낮 시간을 보낸다. 우리는 이전 여름에 블랙베리를 따면서 이 박쥐를 발견했다. 나는 달콤한 과일을 따면서 베리밭 배미 가장자리에서 하던 일을 계속하고 있었는데, 그때 갑자기 코앞에서 박쥐와 마주쳤다. 그것은 물푸레나무 잎줄기에 한 발로 매달려 있었다. 박쥐 색깔은 오렌지갈색이었다. (내 아내는 그것을 불에 그을린 시에나색이라고 부른다.) 굉장히 아름다웠다. 우리가 감탄하고 있는 동안에 그 박쥐는 우리가 있는 것을 눈치채지 못한 것처럼 보였다. 그래서 아무런 경계도 없이 박쥐는 날개를 펼치고 재빨리 사라졌다.

사실 박쥐는 우리가 굳이 '사랑'해야 할 필요는 없다. 그럼에도 우리의 보호를 받을 만한 가치가 있는 깨끗하고 흥미로운 동물이다. 하긴 박쥐가 만지면 물 수도 있다는 경고의 말도 있지만, 길들이지 않은 어떤 야생생물이 그렇지 않겠는가? 박쥐는 여우나 스컹크에 비해 광견병을 옮긴다는 혐의를 더 받아야 할 것 같지는 않고, 사람의 머리칼을 뒤엉키게 하기에는 너무 영리하다.

목초장의 새들

목초장 가장자리를 따라 풀 베는 기계로 풀을 짧게 깎고 있을 때, 쌀먹이새 암컷이 풀 베는 기계 앞에서 날아올랐다. 팀을 신속하게 세운 나는 갓 부화한 다섯 마리 새끼를 담은 둥지가 있는 것을 곧장 알아보았다. 새끼들을 구하고 싶은 마음에 나는 벤 꼴을 이용해 허술한 지붕을 둥지 위에 세워 주었다. 어른 쌀먹이새는 그 임시변통의 덮개를 받아들이고 한배 새끼들에게 먹이 주기를 계속했다. 그러나 걱정한 대로, 둥지를 지키려는 내 노력이 도리어 포식 동물의 눈에 잘 띄도록 하는 결과를 가져왔다. 며칠 뒤 새끼 새들은 사라져 버렸다.

쌀먹이새 외에도 새로운 종류의 새들이 목초장의 키 큰 풀 속에 둥지를 튼다. 여기에는 동부와 서부의 들종다리와 뿔종다리, 붉은깃찌르레기red-winged blackbird, 사바나참새savannah sparrow, 저녁기도참새, 메뚜기참새grasshopper sparrow, 청둥오리, 꿩ring-necked pheasant, 그리고 고지대삑삑도요 등이 포함된다.

농업 관행이 변화함에 따라, 이 몇몇 종들의 생존이 직접 영향을 받는다. 지난 30년 동안 축산 농업 다수가 현금 곡물 농경으로 전환되자, 수많은 목초지와 초원이 쟁기 아래에서 사라졌다. 심지어 축산 농업에도 변화가 일어났다. 혼합 목초지가 감소하고 풀씨를 섞어 뿌리지 않고 오로지 자주개자리만을 키우는 방식이 우세해졌다. 전문가들은 싹 단계에서 1차로 베고 그 후에 35일 내지 40일마다 베라고 충고한다. 이러한 방법은 새들이 둥지를 틀려는 숱한 시도를 효과적으로 방해한다. 다행히 대부분의 초지 새들은 이러한 단종 재배 목초지를 둥지 짓는 곳으로 선호하지 않는다. 그곳은 생물학적으로 불모지대이기에, 갉아먹고 물어뜯는 한 패거리의 벌레만이 판치기 때문이다.

마찬가지로 대형 예취기가 출현한 것도 들판에 둥지를 트는 새들의 삶을 위험하게 만들었다. 베어진 꼴을 뒤의 분쇄기로 송출하는 낫에서 불과 몇 센티 떨어진 회전 장치의 이빨이 문제다. 실제로 들판에 있는 꼴의 줄기를 고수하던 알 품은 모든 암컷 청둥오리와 까투리, 갓 깃털이 난 쌀먹이새와 들종다리가 끝내 난도질된 살점과 산산조각난 깃털로 흩뿌려진다.

쌀먹이새 개체가 미국 동부지방에서 감소하고 있다는 사실은 조금도 놀라운 일이 아니다. 매해 봄마다 사람들이 목초장을 가로질러 날아다니며 노래를 부르는 흑백의 잘생긴 수컷 쌀먹이새를 보고 듣기 위해 우스터Wooster에서 우리 농장까지 24km나 차를 타고 온다. 우리 농장에는 말과 어린 암소, 그리고 새들을 위해 다종의 목초를 혼합해서 심는 밭이 적어도 하나 이상 있다. 초봄에 밀밭에다가 같은 양의 토끼풀과 자주개자리씨를 뿌리는데, 그 밭은 지난가을에

160 위대한 소유

밀을 따라서 티모시timothy 씨를 뿌린 곳이다. 모든 게 잘 진행된다면, 이곳은 데이지개망초daisy fleabane와 노란겨자yellow rocket 등 다른 키 큰 잡초들이 함께 자라는 멋진 피난처로 변할 것이다. 그리고 목초지 새들이 그 잡초에 매달려서 산들바람에 흔들거리며 봄이 연중 가장 근사한 시간임을 누구나 듣도록 선포하게 될 것이다. 그래서 우리는 이 목초를 제일 끝으로 벨 때까지 놔두는데, 날씨에 따라 보통 6월 하순에 거둔다. 대부분의 경우, 쌀먹이새와 다른 목초장 새들의 첫배 새끼들이 깃털이 다 날 때까지 안전하게 자랄 수 있다.

위험에도 불구하고 어떤 목초지 새들은 번성하고 있다. 예를 들면, 붉은깃찌르레기는 증가하거나 적어도 감소하지는 않고 있다. 화려한 진홍색 견장肩章을 가진 수컷은 목초장에 말뚝을 박아 영역을 주장하고, 만약 둥지가 파괴되면 그 짝과 함께 귀리밭이나 밀밭으로 옮길 것이다. 농기계에 방해를 받으면, 이 새들은 과수원이나 목초가 자라고 있는 방목지에 다시 자리를 잡는 것 같다. 이와 대조적으로 쌀먹이새는 보통 첫 둥지가 파괴되면 둥지를 다시 지으려하지 않는다.

뿔종다리도 아주 성공적인데, 2월 말과 3월에 둥지를 틀어 이른 보금자리를 마련하는 게 부분적인 이유다. 우리가 땅을 갈 때 둥지가 파괴되는 때도 있지만, 그 새들은 둥지를 다시 만들지 않는다. 건초를 거두는 계절에 이르면, 두 번째 배 새끼들은 이미 둥지를 떠난다.

몇 년 전 어느 봄날, 뿔종다리 한 쌍이 둥지를 만드는 일련의 장면을 관찰할 좋은 기회를 가졌다. 서리가 내린 아침에 밀 두 포기 사이에 새로 움푹 파인 '컵ᶜᵘᵖ'을 우연히 만났는데, 그때 나는 밀밭에서 콩씨를 뿌리고 있었다. 땅이 살짝 얼어 있었지만 둥지는 갓 새로 지은 것이었고, 봄에 아주 이르게 지은 것으로 보아, 뿔종다리의 작품임을 알 수 있었다. 나는 겨울에 죽어서 지원병으로 나선 귀리 덩어리와 작은 돌들을 한 줄로 늘어세워서 그 위치를 '표시했다.' 그 다음 날 둥지는 벌써 좋은 풀로 윤곽이 형성되었고, 둥지의 한쪽 면을 따라 작은 자갈과 흙덩어리로 된 '테라스[patio]'도 완성되어 있었다. 그 다음 날 한 개의 알이 둥지 안에 있었고, 닷새 뒤에 세 개의 한배 알들이 완성되었다. (뿔종다리들은 3개 내지 4개의 알을 낳는데, 보통 낳는 수는 4개다.) 움푹 파인 '컵'을 발견한 지 23일째 되는 날, 깃털이 완전히 돋은 새끼는 둥지를 떠날 준비를 마쳤다. 이 기간에 밀은 8~10cm 높이로 자라서 밭을 덮었고, 둥지와 그 거주자들에게 훌륭한 피난처를 제공했다.

진짜 아메리카들종다리America meadowlark는 세계의 다른 어떤 곳에서도 발견되지 않는다. 비록 찌르레기blackbird과의 하나로 분류되지만, 그 습성은 종다리의 그것과 아주 비슷하다. 쌀먹이새처럼 이 새는 나는 동안 또는 울타리 지주 꼭대기에서 구애의 노래를 부른다. 올봄에 그 한 마리가 사탕단풍나무의 꼭대기를 횃대로 이용해서, "연간 최고의 봄이 여기에 있다"는 깨끗하고 독특한 노래를 지저귀었다. 동부들종다리eastern meadowlark도 아름다운 노래를 부르지만, 그 친족인 서부들종다리western meadowlark가 더 숙달된 음악가다.

이 먼 동쪽에서는 서부 종다리를 거의 보기 어렵다. 이 새들이 모습을 드러내면, 그 소재에 대한 소문이 널리 퍼지곤 한다. 나는 우리가 들은 첫 번째 서부들종다리를 생생하게 기억한다. 공동체의 북부에서 온 친구들이 1970년대 말 6월 초 어느 일요일에 여기서 그다지 멀지 않은 교회를 방문했다. 그들 가운데 한 명은 목사였는데, 2층에 있는 교회 상담실에서, 열린 창문을 통해 흘러 들어오는 서부들종다리의 보글보글 끓는, 플루트 같은 음률을 들었다. 그날 저녁 집에 돌아가는 길에 그들은 우리에게 잠깐 들러 부근에 찾아온 서부 손님에 관해 이야기해 주었다. 그 다음 날 아침에 허드렛일을 끝내자마자 곧장 우리는 말을 경마차에 걸어 매고 그들이 종다리 소리를 들은 곳으로 건너갔다. 전화선 위에 앉아 있는 그 새를 발견하기도 전에 우리는 노래부터 먼저 들었다. 이 무슨 노래인가! 그것은 동부들종다리의 노래와 너무나 같지 않아서 나는 그 둘을 밀접하게 관련된 존재로 연상할 수가 없었다. 그토록 길들여지지 않고 자유로운 노래를 가진 서부들종다리가 왜 서부 6개 주의 주조州鳥가 되었는지 이해하는 것은 어려운 일이 아니다.

들종다리는 농업상의 변화에 아주 잘 적응한다. 만약 그 새들의 허술하게 풀로 지어진, 반구형의 둥지가 건초를 만드는 동안에 파괴된다면, 그 새들은 부근의 목장이나 밭 가장자리 두렁에 다시 둥지를 틀 것이다.

참새도 제법 잘 적응하는 것처럼 보인다. 지난 5년 동안 저녁기도참새가 감소하고 있는 데 반해 사바나참새는 증가하고 있음을 보았다. 나는 농장의 후방을 걷다가 서너 마리의 저녁기도참새 수컷이 사랑스러운 저녁 노래를 부르는 것을 듣곤 했다. 그런데 올해는 아무 노래도 듣지 못했다. 아마도 사바나참새가 지배적인 참새여서, 저녁기도참새가 남기고 간 곳으로 이사한 것 같다. 낮의 가로장에 치일 때까지 자기네 둥지를 떠나지 않는 까투리와 물오리와 달리, 다 자란 고지대삑삑도요는 풀 베는 기계에 의해 죽거나 다치는 경우가 드물다. 한때 풍성했던 이 새들은 지금은 오하이오에서 흔하지 않고, 내가 알기로는 최근에 우리 농장에서 둥지를 튼 적이 없다. 한두 쌍이 우리 농장에서 남쪽으로 1.6km 정도 떨어진 곳에 둥지를 틀고, 우리 밭을 방문하기도 한다. 물떼새보다 큰 이 새들은 밭이나 울타리 지주에 내려앉는 잠깐 동안에 날개를 들어 올린 상태를 유지하는 독특한 습관을 갖고 있다. 여름날 저녁에 우리는 머리 위 높은 곳에서 들려오는 이 새들의 아름답고 길게 빼는 "퀘일-이-이-이-이" 하고 부르는 휘파람 소리를 듣는다. 이 새들은 벌써 아르헨티나의 대초원으로 떠날 긴 여행을 준비하고 있다.

타작할 때가 되면 쌀먹이새는 무리로 모인다. 우리의 겨울을 떠나 남쪽의 여름을 나려고 남쪽으로 여행하기 시작한다. 아르헨티나에서는 고지대삑삑도요와 합류한다. 다른 목초지 새들과 합류하기 위해 내년에 우리 목초지로 돌아올 때, 그 새들은 2만km를 여행할 것이고, 경쾌하고 흥겨운 세레나데를 우리에게 다시 불러 줄 것이다.

울타리 열을 칭송하며

우리 농장을 농장 동쪽으로부터 분리시키는 것은 울타리다. 아니 어쩌면 엮인 철사로 만들어진 울타리 잔존물이 블랙베리blackberry와 라즈베리raspberry, 야생벚나무, 그리고 무수한 '잡초들'의 엉킴으로 지탱하고 있다고 말해야 할지도 모른다. 이러한 울타리 열은 너저분하다고 하여 소홀히 다루어졌지만, 거기에는 야생의 것들이 넘쳐난다. 이 생명의 리본은 나의 이웃과 나 자신 사이의 상호 동의에 의해 존재한다.

울타리 열은 연중 내내 활기가 넘치지만, 그 생명의 절정은 블랙베리와 야생버찌가 익고 미역취가 꽃 피는 한여름에서 늦여름까지다. 이 생명의 풍성함은 미역취에 앉은 다채로운 메뚜기와 천공충穿孔蟲, 딱정벌레, 그리고 제왕나비monarch butterfly에서 가시나무에 늦게 둥지를 짓는 황금핀치goldenfinch와 베리류와 버찌류에서 먹이를 찾아먹는 많은 새들과 포유동물들까지 각종의 다양한 생물들을 초대한다.

덤불진 울타리 열은 어떤 뜻으로는 인간이 자연에 준 선물이다. 기둥을 파묻고 울타리를 못으로 기둥에 고정하면, 자연에는 약간의 자유가 주어진다. 울타리와 지주 위에 앉는 새들은 자신의 낙하물[똥] 속에 소화되지 않은 씨들을 남긴다. 블랙베리와 야생버찌, 엘더베리, 노박덩굴bittersweet, 사사프라스, 뽕나무오디mulberry 같은 씨와, 어떤 지역에서는 불운하게도 찔레꽃씨가 지주 근처의 푹신한 흙이나 나중에는 마못이 파놓은 흙에 뿌리를 내릴 것이다. 울타리를 따라 종종걸음으로 달리는 다람쥐는 도토리와 히코리hickory 견과를 가져다가 묻고, 바람도 민들레와 금관화, 그리고 엉겅퀴 등의 씨를 배달한다. 이 모든 것이 혼합해서 건강한 울타리 열을 구성한다.

울타리 열이 접경하는 밭의 동북쪽 구석에는, 보습과 경운기 첨단 부분의 부서진 조각들이 바위 더미와 나란히 쌓여 있다. 바위 더미 너머에는 아마도 1세기 전쯤 새들에 의해 심어진 것 같은 나무 한 그루가 있고, 그 싹이 터서 채진목菜振木 열매가 자라고 있다.

이 채진목은 내 소년시절과 그 너머 농장을 소유하고 경작하던 이웃에 대한 기억을 불러일으킨다. 그는 보수적이고 총명하며 재미있고 지혜로운, 그리고 농업상의 모든 신식 제도를 좋지 않게 생각하는 농부였다. 여러 해 동안 그는 포드선Fordson 트랙터와 한 팀과 더불어 농사를 지었는데, 끝내는 쟁기가 두 개 달린 퍼그선Ferguson 트랙터로 바꾸었다. 그러나 그 트랙터는 결코 그의 삶의 속도를 올려주지 않았다. 그는 언제나 채진목 아래에서 우리와 이야기를 나누기 위해 밭에서 하던 일을 멈추고 시간을 냈는데, 그 채진목은 봄에 처음으로 꽃을 피우기 때문에 그가 사랑한 나무였다.

70대에 이르른 어느 해에 그와 부인은 겨울철 동안 플로리다에 있는 친척집 방문을 권유받았다. 그들은 한 번도 농장에서 떨어진 곳에서 '휴가'를 보낸 적이 없었고, 정말로 그것을 원한 적도 없었던 것으로 생각된다. 일주일 안에 그들은 집에 돌아와 있었다. 채진목 아래에서 그는 엄지손가락을 작업복 턱받이에 구부리면서, 플로리다는 자신이 본 곳 가운데 가장 형편없는 동네라고 말했다. 넌더리난다는 표정을 지으면서, 다음과 같은 말을 덧붙였다. "세상에, 자네가 상상할 수 있는 토끼 가운데 가장 피골이 상접한 토끼들을 보았다네, 사람들은 기저귀만 차고 돌아다니더라."

채진목은 1978년의 폭풍설로 쓰러지고, 10년 뒤에 그분도 돌아가셨다. 그루터기에서 나온 새싹이 지금 자라고 있다. 거친털히코리 shellbark hickory가 채진목에서 1미터 정도 떨어진 곳, 우리 농장들 사이에 있는 출입구 귀퉁이에서 성큼 자라고 있는데, 오늘 보니 적어도 9m나 자라 있었다. 올해는 틀림없이 히코리 견과를 맺을 것 같다.

울타리 열을 따라 우뚝 솟은 야생벚나무는 야생생물의 먹이로 대단히 중요하다. 늦여름과 초가을에 여러 종류의 동물들이 그 풍성한 열매를 먹이로 먹는다. 여기에는 붉은여우와 회색여우, 너구리, 스컹크, 주머니쥐, 심지어 사슴까지 포함된다. 때때로 늦가을에 낟가리 더미에서 나무를 잡아당길 때, 우리는 흰발생쥐deer mouse와 다람쥐가 겨울을 위해 저장해 둔 야생버찌 은닉처를 발견한다. 마찬가지로 새들도 버찌를 좋아해서 한 달 정도 대량으로 먹는다. 우리도 버찌로 맛있는 젤리를 만든다.

4월부터 7월까지 내내 울타리 열은 새들의 노래로 가득하다. 우리가 그 옆을 따라서 쟁기질하는 동안 몇몇 노래참새와 파랑새, 그리고 홍관조 한 마리가 우리를 즐겁게 해주었다. 파랑새는 출입구의 히코리 건너편에 있는 상자에 둥지를 틀었다. 지난 5월에 나는 테네시솔새Tennessee warbler와 다른 철새들을 발견했다.

오늘 밤에 비가 부족한 농작물을 점검하려고 뒤로 걸어가니, 울타리 열은 멋쟁이새indigo bunting와 아메리카솔새 차지였다. 두 새는 찔레가 엉킨 덤불 속에 둥지를 틀고 있었고, 저녁 내내 노래를 불렀다.

메추라기도 울타리 열을 따라 자라는 풀 속에 둥지를 튼다. 몇 주 전에 옥수수밭을 가는 동안, 메추라기가 끊임없이 지저귀는 것을 들었다. 그러나 암컷이 알을 품고 있으니까 수컷이 조용해졌다. 지난겨울에는 한 떼의 또 다른 종의 메추라기가 울타리 열을 자기네 집 영역으로 만들었다. 이 새들은 단풍잎돼지풀ragweed과 다른 잡초의 씨를 먹고, 밤에는 수리부엉이와 여우의 습격으로부터 빽빽한 덤불 피난처의 보호를 받는다. 5월이 지나 둥지를 틀 장소를 찾기 위해 쪼개진 이 새떼는 둘씩 쌍이 되어 둥지를 튼다.

울타리 열에서 가장 중요한 포유동물은 마못이 분명하다. 굴을 파는 성향 때문에 마못은 자신만을 위한 집을 짓지는 않는다. 마못이 집을 포기하면 다른 많은 포유동물들이 그 굴을 사용한다. 스컹크와 주머니쥐, 너구리, 회색여우 등이 마못의 굴에서 영구적으로 산다. 붉은여우도 새끼를 기르기 위해 마못의 집을 사용한다. 암여우가 장소를 고르는 늦겨울에 마못이 굴속에 있다면, 이 불운한 동물은 여우가 그 동굴을 접수할 때 죽는 일이 흔하다. 일단 굴에

벼룩이 만연하면 어린 여우들은 새로운 굴로 옮기는데, 그곳은 또 다른 마못이 쫓겨난 자리가 분명하다.

솜꼬리토끼도 그리고 꿩과 메추라기조차도 날씨가 혹독하면 마못의 구멍에서 안식처를 찾는다.

마못은 말린 풀과 대두, 정원의 채소, 그리고 때로는 어린 옥수수 대를 먹기 때문에 많은 농부들과 정원 가꾸는 사람들의 미움을 받는다. 해마다 수천 마리가 유해동물 사냥꾼들의 총을 맞는다. 그러나 개와 여우, 사냥꾼 등의 박해에도 불구하고, 식욕이 왕성한 이 동물은 번성하고 있다. 울타리 열이 있는 한 마못도 있을 것이다.

울타리 열은 동물들, 특히 사슴과 여우에게 여행길을 제공하기도 하고, 산허리에서는 울타리 열이 침식을 조절하는 데 도움이 된다. 울타리 열의 오르막 쪽에 있는 밭은 내리막 쪽에 있는 밭보다 보통 30cm 이상 높다. 울타리 열의 또 다른 장점은 겨울 난방을 위한 재생 가능 자원이라는 점이다. 대개 1년에 한 번씩 우리는 울타리 열에서 웃자란 나무를 베어서 스토브에 넣을 정도의 길이로 톱질한다. 빨리 자라는 나무인 벚나무를 말리면 놀라울 정도로 좋은 화목이 된다. 야생벚나무 줄기는 빨리 싹이 터서 급속하게 성장하는데, 때로는 첫해에 1.8~2.4m나 자라고, 이러한 순환이 되풀이된다. 특히 덤불이 너무 무성해 무더기로 엉켜 있으면, 약간의 나무를 베는 것이 야생생물을 위한 울타리 열의 가치를 크게 해치지는 않는다.

슬프게도 울타리 열은 유행에 뒤떨어진 낡은 것이 되고 있다. 불도저가 보편화되고, 농장 규모가 줄어들고 2-4-D 제초제가 개발

됨에 따라 울타리 열은 사라지기 시작했다. 울타리 열이 소멸되자마자, 사냥꾼들은 토끼와 꿩이 적어졌다고 불평을 늘어놓았다. 비난이 여우와 올빼미의 탓으로 잘못 돌려졌다.

지난해에 임차농이 울타리 열을 벗겨내자고 제안했을 때, 그와 나는 울타리 너머로 이야기를 나누었다. 야외활동과 사슴 사냥을 즐기는 그에게 나는 먼저 수사슴의 문지르기에 대해 이야기했다. 그 다음에는 여우 굴과 한 떼의 메추라기, 그리고 채진목 등등을 이야기했다. 우리는 바로 이 생명의 리본을 불도저로 미는 것이 '값어치가 별로 없는' 일이라는 데 동의했다.

뜸부기

그 새는 풀 베는 기계 앞에서 푸르르 날아오를 때 들종다리 크기만 하게 보였다. 날 때 약해 보였는데, 짧은 거리를 퍼덕거리며 날았다. 달랑달랑 매달린 긴 다리로 세 번째 수확하는 꼴밭의 아직 베지 않은 부분으로 들어가서 어슬렁거린다. 한두 바퀴를 돈 뒤에 새는 다시 날아올라서, 이번에는 풀을 벤 꼴밭에 내려앉는다. 날 때 약한 것처럼 보이던 모습은 땅 위에서의 속도에 의해 만회된다. 눈 깜짝할 사이에 새는 꼴이 무성한 보호처로 달려간다. 용케도 나는 흘끗 잘 볼 수 있었다. 짧고 억센 꼬리, 옆구리의 흑백 빗장지르기, 색바랜 갈색 등, 그리고 길고 가느다랗고 약간 아래로 굽은 부리 등으로 보아, 나는 이 새가 버지니아뜸부기Virginia rail임을 확신했다.

우리 농장에서 버지니아뜸부기를 관찰한 것은 단 세 번 이다. 10년 전에 본 첫 번째 버지니아뜸부기는 팀과 꼴 베는 기계를 피해 날아가 버릴 때 찌르레기만큼 검게 보였다. 떠나는 새를 멍하니 바라보았기 때문에 처음에는 그 새가 검정뜸부기black rail라고 생각했다. 그 뒤에 나는 이 새가 동부 연안을 따라 있는 염소鹽沼[바닷물이 드나드는 늪지]의 참새 크기만 한 검정뜸부기이기에는 너무 크다는 사실을 이해하기 시작했다. 『야외 조류 도감』을 참조하고 나서야, 나는 그것이 미숙한 버지니아뜸부기임이 틀림없음을 깨달았다. 몇 년 뒤에 본 두 번째 새는 우리가 베어 거둔 꼴 위에서 날아올라 목초지에 앉았을 때 훨씬 더 좋은 모습을 보여주었다. 뜸부기처럼 숫기가 없는 이 새는 신경이 날카로워져서 날아가 버리곤 했는데, 짧은 풀 속에 자리한 '은신처' 3m 안까지 우리가 접근하는 것을 허용했다.

뜸부기는 생각하는 것처럼 흔하지 않은 새는 아닐지도 모른다. 습지의 키 큰 초목들 속에서 살아가는 그 새들의 비밀스러운 습성과 나는 것을 내키지 않아 하는 습성이 그 새들을 자주 보는 것을 방해한다. (덧붙여 말한다면, 가을철에 뜸부기를 사냥하는 것은 합법적이다. 하루에 25마리만 자루에 넣을 수 있다!)

우리 농부들은 경제성이 떨어지는 동물들을 가리켜 "뜸부기처럼 말랐다"고 하는 말을 자주 듣는다. 버지니아뜸부기를 내 손에 잡을 때까지는, 이 말은 울타리에 사는 죽대기뜸부기split rail에게 맞다고 생각했다. 친구 한 명이 11월 어느 날에 사향뒤쥐를 잡으려고 덫을 놓았는데, 뜻하지 않게 부들을 통과하는 쥐 길목에 놓은 직사각형 올가미에 버지니아뜸부기가 잡혔다. 친구가 그 새를 보여주었을 때, 우리 건초용 꼴밭에서 날고 있는 것과 비교해 내 손안에 있는 그 새가 얼마나 작게 보이는지 몹시 놀랐다. 또 다른 놀라움은 그 뜸부기가 얼마나 '말랐나' 하는 것이었다. 뜸부기는 날개를 옆으로 접어도 흉곽의 폭이 2.5cm도 채 안 되었다. 내 생각으로는 부들개지

사이를 미끄러지고 사초莎草 속에서 살금살금 걸어 다니는 생명체에 아주 잘 어울리는 크기인 것 같았다.

다음 해 여름에 우리가 본 첫 번째 뜸부기는 지금까지 농장에서 늘 봐온 쇠뜸부기sora였는데, 또 다른 새와 비교해서 아주 매력적인 외양은 아니었다. 이 새는 우리 집 앞에서 자동차에 의해 '선택'되었다. 나는 우체통에서 편지를 꺼내다가 길 위에서 그 망가진 몸을 발견했는데, 여전히 따뜻했다. 전형적인 뜸부기의 생김새를 가진 이 쇠뜸부기는 날지 않고 달려서 길을 건너려다가 세게 부딪혔다. 나는 뿔종다리와 쌀먹이새 비슷하게 작은 그 크기에 다시 놀랐다. 그 새는 닭처럼 생긴 밝은 노랑 부리와 노르스름하고 파란 다리, 검은 안면과 목 부위, 희끄무레한 갈색 몸의 옆구리를 따라 가로지르는 가로장을 가졌다. 정말 아주 예쁜 새다. 그 쇠뜸부기는 다 성장한 새였고 6월이었기 때문에, 나는 그 새가 짝을 갖고 있었는지, 그리고 그 새들이 우체통 건너편 건초용 꼴밭에 둥지를 틀고 있었는지 알 수가 없었다. 우리는 둥지와 새끼에 대한 어떠한 신호도 발견하지 못했다. 또 다른 뜸부기에 대해서도 그랬다. 그 뒤로 우리는 집에서 떨어진 습지에서 여러 번 쇠뜸부기를 보았다.

쇠뜸부기는 북아메리카의 뜸부기 가운데 가장 흔한데, 버지니아뜸부기가 그 뒤를 이어 풍부하다. 뜸부기 가운데 가장 큰 것은 제왕뜸부기king rail인데, 버지니아뜸부기와 아주 비슷하게 보이지만 크기는 두 배나 된다. 1930년 이전에는 제왕뜸부기가 이곳 오하이오의 큰 수역水域을 따라 흔하게 서식했다. 지금은 거의 철새가 아니라

뜸부기 173

여름 텃새이기에 우리는 그것을 본 적이 없다. 내 동생과 조카가 닭만 한 크기의 이 새를 한 번 본적이 있는데, 이 새는 킬벅강Killbuck River과 접한 습지의 가장자리를 따라 달팽이와 개구리, 그리고 물속에서 사는 다른 생물들을 찾고 있었다.

동부 연안과 서부 연안을 따라 사는 수다쟁이뜸부기clapper rail는 내지 민물에 사는 제왕뜸부기의 염수鹽水 버전이다. 존 오듀본은 이 두 종의 뜸부기를 염수습지암탉Salt-water Marsh Hen과 담수습지암탉Fresh-water Marsh Hen으로 명명했다. 제왕뜸부기와 비슷한 수다쟁이뜸부기는 색깔이 좀 더 창백하다. 이 두 종은 델라웨어와 버지니아의 겹쳐지는 곳에서 잡종이 가끔 발생한다.

뉴저지 남부부터 동부 연안의 소금기 있는 습지대는 검정뜸부기에게도 서식처가 된다. 쥐처럼 생긴 이 새는 보기에 아주 다르고 많은 조류 애호가들이 '가장 원하는' 목록에서 높이 위치해 있다. 검정뜸부기 둥지는 1953년부터 1985년까지 발견되지 않았는데, 그때(1985년) 하나가 메릴랜드 주의 엘리엇Elliot섬에서 발견됐다. 둥지에는 8개의 알이 있었는데, 모두가 부화했다. 검정뜸부기는 밤에 활동적이어서 조류 관찰자들은 그 새의 지저귐을 녹음한 테이프를 노래 부르는 수컷 가까이서 밤에 틀어 놓으면 때때로 회중전등불이 비치는 범위 안으로 그 새를 불러올 수 있음을 발견했다.

미국 북부와 캐나다의 더 깊숙한 내지에는, 거의 비슷하게 피해서 도망가는 노랑뜸부기yellow rail가 있다. 그것이 살고 있는 습기 많은 사초 풀밭에서 꾀어내기 위해 같은 수단이 사용되었다. 테이프 녹음

대신에, 이 작은 뜸부기의 딸깍하며 부르는 소리를 흉내 내기 위해 두 개의 작은 돌을 똑똑 서로 부딪쳤다. 검정뜸부기에 비해 약간 더 큰 수컷은 침입자로 보이는 것과 싸워 자기의 둥지 영역을 지키기 위해 빽빽한 덮개 보호처를 벗어날 때도 있다.

모든 뜸부기는 큰 배의 알을 낳는데, 보통 7개 내지 12개를 낳는다. 쇠뜸부기는 18개의 알을 낳는 것으로 알려져 왔다. 20일간의 알 품는 시기가 지나면, 새끼들이 부화해서 조숙한 새[조성조(早成鳥)]가 되어 어미 새와 함께 곧 떠난다. 어느 조류학자는 버지니아뜸부기의 광택이 나는 검은 새끼들에 관해 다음과 같이 기술했다. "새 새끼들이 어미 새를 따라 날아가는 모습이, 마치 솜털 줄무늬를 가진 조그마한 미트볼이 빠르게 진동하는 한 쌍의 이쑤시개에 꿰어진 것처럼 보인다."

뜸부기는 비록 날기를 좋아하지 않지만, 남부 미국과 중부 아메리카까지 놀라울 정도로 먼 거리를 이동한다. 쇠뜸부기는 경로가 약 4,800km에 달하는 가장 긴 가족 이주 노정을 갖고 있다. 일단 한번 이륙하면 이 새들의 마음은 여행에 몰두하기 때문에, 뜸부기는 이주하는 과정에서 강력한 비행체가 된다. 매해 가을에는 많은 뜸부기가 동부 연안의 간만이 있는 습지에 군집하는데, 그러면 이곳에서 사냥꾼들은 버지니아뜸부기와 쇠뜸부기에게 몰래 접근할 것이다. 다른 종들은 보호된다. 지난 몇 해 동안 조수가 높아지는 밀물 때 수천 마리가 총에 맞았다. 조수가 밀려와 키 큰 습지 풀이 덮어 주는 보호처에서 뜸부기가 나올 수밖에 없었기 때문이다.

나는 우리 건초용 풀밭에서 휴식과 먹이를 위해 잠깐 묵어서 살아남아 주기를 기대하는데, 그러면 이곳에서 우리는 이 숫기 없는 습지대의 새들을 볼 수 있을 것이다.

고지대삑삑도요

소년시절에 나는 늦봄과 초여름 저녁에 하늘 높은 곳에서 들려오는 두 종류의 신비스러운 새소리를 듣곤 했다. 그 하나는 마치 노래같은, 달콤하고 감칠맛 나는 음악적 지저귐으로, 열정적이고 잊히지 않을 정도로 아름다웠다. 또 다른 하나는 길게 빼서 늘어지는 휘파람 소리에 좀 더 가까웠는데, 음조가 처음에는 올라갔다가 그 다음에는 내려갔다. 이따금 그것은 새의 소리보다는 바람이 우는 소리와 더 같게 들렸다.

몇 해 지난 뒤에야 나는 그 노래와 휘파람 소리가 같은 새에서 나온다는 것을 깨달았다. 그리고 얼마간 시간이 더 지나간 다음에야 나는 그 음악의 제작자가 고지대삑삑도요였음을 알게 되었다. 이 일은 거의 우연히 일어났다. 나 때문에 고지대삑삑도요 한 마리가 푸르르 날아올랐다가 울타리 기둥에 내려앉자마자, 이 우아한 새는 날개를 잠시 뒤로 높게 뻗었다가 조심스럽게 접었다. 그러고 나서 내가 여러 해 동안 들었던 소리를 지저귀었다. 이 노래는 나를 실망시키지 않았다. 고지대삑삑도요처럼 침착하고 우아하며 진기한 새

고지대삑삑도요 177

가 열정적이고 신비로운 노래를 부르는 것은 당연한 일이다.

왕년에는 이 내지의 물가새inland shorebird가 고지대물떼새upland plover라고 불렸다. 비록 실제로는 삑삑도요라 하더라도 건초밭이나 목초장, 초원 등 물에서 떨어진 곳에 둥지를 트는 습관은 물떼새의 그것과 같다. (킬디어killdeer도 물떼새다.) 나는 이름이 바뀐 것을 유감스럽게 생각한다. 아마도 새로운 이름이 더 정확하겠지만, 내게는 올바르게 보이지 않는다. 그것은 아마도 나와 그 새가 관련된 어떤 신비로움이 그 이름에서 빠져 버렸기 때문일 것이다.

고지대삑삑도요는 물떼새에 비해 조금 더 크다. 그 새는 줄무늬가 있는 갈색의 깃털, 비둘기처럼 작은 머리, 긴 목, 그리고 짧은 노랑 부리 등, 그 색깔과 크기, 형상 등으로 꽤 쉽게 알아볼 수 있다. 그 새는 또한 물가새로서는 긴 꼬리를 갖고 있다. 그 정체성을 확인할 수 있는 가장 중요한 점은 아마도 날개를 들어 올린 상태로 착륙하는 독특한 습성일 것이다. 이 잠깐의 자세는 특별하게 예쁘다. 알도 레오폴드Aldo Leopold가 썼듯이, "'우아하다'는 말을 발명한 사람이 그 누구라 할지라도 물떼새가 날개를 접는 것을 보았을 게 분명하다."

4월 초부터 중순까지 이 위도에서 둥지를 틀 땅에 도착한 암컷은 그달 말까지 풀을 가득 채운 둥지에 갈색과 붉은색의 얼룩덜룩한 반점이 있는 크림색이나 핑크담황색의 알 네 개를 낳는다. 둥지는 흔히 땅에 있는 얕은 구멍에 짓고 길고 빽빽한 풀로 잘 감춰 둔다.

21일 내지 24일의 알 품는 기간이 지나면, 새끼가 부화해서 조성조早成鳥가 되어 부모에게 보살핌 받던 둥지를 곧 떠난다. 일상적으로 새끼는 메뚜기와 귀뚜라미, 바구미 등을 먹고 신속하게 성장하여 한 달 안에 다 커서 날게 된다. 아르헨티나의 팜파스로 이주할 준비를 함에 따라, 6월 저녁에는 그 새들의 지저귐을 들을 수 있다.

이 점잖은 새들은 여행비둘기passenger pigeon와 거의 같은 운명을 겪었다. 1800년대 말에 여행비둘기가 절멸되자 총구가 물가새에게로 돌려졌다. 말등과 짐마차에 탄 사냥꾼들이 엽총으로 무장하고 초원을 돌아다니며 물떼새와 마도요, 그리고 뻑뻑도요 등을 담은 수백 개의 통을 동부의 시장으로 실어 날랐다.

1919년에 미네소타주의 토머스 로버트Thomas S. Robert 박사는 고지대뻑뻑도요가 처한 곤경을 이렇게 적었다. "50년 전에는 개방된 [금렵(禁獵)의] 시골이라면 그 새가 여름 내내 어디에서나 수천 마리씩 셀 수 없을 정도로 많이 살고 있었다. 지금은 그 새가 거의 절멸 상태에 놓여 있다. 이곳저곳에서 가끔 새끼를 낳아 기르는 쌍이 아직도 발견되고는 있지만, 그 새들은 조상들이 방대한 수로 살았던 곳에서 외롭게 거주하고 있다."

1918년에 우드로 윌슨 대통령이 철새조약법Migratory Bird Treaty Act에 서명한 것은 물가새들에게 꼭 알맞은 때였다. 이 조약은 미국과 캐나다 정부에게 고지대뻑뻑도요처럼 위협받는 종들을 죽이는 것을 금지하는 금렵기禁獵期를 법으로 설정할 힘을 주었다. 그 개체수의 완전한 보호가 확립되었지만, 대학살 이전의 개체군은 지키지 못했다. 아마도 부분적으로는 농사 관행의 변화, 특히 새들이 둥지

고지대뻑뻑도요 179

를 트는 동안에 꼴을 베는 관행이 새들이 희귀해지는 흐름에 책임이 있다고 비난받을 수도 있을 것이다. 흥미롭게도 뉴욕주에 남아 있는 이들 삑삑도요의 가장 강력한 거류지가 인공적으로 변화된 환경임이 분명한 케네디공항에 있다.

지난해 우리는 매력 있는 이 새 가운데 오직 한 마리만을 보았다. 어린애 둘과 내가 단 묶을 매끼를 구하려 호프Hope산에 가는 길에, 우리는 읍 바로 북쪽의 전화선에 앉아 있는 고지대삑삑도요를 발견했다. 우리는 일을 끝내고 서둘러 돌아갔다. 새는 아직도 그곳에 있었고, 우리는 좀 더 잘 보기 위해 멈추어 섰다. 새는 우리의 3m 위에 앉아 있어서 무서워하지 않는 것처럼 보였다. 나이 든 새는 훨씬 더 조심성이 많기 때문에 내 짐작으로 그 새는 이제 갓 날게 된 어린 새인 것 같았다.

마운틴호프Mt. Hope 학교의 교장인 브루스 스탬보그Bruce Stambaugh 는 우리가 전화선에 앉아 있는 새를 본 곳에서 멀지 않은 학교 건물 남쪽에서 전해에 삑삑도요 한 쌍을 보았다고 했다. 이 작은 농장 전체가 초원에 있고, 한여름까지는 꼴을 베지 않는다. 이 새들에게는 둥지를 틀기에 완벽한 장소다.

고지대삑삑도요는 이곳 동부에서는 아마도 미국 중부와 캐나다의 초원지대에 있는 것만큼 많이 있는 것 같지는 않다. 그러나 우리는 우리가 갖고 있는 것을 소중하게 여기고, 여기서 그 개체수가 점차 줄어드는 것을 슬픈 마음으로 보고 있다. 바로 올봄에 웨인Wayne카운티에서 온 한 친구가 삑삑도요가 자기 이웃에서 사라지는 것을 안타까워했다. 그는 그 새들이 들어 올린 날개를 흘끗 일별하는 설렘을 그리워한다.

습지의 생명

에버글레이즈Everglades[플로리다주 남부의 소택지 국립공원] 방문을 오랫동안 꿈꿨던 존 오듀본은 세인트존스강의 소택지 구역을 처음 보고서는 생각이 달라졌다. 그는 일기에 이렇게 썼다. "내가 찾은 플로리다의 이곳은 … 어렸을 때부터 내가 상상 속에서 미국의 정원으로 신성시해 온 곳이다. 그토록 진흙, 진흙, 진흙뿐인 것은 아니지만 모래, 모래, 모래뿐인 정원에서, 과일은 너무나 시어서 먹을 수가 없고, 노래하는 새와 황금빛 물고기들이 있어야 할 터전에서 악어와 뱀, 전갈을 만나게 되다니."

반면에 조지 워싱턴은 버지니아의 디즈멀대습지Dismal Swamp에 매혹되어서 '장려한 천국'이라고 기술했다.

내게 익숙한 습지나 늪이 에버글레이즈나 디즈멀대습지와는 현저히 차이가 있겠지만, 워싱턴의 견해에 동의해야 하지 않을까? 어쨌든 고지대에서 낳고 자란 나에게 킬벅강가의 습지는 언제나 흥분 넘치는 매력을 갖고 있다. 소년시절에 나는 이 신비스런 장소에 관한 이야기들을 열중해서 듣곤 했다. 총알을 피해 재빨리 솟구치는 물오리[검둥오리], 딱 소리 내는 큰 배낭 크기의 거북, 얼음 덮인 강으로 망설이지 않고 뛰어 들어가나 사냥개를 피해서 하류를 반 마일이나 헤엄치는 영리한 긴 다리 습지 너구리∞∩, 소 목에 얹는 멍에만큼 큰 잉어 등에 관한 이야기를 들으면, 거기에는 내 눈에 익지 않은 기묘한 야생의 일들이 펼쳐졌다. 나는 그것들을 직접 보고 싶어 기다릴 수가 없었다. 운 좋게도 위버씨와 마스트씨네 같은 친구들이 있었는데, 킬벅강 너머 땅이 그들 소유여서 자기네 농장의 후배지後背地를 탐사할 수 있도록 허락해 주었다.

델라웨어인디언 추장 킬벅Killbuck의 이름을 따서 명명된 킬벅강과 강물을 따라 이어지는 협곡은 많은 역사를 갖고 있다. 1700년대 내내 그 강을 따라서 여러 인디언 성시城市와 마을이 흩어져 있었다. 그 가운데 하나인 킬벅읍은 지금은 18.2km² 에 달하는 킬벅습지야생 구역 안에 들어 있다. 킬벅읍은 킬벅강을 걸어서 건너는 곳과 가까운 라인로드Line Road카운티에서 약 1.6km 정도 떨어진 곳에 위치해 있다. 강을 걸어서 건널 수 있는 이 여울은 오늘까지 남아 있고, 강물 수위가 낮아질 때는 쉽게 걸어서 강을 가로질러 갈 수 있다.

킬벅읍은 킬벅추장에게는 태어난 고향이었고, 윌리엄 펜William Penn[영국의 신대륙 개척자로 인디언들과 우호적으로 지냈다]과 델라웨어인디언이 서명한 조약문이 여기에 보관되기도 했다. 읍에서 습지를 건너가면 버틀러스Butler's 혹은 빅스프링Big Spring이 나온다. 윌리엄 크로포드William Crawford 대령과 480명의 군대가 1782년 5월 30일 밤에 여기서 야영했다. 다음 날 아침에 그들은 걸어서 킬벅강을 건넜는데, 도중에 불운하게도 와이언도트Wyandot 인디언과 마주쳤다.[크로포

드 대령은 인디언에게 붙잡혀 고문당하고 살해되었다.]

유럽인의 도래와 함께 인디언은 점차 그들이 가장 사랑하는 킬벅 계곡에서 억지로 밀려났다. 그래도 1900년까지는 강과 습지가 거의 바뀌지 않았다. 그런데 1923년 또는 1924년인가에 바지선에 실린 증기 동력삽이 나타나서 우스터 부근에서 시작해 현재의 킬벅 마을에 이르기까지 강가 주변을 끊임없이 먹어 들어갔다. 모든 U자형 만곡부는 일자가 되고 굽이쳐 흐르는 강은 더 이상 볼 수 없게 되었다. 물은 이제 화살처럼 똑바로 흘렀다. 이러한 노력을 경주한 목적의 일부는 습지의 물을 마르게 해서 농사를 지을 수 있게 하는 것이었다.

이러한 배수排水의 시도는 대부분 실패로 끝났다. 오늘도 습지에 남아 있는 울타리 기둥의 꼭대기를 여전히 볼 수 있다. 강은 과거 있어본 적이 없는 이러한 밭들이 자기 영역임을 다시 주장하고 있다. 소택지를 관통하는 강을 따라 평행으로 달리는 낡은 볼티모어-오하이오 철로의 노반路盤도 서서히 자연의 힘에 꺾이고 있다.

킬벅강을 따라 형성된 습지들은 겨울철에는 생명이 없는 불모지처럼 보인다. 하지만, 3월과 4월 초 철새 이동철에 수천 마리의 오리가 불쑥 나타나듯이, 봄에는 갑자기 생명으로 가득 찬다.

텃새 오리 가운데 가장 흔한 것은 숲오리인데, 내 의견으로는 북아메리카에서 가장 아름다운 물새가 아닐까 한다. 움푹한 곳에 둥지를 트는 이 오리는 초겨울에 습지가 얼음으로 덮일 때까지는 어렵지 않게 볼 수 있다. (강한 샘물이 솟구치는 습지의 일부분은 결코 얼지 않는다. 강건한 오리들은 이 개빙開氷된 습지에서 겨우내 머물 수도 있다.) 지난 몇 년 동안 두건 모양의 관모冠毛가 있는 관머리비오리hooded merganser 몇 마리도 여기에 머무르며 새끼를 키웠다. 이 화려한 새들도 숲오리 구역에 둥지를 튼다. 물론 청둥오리 수컷과 아마도 푸른날개쇠오리blue-winged teal, 그리고 캐나다기러기도 그곳에 둥지를 트는 것으로 보인다.

오리는 습지에서 사는 조류 가운데 작은 부분에 불과하다. 작은 플라타너스 숲에는 다양한 야생생물이 있으며 남쪽으로 1.6킬로미터 떨어진 곳에는 큰푸른왜가리가 떼 지어 사는 서식지가 있다. 녹색등왜가리green-backed heron와 아메리카알락해오라기American bittern, 쇠뜸부기, 버지니아뜸부기, 쇠물닭common moorhen, 그리고 아메리카물닭American coot 같은 새들도 가끔 볼 수 있다.

봄이 무르익어 가면 붉은어깨말똥가리가 "킬여, 킬여, 킬여" 하면서 거칠게 우짖는 소리가 늪의 우거진 숲에서 들려온다. 아메리카올빼미도 범람하는 강바닥에서 마음 편히 지낸다. 밤중에 "후-쿡-포-유-올"who-cooks-for-you-all[누가 네 밥 몽땅 지을래]이라는 울음소리가 습지를 건너 들린다. 마찬가지로 작은 비명올빼미는 숲오리 집에 자주 둥지를 튼다.

우리 농장에서는 한 번도 본적이 없지만, 저지대에서 흔하게 보이는 새가 프로토노타리아prothonotary 속屬의 솔새다. 황금빛으로 찬란하게 빛나는 이 노랑 솔새는 물가에서 떨어진 곳에서는 거의 둥지를 틀지 않는다. 이 새들의 구멍 둥지가 때로는 수면에서 불과 2.5cm

습지의 생명 185

넘지 않을 때도 있지만, 아무튼 4.5미터 이상 높은 곳에 둥지를 트는 경우는 거의 없다.

몇 년 전 한 친구가 비버 둑에 서 있을 때였다. 수컷 프로토노타리아 솔새 한 마리가 약 6m 전방, 물로 뻗은 나뭇가지에 앉아 있었다. 솔새가 가지를 타고 조금씩 내려가서 물을 막 먹으려는 찰나, 북방강꼬치고기northern pike 한 마리가 돌진해서 물이 크게 튀었다. 솔새는 몸을 피했다.

습지에서 물 위에 둥지를 트는 또 다른 작은 새는 루비목벌새 ruby-throated hummingbird다. 수위가 평소보다 반 길 정도 높아졌을 때 카누를 타고 이리저리 내려가다가, 은단풍 가지의 거의 맨 끝에, 우리 눈높이에 있는 벌새 둥지 두 개를 발견한 적도 있다.

습지참새swamp sparrow는 습지에 난 부들과 갈대에서 안락하게 지낸다. 노래참새song sparrow는 습지 가장자리에 달라붙어 산다. 마찬가지로 캐롤라이나굴뚝새의 까불거리는 노래도 습지 주변의 덤불 속에서 들을 수 있는데, 이때 그 친족인 습지굴뚝새marsh wren도 부들 속에 둥지를 틀고 있을 수 있다.

내 생애 처음으로 습지굴뚝새를 본 순간을 쉽게 잊을 수 없다. 피해서 달아나는 그 새를 쫓다보니 킬벅강의 오래된 수로까지 발견하게 되었다. 습지에서 약간 떨어져 있는 빽빽하게 우거진 관목 덤불에서 작은 새 한 마리를 보았다. 나는 엉덩이까지 오는 장화를 신고 있었는데 그 새를 확인하기 위해 황수련黃睡蓮을 헤치며 앞장서서 나아갔다. 황수련이 없는 곳에 다다를 때까지는 모든 것이 잘 진행됐다. 수면에서 두 뼘 정도 아래에 진흙이 있는 것을 볼 수 있었고, 그래서 충분히 안전하다고 생각했다. 하지만 발을 내딛자마자 즉시 장화 높이보다 몇 센티 더 깊게 빠져 버렸다. 발은 젖었지만, 어떻게 해서든지 앞으로 나아가서 한 마리가 아닌 두 마리의 습지굴뚝새를 보는 즐거움을 맛보았다. (나는 이때 초목이 없는 곳은 지극히 조심스럽게 밟고 들어가야 한다는 것을 배웠다. 이 오래된 수로의 U자형 만곡부에서는, 카누의 노를 아무리 멀리까지 저어가도 밑바닥에 닿지 않는다.)

여름이 다가오고 대부분의 새들이 둥지를 트는 계절이 완료되면서, 습지는 이제 개구리와 파충류, 모기 같은 것들의 차지가 된다. 독 없는 보통의 북방물뱀northern water snake 외에도, 독 있는 꼬마방울뱀massasauga이나 습지방울뱀swamp rattlesnake 등이 야생 구역에서 보인다. 존John Staab이 내게 말하기를, 그 지역의 야생 관리인으로 지낸 여러 해 동안에 작은 방울뱀을 딱 두 번 보았다고 한다. 한 번은 자기 집의 찻길에서, 또 한 번은 낡은 철도 선로에서였다.

여름이 점차 가을로 넘어가면, 습지의 포유동물은 겨울을 준비하느라 더욱 분주해진다. 한번 서리가 내려 습지 식물의 대부분이 죽으면, 사향뒤쥐의 집들이 습지 전체를 뒤덮어 갈색 육봉肉峯처럼 보이기 시작한다. 비버도 겨울나기 먹이를 모으느라 바쁘다. 재간 있는 이 일꾼들은 습지 주변의 드넓은 변두리 땅을 다시 복구하는, 놀라운 일을 한다. 이 동물들의 작업은 킬벅추장이 자기 이름을 가진 강을 조용히 노 저어 내려가면서 다시 편안한 마음으로 바라볼

습지의 생명 187

수 있도록 도와줄 것이다.

흰꼬리사슴에게 가을은 역동적인 계절이다. 짝짓기 때가 다가오기 때문이다. 사슴의 색 바랜 여름 외투가 이제 습지 풀의 회색 및 갈색과 어울리는 색으로 바뀌면서, 영리한 이 동물은 소택지의 진창과 덤불로 침입하는 모험을 감행하는 뱃심 좋은 사냥꾼들과 잘 어울리는 호적수가 된다.

12월 말에 마침내 얼음이 습지를 덮을 때, 그곳은 다시 생명이 없는 곳처럼 보이게 된다. 그러나 이것은 진실과는 거리가 멀다. 사향뒤쥐와 비버가 여전히 자기네 집과 소굴을 떠나 자양분이 있는 '밥상'을 찾아 물속을 헤엄쳐 간다. 밍크는 사향뒤쥐의 먹이를 노리며 염탐하고 있다. 개구리와 거북도 잘 살아 있고, 봄을 기다리며 진흙 깊이 굴을 팠다.

습지에 대한 나의 기억은 즐거웠으니, 5월 아침 프로토노타리아 같은 노랑 섬광이 강을 가로지르며 솟구치고, 따뜻한 여름밤에 카누를 타고 개구리를 찾아다니면서, 늦가을의 선뜻함에 친구와 얼얼하게 술을 나눠 마셨다. 워싱턴이 옳았으니, 소택지는 "장려한 천국"이다.

습지를 생각할 때 시드니 러니어Sidney Lanier의 아름다운 시, 「글린의 습지The Marshes of Glynn」의 다음 구절이 떠오른다.

그리고 이제 주님의 광대하심으로 인해
잠자는 물이 사람의 영혼으로 모여들지만

잠자는 물 아래에서

헤엄치는 형상과 기어가는 모습을

누가 우리의 깨어나는 시야에 드러내는가?

여름밤의 날것들

지난여름 아이들이 우리 정원 한 배미에 있는 코트런드사과나무 Cortland apple tree에 앉아 있는 멧누에나방cecropia moth 애벌레를 발견했다. 그 나무는 단지 세 번째 여름을 맞은 어린 나무여서, 그 모충毛蟲을 꽤 쉽게 발견하고 관찰할 수 있었다. 그래도 꼼짝하지 않고 있으면, 때때로 푸른 잎 가운데 있는 위치를 알아보기가 쉽지 않다. 그 벌레가 끊임없이 먹고 자라고 자라고 또 자라기 때문에 우리는 매일 그 배고픈 벌레를 점검했다.

번데기가 될 시간이 다가옴에 따라, 모충이 쉼 없는 성장을 보여주기 시작했다. 13cm 가량 자란 애벌레가 사과나무의 가느다란 가지를 따라 느릿느릿 기어가자, 한 아이가 "그게 거의 핫도그만큼 커졌어요. 헤헷, 파란 핫도그!"라고 말했다. 애벌레가 명주실 고치를 자아내는 것을 보려는 우리의 희망은 다음 날 밤 그것이 나무를 떠났다는 것을 알았을 때 좌절되었다. 그 뒤 가을에 사과나무가 잎을 다 잃었을 때, 나는 그 애벌레가 코트런드사과나무의 마지막 만찬을 먹은 곳에서 30m는 좋게 떨어져 있는 매킨토시사과나무 가지의 한쪽 전면을 따라 붙어서 종이처럼 얇은 막이 부풀어 오른,

190 위대한 소유

이중벽으로 된 고치를 발견했다.

때로는 로빈나방Robin moth이라고도 불리는 멧누에나방은 누에나방과의 가장 큰 일원이다. 늦봄이나 초여름에 고치에서 나오면 그 날개는 구김살투성이고 연약하게 보인다. 그러나 나방이 날개 안으로 유동체를 주입하자마자, 날개는 펼쳐지면서 마르기 시작한다. 일단 충분하게 펼쳐지면 멧누에나방은 15cm의 익폭을 가질 수도 있다. 녹빛의 오렌지색과 흰색의 초승달 문장과 황갈색의 바깥 가장자리가 특히 돋보이고 붉은 오렌지색 몸체와 회갈색의 날개를 가진 이 나방은 세상에서 문양의 짜임이 가장 농밀하고 아름다운 벌레의 하나다.

몇 년 전 우리는 멧누에나방의 모충이 실을 자아서 우리 베란다 판자벽에 고치를 붙인 것을 관찰했다. 그 다음 해 여름에 나방이 고치에서 나오는 것을 우연히 보았다. 그 날개가 단단해진 뒤에 거무스름한 껍질이 돋보이는, 그 색깔과 아름다움이 적절하게 설명될 수 없는 사탕단풍나무로 그것을 조심스럽게 옮겼다. 아주 다행스럽게도 나방은 암컷이었다. 그 깃털처럼 가벼운 더듬이가 깃털처럼 넓은 수컷의 안테나에 비해 더 좁다는 것으로 분간할 수 있었다. 에드윈 웨이 틸Edwin Way Teale은 이렇게 썼다. "멧누에나방과 폴리페모스나방Polyphemus moth의 양치류 같은 큰 더듬이는 밤에 날아다니는 이 벌레들에게 냄새를 잘 맡는 블러드하운드bloodhound의 코보다 훨씬 더 예민한 후각 기관을 제공한다. 나방에게 표를 붙여서 풀어놓아 주면, 나방들은 아직 짝짓기를 하지 않은 암컷이 있는 곳에 도달

여름밤의 날것들 191

하기 위해 11km 이상의 공중을 관통하는 희미한 냄새의 자취를 따라가는 능력을 입증한다."

암컷 나방은 마치 동반자를 기다리는 것처럼 사탕단풍나무에 조용히 머물고 있었다. 나는 밤중에 일어나서 회중전등으로 구혼자가 도착한 것을 발견했다. 12마리 정도의 박쥐같은 나방들이 세 번 가량의 불빛에 순간적으로 눈이 잘 보이지 않는지 이리저리 난무했다. 아침까지 오직 수컷 한 마리가 남아 있었다. 다른 나방들은 다른 곳의 냄새 자취를 따라갔다.

암컷은 하루 이틀 뒤에 200~300개의 보석 같은 알을 낳았는데, 이 알들은 얼마 있지 않아 곧 부화하기 시작했다. 고치에서 나온 지 일주일 정도 뒤에 암컷은 죽었다. 이 나방들은 성장한 뒤의 짧은 삶의 기간 동안에 아무것도 먹지 않는다. 이것들의 마지막 식사는 10개월 전이었다!

멧누에나방 외에도 똑같이 아름다운 다른 누에나방silk moth이 여름밤에 주변을 날아다니고 있다. 폴리페모스나방과 프로메테우스 promethea, 루나luna, 이오Io 나방 등이 그것이다. 외래종인 킨티아Cynthia 나방은 대서양 연안을 따라 꽤 흔하게 분포한다. 천상의 나무로 알려진 가죽나무ailanthus tree 잎만 먹이로 먹기 때문에, 이 나방이 사는 범위는 빈 부지敷地와 공원, 그리고 철도 선로를 따라 가죽나무가 풍성하게 자라는 도시에 한정되어 있다.

폴리페모스와 프로메테우스는 우리 농장에 흔하다. 우리 마당에는 중국느릅나무 한 그루가 있는데, 이 나무의 기부基部에서 우리는

192 위대한 소유

자주 폴리페모스 고치를 발견한다. 멋지게 채색된 이 나방은 애벌레 단계에서 느릅나무와 사과나무, 단풍나무, 떡갈나무 등과 다른 그늘 짓는 나무들을 먹는다. 어느 해에는 꼭 마치 신호를 받은 것처럼, 폴리페모스 모충 수십 마리가 기어나와 잔디밭을 가로질러 집의 벽널을 지나서 우리 현관 계단 옆의 상록 관목으로 가는 보도를 따라갔다. 이것은 이틀에 걸쳐서 일어났다. 그곳 관목 안에서 그리고 그 아래에 흩어져 있는 나뭇잎 위에서, 애벌레는 스스로 실을 자아내서 고치를 만들었다. 모충들은 외가닥 명주실로 자기가 시야에서 사라질 때까지 자기의 머리를 감고 또 감아서 1.6km에서 8km까지의 비단실을 담은 고치 안으로 짜 들어갔다. 이 관목은 딱따구리와 다른 적들에게서 안전한, 좋은 장소임이 증명되었다. 말할 필요도 없이, 그 다음 해에 우리는 많은 수의 폴리페모스 나방을 즐길 수 있게 됐다.

나는 이러한 일이 내가 아직 학교 다닐 때 일어났으면 얼마나 좋았을까 생각한다. 학생 때 우리는 세 종의 가장 좋은 고치를 발견하는 연례 경시 대회를 가졌다. 우리의 취르허 선생님은 가장 찾기 흔한 것으로 간주되는 프로메테우스 고치 하나에 5점, 멧누에나방은 25점, 그리고 폴리페모스는 50점으로 점수를 매겼다. 20마리를 발견하거나 50점 이상을 획득하는 학생이 승자가 됐다. (폴리페모스 고치를 발견하기 어려운 이유는 그것들이 땅 위에서 나뭇잎으로 잘 가려져 있기 때문이다.)

제비꼬리 날개를 가진 옅은 초록빛이 고운 루나나방도 애벌레 단계에서는 마찬가지로 고치를 지어서, 떡갈나무와 히코리나무, 소합향나무sweetgum, 감나무 등의 아래로 떨어져 땅에 묻혔다가 다음 해에 나타난다. 루나는 가장 아름다운 벌레로 불려왔지만, 그 희귀성으로 인해 지금은 멸종 위기에 놓인 종으로 간주된다. 몇 년 동안 나는 루나를 가까이서 볼 수 있기를 애타게 바랐다. 한번은 이웃의 숲에서 죽은 것을 발견했고, 그래서 나는 그 부근에 루나가 더 있을지도 모른다고 생각했다. 살아 있는 루나를 두 번 보았지만, 두 번 다 가까이 접근해서 감상할 기회를 내게 주지 않았다. 처음 루나나방을 보았을 때 우리는 자동차에 타고 있었다. 나방이 집 안 불빛을 쫓아서 들어오려고 애를 쓰고 있었기 때문에, 아내가 집 문 방충망 위에 있는 루나나방 한 마리를 알아보았다. 또 한번은 읍내 수은등 주변에서 날아다니는 것을 본 적이 있다. 비록 유혹을 받았지만, 더 잘 보려고 기둥 위로 기어오르는 것은 참았다.

마지막으로 나는 간절한 마음에서, 야외 잡지에 광고를 낸 나비 농장에 루나 고치 5개를 우편으로 주문했다. 고치가 우편으로 도착했을 때, 5개 가운데 오직 한 개만 생명의 신호를 보여주었다. 고치를 가볍게 흔들었을 때 연약한 움직임을 들을 수 있었다. 나는 희망이 솟구쳤다. 그러나 더 큰 실망을 겪어야 했다. 고치에서 태어났을 때, 그 벌레의 날개는 결코 활짝 펼쳐지지 않았다. 그 대신 그 날개는 주름 잡힌 위치에서 굳어져서, 그 빈약한 나방을 마치 석회수에 담겨진 파란색 말린 자두처럼 보이게 했다.

프로메테우스, 즉 털조장나무나방spicebush moth은 루나와 비슷할 정도로 희귀하다. 그 나방은 털조장나무와 사사프라스, 야생벚나무 등을 먹이로 하는데, 이 나무들은 그 고치가 일반적으로 발견되는 곳이다. 모충은 나뭇잎 안에서 자기 고치를 짠다. 그 벌레들은 나뭇잎이 붙어 있는 가지 둘레에 비단실을 자아내어서 잎에 다다를 때까지 잎줄기를 타고 짜내려 간다. 그리고 모충은 자기 자신을 둘러싸서 겨울철 내내 그곳에 매달려 있다. 학교에 다닐 때는 울타리 열주변에 있는 좋은 사사프라스와 야생벚나무를 모두 알고 있었는데, 그곳에서 5점짜리를 무더기로 찾으리라 확신할 수 있었기 때문이다.

프로메테우스나방은 누에나방과에 속하는 다른 나방들과 암컷과 수컷의 색깔이 다르다는 점에서 구별된다. 수컷이 희미한 점을 가진 갈색을 띤 검정색인 데 반해, 암컷은 비슷한 표적이 있지만 불그스름한 갈색이어서 멧누에나방과 더 비슷하고, 그래서 더 색채가 풍부하다. 더구나 수컷은 늦은 오후부터 날기 시작해서 암청색큰제비나 다른 새에 자주 잡혀 먹힌다. 암컷은 밤에만 난다.

이오나방의 모충과 친숙하게 지내는 농부는 거의 없지 않을까 싶다. 이오는 애벌레 단계에서 자주 옥수수밭에서 먹이활동을 하기 때문에, 농부들 다수가 '옥수수벌레'가 셔츠 안으로 기어들어오는 경험을 한 번 이상은 갖고 있을 것이다. 이 모충에 있는 가시가 쐐기풀처럼 아프게 쏘기 때문에 훨씬 더 나쁘게 여겨질 수 있다. 그러나 '옥수수벌레'와 가끔 조우하는 것 빼고는, 그 예쁜 나방의 애벌레는 거의 해롭지 않다.

미국의 많은 지역에서 명주실 나방이 사라지고 있다. 아무도 그 원인을 정확히 알지는 못하지만, 여기에는 서식지의 파괴와 살충제의 과용, 그리고 어떤 전문가들이 주장하는 것처럼 주택 주변과 거리와 고속도로변에 있는 나트륨과 수은 발광체의 효과도 포함되는 것 같다. 그 한 예로, 큰 황제나방imperial moth은 인공 불빛에 취약하다. 그 나방은 불빛에 유인되는데, 흔히 일광에서도 꾸물대다가 새들의 먹이가 된다. 황제나방은 인공 불빛이 많은 곳에서 희소해지고 있다.

멧누에나방의 거대한 초록 애벌레는 많은 체절體節과 다리를 갖고서도 실을 자아내서 고치 안으로 자신을 짜 넣는다. 그러는 동안에 크기가 오그라들어서 아무것도 먹지 않고 있다가, 10개월이 지난 뒤에 세 개의 체절과 세 쌍의 다리를 가진 성충으로 성장해서, 하느님이 창조하신 가장 아름다운 창조물 가운데 하나로 다시 나타날 수 있다는 것은 실로 놀라운 일이다. 나는 그렇게 복잡하고 그렇게 완벽한 변화를 다 이해하지 못한다. 나는 그것을 생각할 때마다 에스라Ezra와 같은 느낌을 갖는다. "나는 이 일을 듣고, 속옷과 겉옷을 찢고 머리털과 수염을 뜯으며, 한동안 망연자실한 채 앉아 있었다."

곤충의 세계

8월이 다가오면서 새들 대부분은 노래 부르기를 멈춘다. 초여름 밤에 들리는 유일한 소리는 회색나무개구리의 개골거리는 울음소리와 수리부엉이의 부엉부엉 울음소리뿐이다. 이제 노래하는 곤충이 무대의 중앙을 차지한다. 일광이 빛나는 시간에는 매미와 베짱이가 삐걱거리고 윙윙거리는 음악으로 우리를 즐겁게 하는 반면에, 밤에는 여치와 각종 귀뚜라미가 뒤섞인 합창이 있다.

곤충은 열기를 사랑한다. 낮과 밤이 따뜻해질수록 그것들의 음악은 더욱 열렬해진다.

우리 세계에 사는 수많고 많은 곤충 가운데 다수가 인간에게 유익하거나 적어도 해롭지는 않다. 실제로 곤충이 없다면 우리가 아는 바와 같은 삶은 불가능할지도 모른다. 곤충은 과일과 채소의 중요한 꽃가루 매개자이고, 토양을 비옥하게 하며, 꿀과 밀랍, 비단 등과 같은 상업적으로 가치 있는 생산물을 제공하기도 한다. 비록 곤충은 (현미경적인 생물을 제외하고) 지상에서 가장 수가 많은 피조물이지만, 우리가 알지 못하는 것이 많다. 틸Edwin Way Teale은, "곤충은 숨을 쉬지만 허파가 없다. 듣지만 머리에 귀가 없다. 냄새를 맡지만 코가 없다. 심장이 피를 퍼서 오르내리지만 우리 심장과 달리 가끔 역류하기도 하고 거꾸로 뛰기도 한다. 태어나서 죽을 때까지, 그것은 이상한 습성과 어리둥절하게 하는 능력을 가진 피조물이고 수수께끼에 둘러싸인 생물이다"라고 썼다.

우리가 흔한 것으로 간주하는 곤충조차도 가까이 접근해서 보면 여전히 깜짝 놀란다. 이를테면, 정원에 있는 자산의 하나로 우리에게 친숙한 사마귀는 사실 보기에 별스럽다. 우리를 보려고 그 어깨 너머로 응시하는 방식은 기괴하기까지 하다. 사마귀는 사람처럼 머리를 돌릴 수 있는 유일한 곤충이다. 지난여름 우리는 털이 많은 모충毛蟲을 먹는 사마귀의 향연을 목격했는데, 먹이의 마지막 조각을 오독오독 깨물어 다 먹어 치운 뒤에 고양이처럼 그 매끄러운 파란 얼굴을 깨끗하게 닦았다.

성충 사마귀는 가까이 다가오는 것이라면 무엇이든 먹는다. 딱정벌레와 빈대, 모충 그리고 다른 곤충들을 주식으로 삼는다. 겁이 없고 투지만만하지만 인간에게는 조금도 해롭지 않다.

날이 점점 따뜻해지고 더 길어지는 늦봄에 새끼 사마귀가 거품투성이의 알집에서 부화되어 나온다. 각 알집은 125개부터 350개까지의 사마귀를 담을 수 있다. 새로 부화된 곤충은 부드럽고 방어막이 없으며 색깔은 꿀처럼 노랗다. 15분 정도 지나면 피부가 굳어지고 연한 갈색으로 변한다. 그것들은 이제 사냥꾼의 삶을 시작할 준비가 됐다. 그들 삶의 첫날에는 식물의 기생충처럼 작은 생물을 먹지만, 서로를 식사로 먹는 것을 주저하지 않는다. 식품보관용 유리병같이

198 위대한 소유

갇힌 곳에서 부화한다면, 한 마리만 남을 때까지 다른 사마귀를 서로 게걸스레 먹을 것이다.

여름내 각각 혼자서 외롭게 사는 사마귀는 자신의 먹이를 찾아 자신의 기술로 생존한다. 이 지역에서 이 곤충들은 8월에 마지막 탈피 과정을 통과한다. 이 탈피 과정을 거쳐서 그 가냘프고 얇게 비치는 날개가 나타난다. 이제 충분하게 성장했다. 한 해의 시간은 짝짓기가 일어날 때에 가까워지고 괴기한 향연이 그 뒤를 따른다. 암컷이 그 짝을 먹는다! 곤충 연구에 삶을 바친 프랑스 곤충학자 파브르J. Henri Fabre는 암컷 사마귀가 일곱 마리의 수컷과 짝을 짓고 다 먹어 버릴 수 있다고 말했다. 이 이상야릇한 향연을 끝낸 뒤에, 암컷 사마귀는 알을 담은 거품투성이의 알집을 생산한다.

내가 아직 학교를 다니던 어느 가을에 학생들 몇이 곧 알을 낳을 것이 분명한 암컷 사마귀를 발견했다. 우리는 그 뚱뚱한 곤충을 교실로 옮겨 미역취 다발에 풀어 놓았다. 잠깐 뒤, 머리를 아래에 두고 매달린 그 암컷은 탈곡기가 짚 더미를 만드는 것과 꼭 같은 방법으로 흰 거품 덩어리를 생산했다. 동그란 원은 점점 커지고, 사마귀는 꼬리를 앞뒤로 움직이기 시작했다. 알집이 거의 완성되었을 때, 암컷 사마귀는 잠시 멈추었다. 원 안에 알을 낳고, 약간의 거품을 더 첨가하고 끝마쳤다. 그 완전한 과정은 족히 두 시간 넘게 걸렸다.

사마귀는 크기 때문에 눈에 띄기 쉽지만, 여치 같은 다른 곤충들은 [모습이] 보이기보다는 [소리가] 더 자주 들린다. 여치는 베짱이와 비슷하지만 푸른색이 빛나는 몸체와 살짝 구부린 등, 길고 우아한 더듬이를 갖고 있다. 모든 여치는 밤에 노래를 부르고, 그 음악("케이티-디드katy-DID"라는 두 부분의 큰 소리거나, 가끔은 "케이티-디든-트katy-DIDN'T"라는 세 부분으로 들리기도 한다)은 날개를 들어올려서 한 날개의 가장자리가 다른 날개 위에 부딪치면서 만들어낸다. 한쪽 날개의 덮개에는 긁는 것이 장착되고 다른 날개에는 줄이 갖추어져 있어, 줄을 가로질러 칼을 문지르는 것과 꼭 같은 방식으로 소리가 만들어진다.

여치는 날개의 기저 부분에 거대한 방사放射를 제공하는 소형 증폭기를 갖고 있다. 직경이 3mm보다 작은 원반 모양의 이 장치는 키틴질chitin이나 곤충의 강한 바깥쪽 뼈대를 구성하는 재료로 만들어진다. 그것은 종이보다 얇지만 비슷한 두께의 강철보다 더 강하다. 그리고 가장 놀랄 만한 것은, 이 조그마한 메가폰이 거의 들리지 않을 정도로 미미한 긁는 소리를 고요한 밤에 거의 800m나 전달할 수 있을 정도로 큰 '케이티-디드'라는 소리로 증폭시킬 수 있다는 것이다.

여치와 밀접한 관계가 있는 것이 많은 종의 귀뚜라미다. 흰나무귀뚜라미snowy tree cricket는 찌르르 찌르르 하는 음악적 울음소리로 우리를 즐겁게 해줄 뿐만 아니라 놀랍게도 기온을 알려주기도 한다. 나무귀뚜라미는 동음으로 제창하고 동시에 하는 것을 너무나 잘해서, 시골길을 지나갈 때 마치 그 섬세한 녹색 곤충들이 부르는 단 하나의 노래만을 듣는 것처럼 느낄 수 있다. 소로Henry David Thoreau는 그것을 '졸음이 오게 하는 숨쉬기'라고 불렀다. 날씨가 따뜻해질수록 찌르르 울음소리는 더욱 빨라진다. 음조가 너무나 일관되어서, 꽤 정확하게 기온을 알릴 수 있는 공식이 만들어졌다. 15초 동안에 울리는 찌르르 울음소리의 수를 계산하고 여기에 40을 더한다. 그 합계가 기온의 화씨 온도다.

아름다움 때문에 우리가 주목하는 곤충은 나비다. 우리 농장 주변에서 자주 보이는 것은 제왕나비monarch butterfly다. 검은 결이 있는 오렌지색의 이 아름다운 나비들은 다른 나비종과 달리 철새들처럼 가을에 남쪽으로 날아간다. 제왕나비가 캘리포니아에서 겨울을 난다는 사실은 한 세기 전부터 알려져 왔다. 하지만 1975년이 되어서야 우리 대륙의 동부에 사는 제왕나비의 3분의 2가 겨울을 보내는 곳이 멕시코의 시에라친커Sierra Chinqua산맥에서 발견됐다. 토론토대학의 어커트Fred Urquhart 교수는 꼬리표 프로그램을 발전시키면서 40년을 보냈다. 그 수고 덕분에 멕시코에서 겨울나기 땅을 발견했다. 우리는 황금물떼새golden plover와 북극제비갈매기Arctic tern가 이주하는 광대한 거리에 놀라지만, 연약한 나비가 수천 킬로미터를 여행해야 한다는 것은 거의 기적적인 일처럼 보인다.

멕시코산맥에서 겨울을 보낸 뒤에, 춘분쯤 나비들은 북쪽으로 이동하는 여행을 시작한다. 회귀 여행 중에 많은 수가 죽겠지만, 도중에 알을 낳고 죽는다. 그리하여 때로는 늦봄에 우리 농장에 내도하는 것은 그 나비들의 새끼다.

제왕나비는 언제나 유액을 분비하는 금관화에 알을 낳는다. 보통은 잎의 아래쪽 엽맥葉脈 근처에 낳는데, 옅은 푸른 색조의 이슬방울과 비슷하다. 사오일이 지난 뒤에 알이 열리고 조그마한 모충이 나타나서 유액을 분비하는 금관화의 잎을 먹기 시작한다. 대략 12일 안에 두드러지게 찬란한 노랗고 검은, 그리고 푸른 모충이 최대 크기 5cm에 다다른다. 이제 번데기가 될 시간이다. 모충은 마지막 먹은 식물에서 백 미터 이상 기어갈 수도 있다. 적절한 줄기나 식물을 발견하면, (우리는 가리를 만들거나 타작하는 동안에 귀리 줄기에서 그 번데기를 자주 발견한다.) 그 입에 있는 선腺에서 비단실을 자아내서 그 꼬리를 아래쪽에 붙인다. 아래쪽으로 매달려서 J자 모양으로 머리를 위쪽으로 굽힌 애벌레는 서서히 형태를 변화시킨다. 번데기는 굳어져서 명주실에 매달린 채로 남게 된다. 대부분 나비들의 칙칙한 황갈색으로 보이는 번데기와는 달리, 제왕나비의 그것은 하나의 예술 작품이다. 매끄럽고 부드러운 연두색 번데기는 반짝이는 황금빛 반점으로 장식된다.

12일이 지난 뒤에 번데기 궁둥이 부분이 열리고 다 자란 제왕나비가 나타난다. 그것은 날개가 펼쳐지고 굳어질 때까지 가지나 잎에 매달려 있다. 그때가 늦여름이면, 그 나비는 곧 길 따라 핀 꽃의 화밀花蜜을 먹으면서 멕시코로 가는 긴 여행을 시작한다.

이상하게도 새는 제왕나비를 먹지 않는다. 흰털발제비 집 아래에서 우리는 그 새끼에게 먹이로 가져다 놓은 여러 종의 나비들을 발견하지만, 결코 제왕나비는 없다. 아마도 제왕나비가 그것을 먹으려는 새들을 구역질나게 하는 나쁜 맛이 나는 피를 가졌기 때문이

202 위대한 소유

아닐까 생각된다.

제왕나비에 대한 새들의 혐오 때문에, 다른 과에서 온 또 다른 나비인 총독나비viceroy butterfly도 새들의 공격을 당할 염려가 없다. 그것은 제왕나비와 너무나 쏙 닮아서 새들이 회피한다. 비록 제왕나비만큼 흔하지는 않아도, 평소 우리는 목초밭 꼴을 베고 있을 때 몇 마리의 총독나비를 늘 보는데, 그것들이 키가 큰 등골나물의 이 꽃 저 꽃을 훨훨 날아다니기 때문이다.

매혹적인 곤충의 목록은 거의 끝이 없다. 개미를 생각해 보자. 솔로몬 왕조차 개미에 대해 "그 하는 것을 보고 지혜를 얻어라"고 했다. 우리가 소를 기르듯이, 어떤 개미 집단은 자그마한 진딧물을 기르다가 고급 음식으로 먹고, 진딧물이 생산하는 꿀을 수확한다. 도둑개미robber ant는 다른 개미를 습격해서 그 번데기를 훔쳐 자기 집으로 가져온다. 이 번데기는 부화한 뒤에 납치자의 노예로 봉사한다. 너무 오랫동안 이런 일이 계속되다 보니 도둑개미는 일하는 법조차 잊어버렸다.

혹은 방아벌레click beetle를 생각해 보자. 이 곤충은 등을 가볍게 툭 치면 그 머리를 곧추 세우고 너무나 맹렬하게 튀어오른다. 공중으로 30cm는 날아오를 것이다. 딱정벌레가 그 등에 다시 내려앉으면, 이런 과정이 되풀이된다. 그것이 발에 앉을 때까지 말이다.

하루살이는 흥미를 자아내는 또 다른 생물이다. 저녁에 하나의 성충으로 나타나서, 짝을 짓고 알을 낳은 뒤에 해가 지기 전에 죽는데, 이 모든 것이 아무것도 먹지 않고 완수된다.

곤충을 학습하기 위해서는 좋은 도감이 꼭 필요한데, 우리는 『피터슨의 휴대용 곤충도감*Peterson's Field Guide to Insects*』과 『북아메리카의 곤충과 거미에 대한 오듀본 협회의 필드가이드*The Audubon Society Field Guide to North American Insects and Spiders*』 같은 책을 좋아한다.

우리 길을 가로지르는 모든 것들을 [파리채로] 찰싹 치거나 [살충제를] 뿌리는 대신에 하느님이 창조하신 이 매혹적인 부분을 공부하려면 많은 시간이 걸릴지도 모른다. 감자빈대potato bug와 쇠등에를 이해하는 것이 쉽지 않다는 것은 나도 인정하지만, 따뜻한 8월의 밤에 울리는 여치와 무수한 귀뚜라미의 오케스트라와 비교할 수 있는 소리는 거의 없다.

나비들

밀과 귀리의 추수가 끝나면서 여름의 속도가 느려진다. 긴급함이 달콤한 평온으로 교체되지만, 여름은 옥수수 수확 계절을 앞두고도 떠나지 않고 꾸물거린다. 내 친구는 귀리의 그루터기만 남은 밭 위로 바람이 불 때 우리는 여전히 삼복더위에 있지만 벌써 가을의 맥박을 느낄 수 있다고 주장한다. 그가 너무나 깊이 사랑하는 가을이 올 때는 감동을 받아서 시를 쓰게 되는 계절이라고 한다.

무르익는 마지막 블랙베리를 딸 때다. 6월에 라즈베리를 따는 동안 우리를 즐겁게 해준 노랑가슴솔새yellow-breasted chat의 비음악적인 큰 노래가 매미의 신경질적으로 우는 소리로 교체되었다. 그 새의 아름다움은 나비의 그것과 다를 바 없다.

내가 아주 좋아하는 곳이 있다. 밭에서 숲으로 회복되는 이곳에는 블랙베리를 따라 수많은 야생화가 피어 있다. 미역취는 막 첫꽃이 피려는 참이지만, 엉겅퀴와 등골나물, 개정향풀dogbane, 야생당근 Queen Anne's lace, 금관화, 그리고 꽃이 늦게 피는 나비금관화butterfly weed 등이 여름의 대부분 기간에 색채를 더하면서 나비의 퍼레이드에 화밀을 제공해 왔다.

유액을 분비하는 식물과의 일원인 나비금관화는 제왕나비와 표범나비fritillary butterfly가 특히 좋아하는 식물이다. 나는 표범나비를 다섯 마리까지 보았다. 이 나비는 평소에는 번쩍이는 큰 금박金箔으로 빛나지만 가끔은 제왕처럼 당당하거나 여러 가지 색으로 얼룩진 모습이기도 하다. 이 나비는 선명한 오렌지색 꽃송이를 한꺼번에 먹는다. 물론 다른 나비종들도 이 식물에 유혹된다.

금관화의 가까운 친족인 소택지에 사는 습지금관화swamp milkweed도 나비에게는 매혹적이다. 이름이 의미하듯이 습지에서, 그리고 시내를 따라서 자란다. 제왕나비와 총독나비는 먼지투성이의 이 꽃송이에 뻔질나게 드나든다. 몇 가지 이유로, 아마도 물에 근접해 있기 때문이거나, 식물에 붙어 먹고사는 진딧물을 찾고 있기 때문인 듯한데, 실잠자리도 자주 이 사랑스런 유액분비 식물에서 휴식을 취한다.

엉겅퀴의 당당한 자줏빛 꽃 사이에서 펄펄 날아다니는 나비 가운데서 가장 두드러지게 보이는 것은 제비꼬리나비다. 광범위한 이 과에서 가장 흔한 것은 제비꼬리호랑나비tiger swallowtail butterfly다. 호랑이처럼 가늘고 긴 검은 줄을 가진 이 큰 노랑나비는 미국 동부 전역에서 나타난다. 이 종의 암컷은 특히 그 분포 범위의 남부에서는 색깔이 검다.

동부의 검은제비꼬리나비black swallowtail는 검은 형상의 제비꼬리호랑나비 암컷과 비슷해 보이지만, 애벌레의 습성은 아주 다르다. 호랑나비의 모충은 야생벚나무와 물푸레나무, 백양나무 등을 먹이로 하지만 검은나비는 당근과의 잎을 먹는다. 여기에는 야생당근뿐만 아니라 정원의 당근과 셀러리, 파슬리 등도 포함된다. 그래서 이 나비의 다른 이름이 파슬리제비꼬리parsley swallowtail다.

우리가 가끔 보는 두 종류의 다른 제비꼬리는 파이프바인제비꼬리pipevine swallowtail butterfly와 털조장제비꼬리spicebush swallowtail butterfly다. 비록 이 부근에서는 아주 희귀하지만, 이 두 종류는 분포 범위의 남부에서 더 흔하게 보인다.

나에게 파이프바인제비꼬리는 모든 나비 가운데서 가장 아름다운 나비의 하나다. 그 검은색 윗날개 가장자리는 보는 각도에 따라 청록색으로 옅어지는 데 반해, 뒤쪽 날개는 더 옅은 청록색으로 희미해진다. 날개의 뒤편 가장자리는 조그마한 흰색 초승달 문양으로 장식돼 있다. 아마도 그 희소성으로 인해, 더없이 아름다운 이 생물은 어쩐지 이국적인 것으로 보인다.

털조장제비꼬리는 파이프바인제비꼬리에 비해 이 지역에서는 더 흔하다. 주로 애벌레 단계에서 아주 좋아하는 먹이에 털조장나무 외에도 사사프라스의 잎도 포함되기 때문일 것이다. 파이프포도제비꼬리의 애벌레는 오직 버지니아뱀뿌리Virginia snakeroot와 쥐방울덩굴Dutchman's pipe만 먹는다. 털조장제비꼬리도 뒤편 날개 낮은 쪽에 청록색을 가졌지만, 날개 변두리를 따라서 큰 노랑 초승달 문양이 있다.

나는 제비꼬리거인나비giant swallowtail butterfly나 제비꼬리얼룩말나비zebra swallowtail butterfly는 거의 본 적이 없다. 애용하는 확실한 먹이가 여기서 발견되지 않기 때문에 이 나비들은 이 먼 북쪽까지 찾아오는 모험을 거의 감행하지 않는다. 거인나비는 감귤류의 과일을 좋아하고, 얼룩말나비의 모충은 오직 포포나무pawpaw 잎만 먹는다. 우리 공동체에는 오직 한 그루의 포포나무만 있었지만, 그마저도 숲이 제거될 때 상실되었다.

희귀한 다른 나비들도 애벌레 단계에서 딱 한 종류의 식물만 먹기 때문에 전문가들은 이를 '숙주종宿主種(host-specific)'이라고 부른다. 이를테면 여왕나비Queen butterfly가 남부에서 하는 것처럼, 제왕나비는 유액을 분비하는 식물에만 알을 낳는다.

제왕나비와 달리 대부분의 나비들은 가을에 죽는다. 그 나비들의 다음 세대는, 마치 누에나방이 그 고치 안에서 하는 것과 꼭 같이, 번데기 안에서 겨울을 난다. 단지 몇몇 종만 성충으로 동면하는데, 그중에서도 특히 멋쟁이나비red admiral와 신부神父나비mourning cloak가 그렇게 한다.

매해 겨울 대부분 우리 작업장에는 멋쟁이나비가 있다. 그 나비는 추운 아침에 날개를 꽉 접고 겉보기에는 죽은 것처럼 하고서 창문턱이나 작업대 위에서 발견되곤 한다. 중배 부른 통난로에 불을 때면, 그 작은 나비는 갑자기 살아나서 밖으로 나가려고 창문에서 창문으로 훨훨 날아다닌다. 신부나비는 봄의 첫 나비로 간주된다. 그 나비는 움푹 파인 나무나 통나무에서 동면하고, 따뜻한 늦겨울에 날아다니는 모습이 때때로 보인다. 그래서 신부나비는 '해동解凍나비'로 불리기도 한다. 거무스름한 색의 이 나비는 지난 30년 동안 더 귀해졌는데, 아마도 살충제의 무분별한 사용 때문인 것 같다. 암컷은 알을 버드나무와 느릅나무, 백양나무 등에 낳고, 그 모충은 떼를 지어 나뭇잎을 먹어 나무를 고사시키기 때문에 해충이 되기도 한다.

그저께 나는 무언가가 우리 갯버들 잎을 먹고 있는 것을 알아챘다. 그것은 대략 30~40마리의 신부나비 모충이었다. 붉은 점이 있는 검은 벌레는 세 무리의 떼를 지어 먹고 있었고, 대략 버드나무 잎의 사분의 일은 먹어 치웠다. 나는 지난 몇 해 내내 신부나비의 몰락을 자주 탄식했기 때문에, 그저 너무나 행복해서 그것들이 잎을 먹도록 내버려 두었다. 모충들은 나비가 되는 변태 과정에서 다음 단계로 들어가기에 충분할 정도로 컸다. 그날 저녁에 점검했을 때, 모든 애벌레들이 가버렸다! 내가 그 벌레들을 불안하게 해서, 먹이를 찾아 다른 곳으로 가버렸을까? 나의 짐작은 모충들의 생물학적 시계가 이제 번데기가 될 시간이라고 알려주었다는 것이다.

어제 저녁 우리는 현관 벽널의 바닥 가장자리에 매달린 6.3cm 길이의 벌레 한 마리를 발견했다. 그것은 갯버들에서 30m나 기어 나와서 잔디밭과 좁은 길을 가로질러 현관까지 온 것이다. 애벌레는 벌써 그 꼬리를 벽널에 붙이고 아래쪽으로 매달려 있었고, 머리는 위로 틀어서 몸체가 J자를 이루었다. 밤에 애벌레는 껍질이 몸에서 벗겨질 때까지 틈틈이 껍질을 위쪽으로 쪼개 나갔다. 새로 생긴 번데기는 밤공기에 굳어서, 검은 실로 칭칭 동여맨 채 벽널에 매달린 상태로 남아 있었다. 오늘 아침에 나는 즉시 점검해서, 검은 모충 한 마리 대신에 완전하게 형성된 2.5cm 길이의 회색신부나비 번데

나비들 209

기 하나를 발견했다. 믿어지지 않는 이 뜻밖의 사건은 나를 놀라게 하는 데 결코 실패하지 않았다.

신부나비와 검은제비꼬리 나비의 애벌레가 피해를 끼친다 해도, 그것은 외래 나비인 유럽배추흰나비European cabbage butterfly에 비하면 적은 편이다. 이 작은 흰 곤충은 1860년에 퀘벡의 몬트리올 부근에 우연히 전파되었고, 그곳에서 북아메리카를 가로질러 퍼졌다. 이것은 우리 정원에 심각한 피해를 입히는 유일한 나비다. 배추를 키우며 정원을 가꾸는 사람이라면 누구나 이 가느다란 푸른 애벌레를 분명히 알고 있을 것이다. 그것들은 배추뿐만 아니라 다른 많은 관련 식물들까지 공격한다.

지난봄 어느 날 아침, 허드렛일을 마친 나는 정원 옆에 멈춰 서서 배추벌레를 찾으며 짹짹 울고 있는 참새 한 쌍을 지켜보았다. 참새한 마리가 꽃양배추cauliflower 줄의 내 쪽 끄트머리에서 출발하고, 그 짝은 먼 끄트머리에서 일을 하며 내려왔다. 그 새들은 부리에 푸른 해충을 가득 채울 때까지 식물마다 부지런히 뒤졌다. 그리고 새들은 둥지로 날아갔다가, 단 한 마리의 벌레도 도망가지 못한데 대해 만족해하면서 재빨리 되돌아 왔다.

배추자벌레cabbage looper에 유용한 바실루스(Bacillus thuringiensis = BT)라는 생물학적 통제 수단이 있다. 그것은 디펠Dipel이라는 상품명으로 팔리고 있는데 가루고, 슈어러사이드Thuricide는 액체다. 가루가 더좋은 통제 효과를 제공하는데, 액체는 공같이 둥글게 되어 부드럽고 연한 배춧잎을 굴러 나가는 경향이 있기 때문이다. BT는 독약이

210 위대한 소유

아니라서 쨱쨱참새에게 해가 되지 않는다.

배추나비와 비슷한 것이 오렌지색에 구름무늬가 있는 노랑나비sulfur다. 밝게 채색된 이 나비들은 이따금 물웅덩이 부근에 수십 마리씩 군집한다. 정원을 가꾸는 사람들 가운데 이것들을 해충으로 보는 이는 거의 없다.

이외에도 아름답고 흥미로운 나비가 많다. 실제로 북아메리카에는 1만 2천 종 이상의 나비가 있다. 비록 많은 나비가 애벌레 단계에서 한 종의 식물만 먹이로 먹지만, 성충으로 성장하면서 다양한 꽃의 화밀을 먹는다. 진 록스던Gene Logsdon은 그의 뛰어난 책 『당신 정원의 야생생물Wildlife in Your Garden』에서, 나비에게 특별히 유혹적인 12종의 식물군을 목록에 올렸다. 우리 자신의 경험으로는, 나비금관화는 아주 훌륭한데, 유일하게 불리한 조건은 꽃 피우는 기간이 한 달도 되지 않는다는 점이다. 모두 박하mint과에 속하는 향수박하bee balm와 야생베르가못wild bergamot도 [나비가] 더 좋아하는 음식이다. 올해 멕시코해바라기Maxican sunflower를 심었는데, 특히 표범나비fritillary에게 아주 매력적인 꽃이라는 게 입증되고 있다.

우리가 성공한 최고의 것은 나비덤불butterfly bush(Buddleia davidii)이었다. 이 속성 식물은 7월 말 개화해서 서리가 내릴 때까지 핑크빛 라벤더 꽃송이를 터뜨린다. 광범한 영역의 나비들은 그 덤불을 매일 찾는다.

나비는 연약한 것처럼 보이고 어떤 점에서는 그러하다. 그러나 내게는 늦여름 아침에 갓 부화한 제왕나비가 미역취의 싱싱한 작은

나비들 211

가지를 먹는 신선함과 이 눈부신 생물이 그 뒤 겨울 동안에 수천 킬로미터를 날아간다는 사실을 아는 것보다 더 경이로운 일은 거의 없다.

가을

물새의 비행로

맑고 차가운 가을날 아침에 우리는 말들을 목초지에서 일찍 데리고 왔다. 드디어 비가 그치고, 마침내 밀 베기를 끝내리라 기대했다. 우리가 아직 목초밭에 있는 동안에 첫 번째 오리 떼가 연못으로 내려왔다. 상쾌한 북풍의 흐름을 타고 오리들이 높게, 그리고 믿을 수 없을 정도로 빠르게 날고 있었다. 그러다가 새들은 갑자기 단풍나무 잎이 떨어지는 것처럼 옆으로 미끄러져 다급히 연못에 내려앉았다.

말들을 외양간으로 데리고 간 뒤 아침 먹으러 집으로 가고 있을 때, 멀리서 캐나다기러기 우는 소리가 들려왔다. 숲으로 날아오는 새떼를 볼 때까지 그리 오래 걸리지 않았다. 오리와 달리 이 거대한 새들은 바람이 부는 쪽으로 착륙하는 경우가 거의 없다. 이 새들은 건물 옆을 지나쳐 선회하다가, 낮게 다가와 길 건너편 옥수수밭에 내려앉았다. 곧 더 많은 기러기가 도착하고, 머지않아 그 새들이 흥분해서 떠들썩하게 아우성치는 소리가 밭을 둥글게 에워쌌다. 이 기러기들은 아마도 오하이오에서 자라서, 아직 남쪽으로 가는 여행을 해본 적이 없을 것이다. 그러나 오리들은 꽤 먼 곳에서 오는

214 위대한 소유

것 같다. 나는 오늘 아침에 머리 위로 윙 소리를 내면서 무리를 지어 나는 검둥오리 몇 마리를 보았다. 대부분의 검둥오리는 중부 캐나다 동쪽의 연해주[노바스코샤, 뉴브런즈윅, 프린스에드워드아일랜드의 3개 주]에 둥지를 틀고, 가을에 남쪽으로 날아간다.

서리가 북부의 호수와 습지에 되돌아오는 매년 가을에는 물새가 쉼 없이 자란다. 미국 북부와 캐나다의 대초원에서 북으로는 허드슨만의 처칠Churchill시와 배핀Baffin섬까지, 서로는 캐나다 북서부의 연방 직할지와 유콘Yukon, 알래스카의 광대한 지역을 가로질러, 수백만 마리의 오리와 기러기, 고니들이 겨울을 나기 위해 남쪽으로 날아갈 준비를 하고 있다.

이 수많은 물새들은 별개의 경로를 따라 여행하는 경향이 있다. 야생생물을 연구하는 학자들은 이러한 경로를 '비행로'라고 부른다. 네 개의 비행로가 있는데, 대서양 비행로와 미시시피 비행로, 중앙 비행로, 태평양 비행로가 그것이다. 이주를 위한 이 비행로들은 최남단에서는 뚜렷이 차이나지만, 북쪽에서는 분명히 구별되지 않고 서로 겹치는 경향이 있다. 그래서 지금 우리 밭에서 먹이를 먹고 있는 검둥오리는 퀘벡에서 부화한 새들로, 12월까지는 멕시코만 연안의 주에 도착할 것이다. 반면 허드슨만 매니토바의 대초원 구혈甌穴 지역에서 자란 큰흰죽지오리canvasback는 동남쪽으로 오대호를 가로질러 체서피크Chesapeake만에 있는 최고의 겨울나기 지역까지 여행하는 것 같다.

이주 통로를 네 개의 비행로로 나눔으로써, 미국의 어류 및 야생

물새의 비행로 215

생물국은 종 다양성을 위해 매년 가을 엽기獵期와 사냥 가능 상한을 조정할 수 있다. 지난 몇 엽기에 오리 수가 점차 감소하고 있었기 때문에, 습지에서 기다리던 엽사들이 쏘아 잡을 오리는 더욱 적어졌다. 물론 생물학자들은 감소의 이유에 대해서는 의견이 일치하지 않지만, 그 심각성에 대해서는 누구나 동의한다.

1975년 늦은 가을에는, 1억 마리로 추산되는 오리와 기러기, 고니 등이 남행을 위해 보금자리 땅을 떠났다. 지난가을에는 그 추산이 6천만으로 떨어졌다. 물새 관리인들이 특별히 전하는 경보는 오랫동안 안정된 것으로 간주돼 온 미시시피 비행로와 중앙 비행로의 청둥오리mallard와 태평양 비행로를 따라가는 고방오리pintail의 감퇴다. 물새 사냥꾼들이 '꼬마sprig'라 부르는 고방오리는 캘리포니아의 오리 사냥꾼들에게는 생계를 위한 새다. 이 우아한 오리의 몰락에 대해 그들보다 더 잘 아는 사람은 없다. 1980년에는 60만 8천 마리가 캘리포니아 포수들의 총을 맞았다. 4년 사이에 연간 포획수가 19만 1천 마리로 떨어졌다. 감소의 이유는 (북아메리카의 오리부화장으로 여겨지는) 대초원 구혈 지역의 여름 가뭄과 습지의 배수, 과도한 사냥 등이다. 과도한 사냥이라는 이 마지막 쟁점이 엽기를 줄이고 사냥 부대를 줄이기를 원하는 '어류 및 야생생물국'과 서식지 개선에 열심인 오리 사냥꾼들이 주로 모인 민간 조직인 '무한한 오리Ducks Unlimited' 사이의 계속되는 의견 차이를 초래했다. 후자는 사냥이 오리 감소에 별로 영향을 미치지 않는다고 주장한다. 근래 10여 년 동안 일어난 오리의 빠른 감소와 이 시기에 농약이 두

배 이상 사용되었다는 사실 사이에 상당한 관련성이 있을 수 있을까?

야생오리 가운데 가장 크고 가장 빠른 댕기흰죽지오리가 지금 시련을 겪고 있다. 제왕처럼 당당한 이 새들은 50만 마리가 채 되지 않는 수가 북아메리카에 존재한다. 설명되지 못하는 몇 가지 이유로, 남아 있는 댕기흰죽지오리 셋 가운데 둘은 수오리drake다. 하나의 가능성은 너구리가 그 활동 범위를 북쪽으로 옮겨서, 지금은 남부 매니토바에 있는 댕기흰죽지오리의 둥지를 파괴하는 일인자가 됐다는 것이다. 또 하나의 중요한 요인은 댕기흰죽지오리가 좋아하는 겨울철 음식인 야생 셀러리가 환경오염에 의해 체서피크만을 따라서 거의 절멸되었다는 것이다.

한때는 대서양 비행로에서 흔한 오리였던 검둥오리도 마찬가지로 1950년대 이래로 사라지고 있다. 모든 오리 가운데서도 가장 조심성 있고 가장 민첩하며 가장 경계심이 많은 오리로 여겨지는 이 청둥오리의 사촌은 내륙의 호수와 비버의 연못, 미국 동북부와 캐나다 동부의 습지 주변에 둥지를 튼다. 검둥오리들이 몰락하는 이유의 하나는 그 영역을 동쪽으로 확장하고 있는 청둥오리와 쉽사리 잡종을 만든다는 것이다. 검둥오리는 서서히 청둥오리가 되어가고 있다.

적응력 있는 청둥오리의 감소는 설명하기가 더 어렵다. 생물학자들조차도 당황해 한다. 이 흔한 오리는 목초지에서 낡은 매 둥지까지 정말로 어디에든 둥지를 튼다. 그래도 가장 중요한 보금자리

물새의 비행로 217

땅은 남부 서스캐처원Saskatchewan[캐나다 남서부 쥐의 혼합 대초원에 있다. 많은 청둥오리는 미시시피 계곡 아래쪽과 루이지애나의 연안 습지에서 겨울을 보낸다. 황갈색의 암컷 청둥오리는 수다를 떤다. "꽥! 꽥! 꽥!" 하는 크고 쉰 소리는 가을에 흔히 들리는 습지의 소리다. 수오리가 우는 소리는 한결 더 누그러지고 부드러운 "꽥!"이다. 암컷이 세 번 이상 꽥꽥 우는 소리는 높게 날고 있는 오리에게는 모든 것이 좋고 내려와도 안전하다는 것을 의미한다. 비행로를 오르내리는 오리 사냥꾼들은 이러한 오리 울음소리를 흉내 낸다. 어떤 이는 제법 잘 흉내 내지만, 대부분은 제대로 하지 못한다.

푸른날개쇠오리는 둥지를 튼 북부 지역을 첫 번째로 떠나는 물오리다. 그 새들은 늦여름에 남행을 시작하고, 9월에 개체수가 정점에 달한다.

10월에는 거대한 기러기 떼(캐나다기러기, 흰기러기, 쇠기러기, 흑기러기)와 오리 떼(흰죽지오리, 댕기흰죽지오리, 검은머리흰죽지오리, 검둥오리, 고방오리, 청둥오리), 그리고 다른 종들도 비행에 탄력을 받는다.

철새의 이주는 북부의 물이 얼음으로 뒤덮이는 11월 중순 무렵에 절정을 이룬다. 만약 결빙기가 폭풍과 함께 온다면, 새들이 폭풍설에 앞서서 서둘러 남하해야 하기 때문에, 오리의 거대한 비행이 특히 미시시피 비행로와 중앙 비행로에서 일어난다.

그런 폭풍의 하나가 1940년 제1차 세계대전 휴전 기념일[11월 11일]의 폭풍Armistice Day Blizzard이었다. 이 폭풍은 중서부에 걸쳐 물새의 주된 이주로를 덮쳐서 헤아릴 수 없이 많은 오리들이 작은 내와 연못, 진구렁, 강 등 발견할 수 있는 피난처라면 어디든지 가리지 않고 내려앉도록 강요했다. 수많은 오리 사냥꾼들도 예기치 않게 폭풍에 엄습 당했다. 미시시피강 상류와 일리노이강을 따라서, 적어도 85명의 사냥꾼들이 폭풍 당일 오후와 밤에 목숨을 잃었다.

1985년 11월 어느 날, 이 지역 전역에서 툰드라고니가 비행하는 장관이 펼쳐졌다. 수천 마리가 그날 지나갔음이 분명하다. 그 크고 흰 고니는 통상적인 고도보다 더 낮게 날도록 강제하는 강력한 옆바람 속으로 날아들고 있었는데, 덕분에 많은 이들은 이 당당한 새들을 잘 볼 수 있는 좋은 기회를 얻었다. 비가 내린 뒤 늦은 오후에 한 떼가 머리 위를 낮게 지나갔다. 강한 바람 탓에 흩어진 새들이 우리들 동쪽으로 대형을 애써 회복하자, 검푸른 폭풍 구름을 배경으로 하여 하얀 고니들이 눈에 보이지 않는 손에 의해 부드럽게 너울거리는 실로 꿴 진주처럼 보였다.

11월이 끝으로 다가가면 이주의 위험과 사냥꾼의 총에서 살아남은 물새 대부분은 남부 주들의 더 따뜻한 물에 발을 담글 수 있을 것이다.

우리는 그 새들이 잘되기를 바란다. 알도 레오폴드가 썼듯이, "아침별이 동쪽에서 어슴푸레해질 때, 빨리 나는 새들의 휘파람 소리를 더 이상 들을 수 없게 된다면" 어떻게 될까?

키다리 오크

일 년 전 봄, 우리는 숲에 있는 흰 오크 한 그루가 다른 나무처럼 잎이 나지 않는 것에 주목했다. 조금 뒤 그 나무의 낮은 가지 몇 군데에서 잎이 다람쥐 발만한 크기가 될 때까지 자랐다. 그러고는 시들다가 죽었다. 작은 가지 하나가 가을까지 그 잎을 지켰지만, 나는 그 나무가 겨울 내내 살기에 충분한 자양분을 얻지 못할 것을 알았다. 올봄에는 푸른 잎이 전혀 나타나지 않았다. 그 오크는 죽었다.

우리는 그 큰 오크의 시절이 다하도록 봄과 여름 내내 놓아두었다가, 지난주에 오크를 땅에 눕히기 위해 쐐기와 큰 쇠망치, 톱 같은 것을 가지고 갔다. 우리 체인톱은 나무 밑둥치를 가로지르는 중간쯤에 간신히 다다르기 때문에, 오랫동안 사용하지 않은 183cm 길이의 가로켜기톱을 예리하게 갈았다. 내 마음속 계획은, 그 퇴역 오크가 두 명의 숙달된 톱질꾼들의 근력과 리듬에 압도당하는 것이었다.

오른쪽으로는 곧바르게 자라는 어린 붉은 오크, 왼쪽으로는 색채가 풍부한 사탕단풍나무 사이로 나무가 쓰러질 곳을 정한 다음, 나는 금을 그어 둔 부분을 (물론 그 동력톱으로) 용감하게 잘라

나갔다. 할아버지는 나무가 비스듬하게 약간 기울어져 있기 때문에 금을 그은 지점 바로 뒤에서 방향을 본 다음, 나무 뒤쪽으로 잘라서 오크가 넘어질 때 쪼개지지 않도록 하라고 하셨다.

전체의 4분의 3쯤 톱질한 뒤에 가로켜기톱을 사용할 시간이 다가왔다고 생각했다. 그러나 슬프도다! 힘껏 분투한 몇 분 뒤에, 우리는 가로켜기 톱질의 기술이나 기예가 지나간 세대와 함께 상실되었음을 인정하지 않을 수 없었다. 다시 동력톱으로 돌아갔다. 안전을 걱정하는 가족들의 잔소리를 바로 옆에서 들으면서 나는 훨씬 더 주의를 기울여서, 마치 박새가 처음으로 해바라기 모이통에 오는 것처럼 조심스럽게 진행했다. 자른 다음에 멈추고서 나무 꼭대기를 보았다. 그때 갑자기 나무의 잘린 부분이 벌어졌다. 재빨리 엔진을 꺼서 어떠한 부자연스러운 소리도 이 일을 망치지 않게 한 다음, 뒤로 물러섰다. 처음에는 천천히, 그 다음에는 빠른 속도를 얻은 나무가 붉은 오크를 비껴났지만 사탕단풍나무를 치면서 땅을 뒤흔드는 굉음과 함께 쓰러졌다.

소리가 사라지자, 나는 손으로 귀를 가리고 있는 아이들을 보기 위해 몸을 틀었다. 나는 아이들을 나무라지 않았다. 거대한 나무가 땅에 쓰러지는 것을 보며 그냥 순진하게 약간 겁을 먹고 있었을 뿐이다. 숲속 생물들은 조용했고, 나무 위로 쫓겨 올라간 다람쥐를 보고서 짖어대던 강아지조차 소리를 내지 않고 있었다.

거대한 그루터기 주변으로 모여서, 우리는 나이테를 세고 큰 소리로 생일을 외치기 시작했다. 어린아이 셋은 백목질白木質[껍질과 심

사이의 연한 부분의 12개 테 안에 있었다. 82번째의 테에 다다랐을 때, 우리는 할아버지가 태어난 해로 표시했다. 다소 차이는 있었지만, 모두들 311개의 나이테를 셌다고 말했다. 자연이 3세기 이상에 걸쳐 만들어 놓은 것을 우리는 약 15분 만에 원상태로 되돌려 놓았다. 모두 그런 것은 아니지만, 아직도 베어지고 불태워지는 숲이 수없이 많다. 그러나 17세기 말 이후 처음으로 우리 숲에 있는 이 공간에 이제 하늘이 열렸다.

1675년의 가을 어느 때에 다람쥐 한 마리가 하얀 오크의 도토리 하나를 묻었다고 상상해 보자. 다람쥐가 언제나 그러하듯이, 이 부지런한 동물은 필요보다 더 많은 견과를 저장했을 것이다. 어쩌면 도토리를 파낼 다람쥐가 그 주변에 없었을지도 모른다. 그 다람쥐는 일단의 전사들이나 사냥하는 인디언들에 의해 모닥불 위의 불꼬챙이에서 구워졌을지도 모른다. (이 시기 오하이오의 이 지역에는 인디언 부족이 살고 있지 않았다. 북부 오하이오의 이리국Eries Nation이나 고양이국Cat Nation은 몇십 년 전에 뉴욕과 캐나다에서 온 강력한 부족연맹인 이로쿼이족에 의해 철저하게 파괴되었다. 1750년이 되어서야 델라웨어족이 머스킹검계곡Muskingum Valley으로 이동해서 인디언이 다시 이 부근에서 살게 되었다.) 어찌어찌 하다가 이 특별한 도토리는 다음 해 봄에 싹트기 위해 비옥한 흙 속에 남아 있었다.

필라델피아에서 헌법이 제정된 1787년까지 112년 동안, 이 오크는 지름이 28cm밖에 자라지 못했다. 그리고 그때 이 나무는 50년간의 기근으로 들어갔다. 이 기간에 나이테들은 서로 너무 촘촘하게

222 위대한 소유

붙어 있어서 돋보기가 없으면 거의 셀 수가 없을 정도다. 미국에 정착한 첫 아미쉬인 스물한 살의 조나스 스투츠만Jonas Stutzman이 1809년에 좋은 땅을 찾기 위해 이곳을 두루 돌아다녔을 때, 이 오크는 살아남기 위해 발버둥치고 있었다. 아마도 개척자는 어린 나무에 주목하지 않았을지 몰라도, 그는 분명 '우리의 오크'를 그늘지게 하며 높이 솟은 다른 거목에 시선을 빼앗겼을 것이다.

1836년이나 1837년경에 기근은 끝이 났다. 내 생각으로 그 개척자는 아마도 개간하는 밭에서 필요한 나무를 모두 얻었기 때문에 가까이 있는 나무들을 베었을 것이고, 경쟁하는 몇몇 이웃 나무들은 폭풍으로 죽거나 부러졌을 가능성이 더 크다. 이제 나이테의 간격은 넓어지고, 율리시스 그랜트 대통령 시기인 1875년에는 이 오크가 자신의 200살 생일을 축하하면서 직경이 43cm에 이르게 됐다.

때때로 이 오크는 그 왕관에 있는 도토리 하사품을 먹는 비둘기 과객 떼를 맞았을 것이다. 마침내 더 이상 비둘기가 나타나지 않고, 마지막 비둘기가 죽은 1914년[마지막 여행비둘기 마사가 신시내티동물원에서 죽어 멸종되었다]과 나의 할아버지가 농장을 구입한 1918년 사이에 오크는 굉장한 성장의 시기로 들어갔다. 이제 이 부근 숲에서는 우뚝 솟은 나무가 됐다. 굳세고 당당한 뿌리 체계와 함께 잘 자리잡은 나무는 가뭄이 든 1930년대에도 내내 무성하게 자랐다. 나이테에는 이 한발의 해들을 시사하는 흔적이 없다. 사실 가뭄이 든 이 해들 가운데 어떤 해의 테는 그 폭이 6.35cm나 된다. 이 오크는 죽을 때까지 정상적으로 계속 자라고 있었다. 우리는 이 나무가

키다리 오크 223

죽은 이유를 알 방법이 없다. 우리가 아는 한, 번갯불에 맞지 않았기 때문에, 늙은 나이로 죽었다는 것이 내 짐작이다.

이 좋은 오크는 다가올 앞날에 우리의 삶을 계속 따뜻하게 해줄 것이다. 억센 몸통을 켜서 나온 판자는 농장 주변에서 사용될 것이고, 많은 가지들이 제공할 화목은 추운 겨울 낮과 긴 밤에 우리의 골수까지 따뜻하게 해줄 것이다.

존 던John Donne은 17세기에 행한 어느 설교를 이런 말로 시작했다. "굴뚝에 있는 오크 재는 그 오크가 얼마나 높고 얼마나 컸는지를 내게 말해 주는 비명이 아니다. 그것은 그 오크가 서 있는 동안에 어떤 무리를 가리고 숨겨 주었는지 내게 말하지도 않고, 그것이 쓰러졌을 때 어떤 사람이 자기를 해쳤는지 말하지도 않는다."

오크 재를 정원과 밭에 흩뿌리면서 나는 내가 이 오크를 친밀하게 알았다고 믿는다. 비록 이 오크를 익히 알고 있는 사람이 나만은 아니겠지만, 그 황혼의 세월 내내 이 나무가 얼마나 높고 얼마나 컸는지 내가 알고 있었다고 말해도 된다. 나는 내가 처음으로 본 블랙번솔새Blackburnian warbler가 오래전 봄 5월 어느 날에 이 오크의 높게 달린 새 잎을 먹는 것을 보았고, 오크가 쓰러졌을 때 그 누구도 이 나무를 해치지 않았음을 알고 있다.

숲의 아름다움

우리는 올겨울을 버티기 위한 충분한 땔감을 작년에 베어 두지 못했다. 지난겨울은 포근하고 '얼어붙지 않았다.' 눈이 그렇게 많이 내리지 않았고, 땅은 얼지 않고 진창으로 남아 있었다. 나는 몇 가지 이유로 진창 속에서 나무를 만드는 일이 신나지 않았다. 우리에겐 단지 자른 물푸레나무 한 그루와 바람에 쓰러진 나무 두 그루, 즉 큰 야생벚나무와 너도밤나무 고목을 가지고 있는데, 이 나무들은 여름 내내 말려져서 이제 쪼개지고 쌓일 준비가 됐다.

어떤 시각에서 보더라도, 10월은 숲속에서 일하기에 좋은 때다. 북부에서 맞는 가을 가운데 가장 아름다운 때로, 녹음이 가득한 여름과 황량한 불모의 겨울 사이에 낀 시간이다. 황금빛 가을 아침의 냉기 속에서 일하다 보면, 시간이 움직이지 않고 멈추어 서 있는 것처럼 느껴진다. 줄곧 찌는 듯했던 여름의 더위가 기억에서 점차 사라지고 있지만, 겨울은 아직도 멀리 있는 것만 같다. 태양이 구름 없는 하늘로 기어오르고, 나무 쪼개는 큰 나무망치를 휘두를 때, "나무는 당신을 두 번 뜨겁게 하니, 한 번은 당신이 그것을 자를 때고 또 한 번은 불을 땔 때다"라고 한 헨리 데이비드 소로의 말이 진실로 들린다.

나무와 함께 일하는 것은 하나의 특별한 혜택이다. 나무를 자르고 쪼개고 집으로 나르는 것은 보통 가족이 함께 한다. 때로는 시간을 나누어서 하기도 한다. 많은 사람들이 이러한 기회를 갖지 못한다. 추운 가을 저녁에 처음으로 불을 피울 때, 그리고 화실火室에서 춤을 추는 불꽃을 지켜보고, 스토브 연통이 곧추 차렷자세를 취하며 탁탁 터지는 소리를 내는 것을 들을 때, 우리는 그 열기가 어디에서 오는지 안다.

우리는 목재나 화목을 위해 식림지植林地를 '관리'하려고 비상한 노력을 기울이지 않는다. 여기저기 약간의 도움만 줄 뿐, 그것이 자연스럽게 자라도록 놓아둔다. 숲은 벌채된 적이 없다. 농장에 목재가 필요할 때만 나무를 베었다. 그래서 아직도 몇 세기나 나이 먹은 오크와 너도밤나무, 그리고 다른 경재硬材 고목들이 숲 전체에 흩어져 있다.

6년 전 함께 숲을 관통하며 걸어가면서 산림감독관은 너도밤나무 고목을 가리키며 '이리나무wolf trees'라고 불렀는데, 그때 우리는 가축을 울로 보호하고 있었다. 그는 "이리나무는 좋을 게 거의 없다"고 하면서, "더 바람직한 나무들을 그늘지게 하기 때문에 땔감용으로 베어 버려야 한다"는 말을 덧붙였다.

그와 함께 걸으며, 나는 10월에 너도밤나무의 풍성한 열매를 먹는 다람쥐와 딱따구리, 그리고 다른 모든 야생생물들도 산림감독관의 평가에 동의할지 의아해졌다. 외양간 틀을 짜는 데 좋은 딱딱한 너도밤나무 목재를 가진 이웃의 모든 외양간이 떠올랐다. 그 외에도 너도밤나무보다 더 보기 좋은 나무는 거의 없다.

새로운 나무가 햇볕을 받아 잘 생장하도록 너도밤나무를 베는 대신에, 우리는 경질 나무들을 솎아주는 일을 계속했다. 키가 크고 넓게 뻗은 오크를 베어서 숲속 빈 땅에 남겨두면, 비늘 모양의 껍질이 있는 경질나무(아메리카새우나무American hop-hornbeam)는 내버려두어도 싹을 틔우고 무성해졌다. (매끄러운 껍질의 아메리카새우나무나 청색너도밤나무도 때때로 경질나무로 불린다.) 이 단단한 나무의 다수가 지금은 지름이 15~20cm에 이르고 높이는 9m가 넘어서 다른 어린 경질나무들을 그늘지게 한다. 우리는 경질나무의 껍질을 도끼나 톱으로 고리 모양으로 벗기면 두 번째 봄에 죽고 가을에는 말라서 태울 준비가 된다는 것을 발견했다. 그것들은 결이 곱고 무거워서, 석탄보다 좋은 화목에 속한다. 이 통나무 몇 개면 12~14시간은 꺼지지 않고 계속 타는 것이 어렵지 않다. 내가 매년 겨울 껍질을 고리 모양으로 벗기려 하는 나무는 오크가 남긴 공지에서 자라는 경질나무의 4분의 3정도여서, 다음 해 가을까지는 다른 연료나무에 더해서 쓸 수 있다.

숲속에 만들어진 공지에서 새로운 생장물이 얼마나 빨리 무럭무럭 자라는지 놀랄 만하다. 브램블베리berry bramble를 따라 흰오크와 붉은오크, 사탕단풍나무와 붉은단풍나무, 히코리 그리고 다른 연질나무와 경질나무들이 곧 빽빽한 잡목 숲을 이루었다. 물론 이 나무들은 야생생물에게 매혹적이다. 덤불 속에서 사슴이 연한 잎을 먹고

숲의 아름다움 227

잠을 자고, 지난봄에는 켄터키솔새 한 마리가 새로 자란 나무와 가시 관목이 있는 곳에서 부르는 까불거리는 노랫소리가 들리기도 했다. 숨고 찾는 긴 게임 끝에 우리는 블랙베리 줄기 사이로 낮게 휙휙 날아다니는, 우리 농장에서는 새로 보이는 작고 민첩한 새를 보았다.

경질나무는 이웃 밭에 그림자를 드리우며 숲 가장자리를 따라서 있는 몇 그루 물푸레나무와 야생벚나무를 제외하고는 유일하게 살아 있는 나무들인데, 우리는 그것을 땔감 장작으로 자른다. 대개 죽은 나무와 병든 나무, 갈색으로 영락한 나무들이 우리 집을 따뜻하게 해주기 위해 한 해에 5~6코드cord 정도의 충분한 장작을 우리에게 제공해 준다. 장작 한 코드는 가로세로 122cm에 높이 244cm에 달하는 부피다. 1에이커의 삼림지가 매년 약 1코드의 장작을 무기한으로 생산한다고 한다.

우리는 죽은 나무를 모두 꺼내려고 하지 않는데, 움푹 파인 곳에 둥지를 트는 새들에게는 절대로 중요하기 때문이다. 도가머리딱따구리가 파놓은 중고 집을 사용하는 숲오리와 비명올빼미부터 솜털딱따구리가 앞서 살았던 주소에서 가족을 기르는 조그마한 캐롤라이나박새와 집굴뚝새까지, 16종의 토종 새가 우리 숲에 있는 죽은 나무와 가지 구멍에 둥지를 틀었다. 죽은 나무는 자연 그대로의 식림지에서 중요한 부분이다.

세균성 네덜란드느릅나무병으로 사라져 가고 있는 아메리카(백색)느릅나무는 평범한 화목이 되지만, 구멍에 둥지를 트는 새들에게는 유난히 좋은 나무다. 백색느릅나무는 새들을 위해 서 있는 상태로 놓여 있다. 매끌매끌한 붉은느릅나무는 이야기가 전혀 다르다. 이것들도 치명적인 질병으로 쓰러지지만, 죽은 뒤에도 너무나 단단해서 딱따구리가 그 불그스름한 나무 안으로 구멍을 뚫을 수가 없다. 그리고 백색느릅나무와는 달리 붉은느릅나무는 바위같이 단단하고 나뭇결이 곧으며 쉽게 쪼갤 수 있는 최상품의 화목을 만든다. 다음과 같은 시를 쓸 때, 시인의 마음속에는 붉은느릅나무가 죽지 않고 있었을 것임이 분명하다.

느릅나무는 교회 묘지의 지면처럼 빨갛게 타올라도
바로 그 화염조차 차디차다.
백양나무는 매운 연기 내뿜어서
당신 눈을 가득 채워 숨 막히게 한다.
사과나무는 방향 같은 향내로
당신 방에 향기를 풍긴다.
그러나 물푸레나무는 젖었거나 말랐거나
여왕을 위해 곁에서 슬리퍼를 따뜻하게 데워 준다.

장작으로 사용하는 다른 모든 나무 가운데서 백색느릅나무는 좋은 나무 목록의 꼭대기를 차지하거나 그 언저리에 위치해 있다. 일하기에 좋고 보기에도 아름다운 나무이니, 그 나뭇결은 곧고 희며, 쪼갤 때 정말 즐거우며 만지기에도 깔끔하다. 붉은느릅나무만큼

숲의 아름다움 229

그렇게 좋지 않을지는 몰라도, 물푸레나무는 깨끗하게 타고 재를 거의 남기지 않으면서 많은 열을 준다. 확실히 당신 발 옆에서 따뜻하게 해주는 나무다. (덧붙여 말하자면, 석탄 1톤과 맞먹는, 잘 말린 경질나무 1코드는 약 27kg의 재를 남기지만, 석탄 1톤은 91kg 내지 136kg의 재를 만든다.)

지난겨울에 나는 일부가 움푹 파이고 속빈 물푸레통나무 하나를 잘라서 쪼개고 있었다. 때때로 쪼개진 나무에서 갈라진 틈이 열려서 검은목수개미black carpenter ant와 그 알들이 노출됐다. 몇몇 벌레와 알들이 나무 안에 남아 있고, 다른 것들은 땅으로 굴러 떨어졌다. 반 코드 정도 쪼갠 뒤에, 나는 나무를 쌓기 전에 쉬려고 큰 나무망치를 내려놓고 통나무에 앉았다. 얼마 지나지 않아 박새 한 마리가 와서 나무토막 위에 내려앉더니 머리를 그 옆으로 쫑긋 세우고 개미알을 얼른 잡아챘다. 친구들 몇 마리도 나타나서 개미알 찾는 것을 도와서 마음껏 즐겼는데, 박새의 맛있는 음식임이 틀림없다. 서로 나눠주는 두 가지 방법이었으니, 나는 나의 일을 통해 박새들에게 알이 가치 있게 해주었고, 이제는 내가 쉬는 동안에 그 작은 새들이 익살스러움과 정다움으로 나를 즐겁게 해주었다. 물리도록 포식한 박새가 언덕 아래로 내려가고, 나는 나무를 쌓았다.

사과나무는 방향芳香의 나무로 생각되지만, 그 나무를 태울 때 어떠한 '방향 같은 향내'도 맡아 본 적이 없다. 그러나 사사프라스와 히코리는 방 안에 상쾌한 향내를 발할 것이다.

여러 해 동안 나는 봄에 피는 흰 꽃이 십자가에 못 박힘의 상징이

230 위대한 소유

되는, 그 사랑스런 나무가 왜 개나무dogwood[층층나무]라는 이름을 얻었는지 곰곰이 생각해 보았다. 몇 년 전에 그 이유를 발견했다. 개나무 한 그루가 죽어서, 우리는 그것을 잘라 현관의 물푸레나무와 다른 나무 옆에 그 나무를 쌓아 두었다. 겨울철에 불어닥친 눈으로 나무가 조금 젖어서, 우리는 때기 전에 말리려고 스토브 옆에 장작 더미를 쌓아 놓았다. 저녁 식사 식탁에서 한 애가 갑자기 "개 냄새가 나요"라고 말했다. 나는 냄새를 맡을 수 없었다. 다른 몇몇도 냄새가 난다고 했고, 자기들 후각을 따라가다가 마침내 나무통에서 멈춰 섰다. 그리고 나를 불렀을 때, 그들은 빗속에서 사냥한 날 밤에 불 옆에서 몸을 말리는 사냥개와 같은 냄새가 나는 나뭇조각 하나를 쥐고 있었다. 그것은 개나무였다.

나무로 가열하는 난방의 경제적 이점이 석탄보다 분명히 좋다. 나무를 땜으로써 지역 경제에 거의 도움이 되지 않는 관행인 노천광에서 캐는 석탄 5톤을 절약한다. 너무 낡아서 값어치를 거꾸로 몇 배 잃은 체인톱의 감가상각은 계산하지 않아도, 한 해에 나무를 공급하는 데 드는 비용은 30달러 정도다. 매년 가을, 지역의 엔진 가게는 톱 체인을 할인 판매하는데, 하나를 사고 또 하나는 1~2달러를 더 주면 된다. 이것은 톱 유지비용을 무의미한 것에 가깝게 떨어뜨린다. 그리고 내 노동은 무료다. 이에 반해 박새가 개미알을 먹는 것을 지켜보는 것은 적어도 1분에 10달러의 가치가 있었다. 나무를 구매하더라도, 그 돈이 대지를 파헤치는 기계류를 많이 구입할 석탄 회사에 가는 대신에, 열심히 일하는 사람에게 노동의 대가로 직접

간다.

비용 절감은 나무를 때는 즐거움의 일부분일 뿐이다. 내게는 좋은 나무가 타다 남은 벌건 깜부기불로 추운 겨울 저녁을 따뜻하게 지내는 것이 자동온도조절기를 위로 올리는 것보다 여러 이유로 더 만족스럽다.

가을 색깔

힘센 사냥꾼 오리온자리가 새벽 남쪽 하늘에 높이 걸려 있다. 이 청명하고 서늘한 가을 낮과 신선한 아침은 우리가 소를 데리고 집으로 오던 맨발 시절의 추억에 다시 불을 지핀다. 그때 우리는 그 온순한 동물이 누워 있던 보금자리의 온기에 잠시 우리 발을 담그곤 했다. 그 당시 나는 10월의 색깔을 사랑했고, 아직도 사랑하고 있다. 아메리카담쟁이Virginia creeper와 말채나무black gum 잎이 맨처음 붉게 물들기 시작한다. 그달 하순에 이르면, 붉은 단풍나무와 진홍색 오크, 개나무, 그리고 달콤쌉쌀하고 불그스름한 오렌지, 무엇보다도 사탕단풍나무가 가장 멋지다. 이러한 스펙트럼에 미루나무와 튤립포플러의 밝은 노랑과 물푸레나무의 노르스름한 갈색에서 푸르스름한 자줏빛, 그리고 오크 거목의 푸른색에서 부르고뉴포도burgundy 색과 자주색까지 더해진다.

많은 이들은 모진 서리가 경질나무에 최고의 색깔을 나타내는 데 필요하다고 믿는다. 실제로는 때 이른 서리가 채색 과정에 도움이 되기보다는 해치는 것으로 이제 알려져 있다. 서리가 아니라 다량의 햇볕이 가을 색깔의 가장 멋진 장관을 전시한다.

채색 과정은 늦여름과 초가을에 시작하는데, 짧아진 날들이 다가오는 겨울을 위해 나무의 몸통과 뿌리로 수액을 거두어들이도록 자극한다. 잎으로 전달하는 순환이 중단되고, 엽록소인 푸른색은 퇴색한다. 여름내 존재하고 있었지만 엽록소에 의해 감춰져 있던 생기발랄한 황금빛과 노란색 그리고 오렌지색이 드러난다. 어떤 사람들은 당분이 산화된 가을 잎 안에 들어 있어서, 붉은색, 파란색, 자주색의 다양한 빛깔을 만들어 낸다고 생각한다. 만약 이러한 과정을 때 이른 서리가 중간에서 방해한다면, 나뭇잎은 결코 기대되는 광휘에 이르지 못할 것이고 그 대신 칙칙한 황갈색이 나타나서 시들게 될 것이다. 그래서 우리는 가을이 너무 습하다거나 건조하다거나 서리가 너무 늦었다고 말하곤 한다. 다시 말해서, 우리는 여전히 자연의 많은 신비를 이해하지 못한다.

가을의 색깔은 그 매력의 일부일 뿐이다. 그것은 그 절정의 조건에서 야생생물을 관찰하기에 좋은 시간이고 견과를 채집하기에도 좋은 시간이다. 우리는 그 둘을 하기 위한 시간을 일상적으로 발견한다.

지난해에 나는 숲을 관통하는 긴 길을 나아가서, 굉장히 달콤한 중핵을 가진 큰 견과를 생산하는 거친털히코리shellbark hickory 몇 그루가 있는 울타리 열을 끝까지 따라갔다. 한 들통의 히코리 견과를 채집하는 데 한 나절이 걸렸다.

내가 이 계절의 첫 야생생물 흔적을 발견한 것은 숲으로 들어가기도 전이었다. 야생벚나무[산벚나무]의 축 늘어진 가지에서 120cm 정도 떨어진 지면에 문질러서 흙이 노출된 땅 한 조각이 있었다. 그 조각 땅은 폭이 90cm 정도 되고 그 안에는 흰꼬리사슴 발자국이 몇 개 있었다. 머리 위로 잔가지 몇 개가 부러져 있는 것을 보았는데, 그것은 분명 흰꼬리수사슴이 자신의 영역을 표시한 작품으로, 사슴 세계에서는 일종의 업무용 명함이다. 문질러진 조각 땅에서 조금 떨어진 곳에는 껍질이 벗겨져 흰 백목질이 드러난 5cm 굵기의 어린 나무가 한 그루 있었다. 그 수사슴이 아마도 여름 녹용을 벗기 위해 뿔을 비비고 문지른 듯했다. 그 나무가 아주 갓 벗겨진 것으로 보아, 내 짐작으로는 그 작은 사탕단풍나무가 가까이 있는 짝을 위해 가상의 적수 역할을 한 것 같았다.

숲으로 들어서자 나는 곧 앉을 수 있는 고목 통나무를 발견했다. 나는 쉬엄쉬엄 관찰하면서 계절의 리듬을 느낄 수 있었다. 나무는 이주해 온 노랑궁둥이솔새와 열심히 먹고 있는 우리 텃새들로 생기가 넘친다. 새들도 이 멋진 날을 즐기고 있는 것처럼 보인다. 멀리서 여우다람쥐가 자기 일을 힘써 시작하다가, 의심이 들었는지 종종걸음으로 부근의 오크에 올라갔다. 갑자기 휙 하는 비행 소리가 나면서 매 한 마리가 다람쥐를 향해 급강하했지만 간발의 차이로 놓쳤다. 그 맹금은 상황을 살피기 위해 내게서 6m도 채 떨어지지 않은 가지에 내려 앉았다. 나는 천천히 고개를 돌려 쿠퍼매Cooper's hawk의 부릅뜬 빨간 눈을 들여다보았다. 사냥꾼은 자신의 시선을 사냥 당하는 자를 향해 되돌렸는데, 다람쥐는 조용히 투덜거리면서 숱이 많은 꼬리를 휙 잡아당기고 있었다. 목털을 곧추 세운 매는 다시 다람쥐

가을 색깔 235

를 내리 덮쳤지만 또 놓치고, 좀 더 쉬운 먹거리를 찾기 위해 숲을
계속 꿰뚫었다. 긴 침묵이 흐른 뒤에, 명금songbirds들이 다시 먹이를
먹기 시작했다. 다람쥐는 더할 나위 없이 완전한 상태로 들어갔다.
오크의 높은 아귀[나무의 갈라진 부분]에서, 다람쥐가 길고 크게 앙알거
렸다.

내가 숲에 있다는 사실이 곧 눈에 띄고 말았다. 부러지고 움푹
파인 너도밤나무의 은신처에 있던 수리부엉이 한 마리가 점점 불안
해져서, 안전하게 여겨지는 숲의 먼 끝으로 날아갔다. 그러나 그곳
에서 그 큰 새는 이웃 까마귀들을 모두 부른 까마귀 한 쌍의 마중을
받았다. 내가 까마귀 말을 알아듣는다면, 부엉이를 직접 겨냥한 어
떤 불친절한 말을 들었을 게 분명하다.

귀에 거슬리는 까마귀 짖는 소리를 뒤에 남기고, 나는 숲을 떠나
울타리 열을 따라 걸었다. 여기저기에 애스터aster와 미역취가 아직
도 꽃을 피우고 있다. 땅벌bumblebee 한 마리가 이 꽃에서 저 꽃으로
분주하게 돌아다니며 시끄럽게 윙윙거린다. 이 땅벌은 겨울을 위해
안전하고 따뜻한 곳을 발견하기 전에 먹거리를 찾고 있는 여왕벌일
까? 아니면 추위에 쓰러지기 전에 마지막으로 비행하는 일벌일까?
나는 분간할 수가 없었다.

사사프라스나무들의 영역을 지나니 몇 개의 잔가지에 자그마한
혼들이[진재처럼 매달린 것이 보였는데, 프로메테우스나방의 번데
기였다. 비단실 껍데기 속에서 아름다운 이 나방의 애벌레가 겨울을
날 것이다. 솜털딱따구리가 달리 결심하지 않는다면 말이다.

236 위대한 소유

히코리나무에 다다른 지 얼마 지나지 않아, 내 들통은 떨어진 견과들로 테두리까지 가득 찼다. 호두나무처럼 히코리나무는 대부분의 잎을 벌써 잃었다.

나는 몇 개의 파랑새 집들을 점검하고 깨끗하게 쓸어내면서, 흰발생쥐deer mouse가 새집이 아니라 장작더미 속에 자리 잡았음을 확인하고, 밭을 가로질러 집으로 향했다.

가을의 끝이 다가올수록 나는 무언가 우울한 감상을 느끼지 않을 수 없다. 그토록 풍성하게 아름다웠던 시간이 영원히 지속될 수는 없다. 웬델 베리가 10월에 관한 시에서 이렇게 웅변으로 썼듯이 말이다.

이제 끊임없이 소리가 있다.
빗소리보다 더 고요한
나뭇잎 떨어지는 소리가.

흐트러지고 있는 선명한 황금빛
플라타너스의 팔다리 아래서
더욱 하얗게 표백된다.

이제 유일하게 남은 꽃은
꿀벌잡초beeweed와 애스터뿐
갈색 잎 위로 흩뿌려지는

가을 색깔 237

그 순백과 라벤더색
까마귀 우짖는 소리
시끄럽게 경계표 만들고
이제 여름의 생명이 조용히 떨어지니까
밤이 조금씩 자라고 있다.

삼림지의 황금

언젠가 한 친구와 내가 우리 선생님과 함께 자연 소풍을 하고 있었는데, 선생님이 갑자기 멈춰 서서 놀라움을 나타내셨다. 무엇을 보셨는지 말해 달라고 아무리 졸라도, 자신이 발견한 것을 밝히지 않으셨다. 초가을의 숲을 계속 꿰뚫고 가면서, 우리는 곧 그 사건을 잊어버렸다. 그러나 상급반이던 그 소년은 잊지 않았다. 몇 해 지난 뒤에도 그의 생각은 이따금씩 그 소풍과 그때 있었던 비상한 에피소드로 되돌아가곤 했다. 마침내 그는 자신의 직감에 따라 그 지점으로 되돌아가서 그가 짐작하고 있었던 것, 즉 야생인삼wild ginseng[산삼]이 자라는 곳을 발견했다.

인삼은 1716년에 프랑스 예수회 선교사 조셉 라피토Joseph Lafitau에 의해 몬트리올 부근에서 발견된 이래로 아메리카 사람들의 호기심을 불러일으켰다. 비록 그 관심이 주로 몇몇 동양의 나라들이 그 뿌리를 위해 기꺼이 지불하려고 하는 높은 가격에 있었지만 말이다. 그 당시에 말린 인삼뿌리가 1파운드[450g]에 60달러나 호가했기 때문에, 우리 학교 선생님은 인삼이 어디쯤에 있다는 것을 알려주는 것이 학생들에게는 그 희귀한 식물에 관해 그다지 좋은 일이 아니었음을 잘 알고 있었을 것이다.

아메리카인삼*Panax quinquefolium*은 다 자랐을 때 높이가 25cm에서 50cm까지 오르내리는 작은 식물이다. 그 이름은 '人蔘'이라는 한자에서 온 것으로, '사람 모양'을 뜻한다. 뿌리는 보통 하나의 몸통과 팔과 다리와 비슷한 사지를 가졌고, 그래서 사람의 형체와 닮았다. 그 초본은 비옥하고 서늘한 숲을 좋아한다. 그것은 흔히 완만하게 비탈진 북향 사면과 배수가 잘되는 흙이 있는 지점에서 잘 자라고, 퀘벡에서 매니토바까지 북아메리카의 동반부를 가로지르고 남쪽으로는 아칸소와 조지아주에서 발견된다. 인삼은 싹이 트는 데 18개월이나 긴 시간이 걸리고 다 자라는 데는 다시 3년 내지 6년이 더 걸린다.

초본은 두 장의 잎으로 시작하고, 각 잎에는 5개의 열편裂片이 있는데, 3개의 큰 열편은 잎자루의 앞에 있고 2개의 작은 열편은 뒤에 있다. 그 다섯손가락 모양의 잎 때문에 때때로 오지형五指形 식물로 불리고, 이로 인해 그 종명種名이 오엽*quinquefolium*이다. 성장하면 더 많은 잎이 더해진다. 세 번째 여름에 꽃을 피우고 씨를 품은 작고 푸른 장과漿果 송이를 맺을 수 있다. 열매는 9월에 진홍빛으로 붉게 익는다.

특히 중국인들은 약효 있는 식물로서 인삼의 가치를 수천 년 동안 칭양해 왔다. 그리스도의 탄생 500년 전에 공자가 이 식물의 치료 효능에 대해 썼다. 16세기 중국의 의사이자 박물학자였던 이시진李時珍[『본초강목』의 저자]은 인삼을 "오장을 튼튼하게 하는 강장제로서, 육욕적 기를 진정시키고, 정기를 안정시키며, 근심을 누그러뜨리고, 나쁜 악취를 내쫓으며, 눈을 밝게 하고, 마음을 열며, 사리분별에 이롭게 하고, 꽤 오랫동안 복용하면 몸에 기운이 나게 하고 생명을 길게 연장한다"고 높이 평가했다. 만약 인삼이 이 모든 효능을 갖고 있다면, 중국인들이 오랫동안 그것을 "약용 식물의 여왕"으로 생각해 온 것은 조금도 이상하지 않다.

인삼의 효능에 관한 말이 동양에서 유럽으로 퍼진 뒤에 곧 프랑스인이 캐나다에서 그것을 발견했고, 아메리카 식민자들은 뉴잉글랜드에서 남부 애팔래치아 산맥까지 인삼을 찾아 다녔다. 일부 개척자들은 그 초본의 의약적 가치를 인디언에게서 배운 것으로 생각되는데, 인디언들은 인삼뿌리를 피로를 회복하고 질병을 치료하기 위해 차로 마셨을 뿐만 아니라 최음제로 사용하기도 했다. 1700년대 말에 극동과의 인삼 무역에서 붐이 일었다. 곧 인디언과 백인 개척자들이 점점 값비싸진 뿌리를 찾고자 숲을 샅샅이 뒤지고 다녔다. 1784년에 카나와Kanawah강을 따라 애팔래치아산맥의 서쪽에 보유하고 있던 자신의 땅을 방문한 조지 워싱턴은 일기에, "나는 인삼을 가지고 산맥을 넘어 동쪽으로 가는 수많은 사람과 짐말을 만났다"고 기록했다.

몇 년 뒤 1787년 9월 오하이오토지회사Ohio Land Company의 측량기사 존 매튜스John Matthews는 이렇게 썼다. "해가 뜰 때 우리 캠프를 떠나서 서쪽으로 8km 정도 이동한 뒤, 머스킹검Muskingum의 유수流水와 쇼트Short천川 사이에 있는 분수령에서 동쪽으로 800m 정도 떨어진 곳에 야영했다. 여기서 우리는 27일 목요일까지 인삼을 캤는데 엄청나게 많은 수량이었다. 이 일에 익숙한 남자들은 하루에 18kg에서 27kg까지 캘 수 있었다. 그 뿌리들은 일반적으로 무척 컸다. 가장 큰 것은 아주 기름지고 햇볕에 노출된 곳에서 자란다. 중간 크기의 많은 인삼뿌리는 20년 내지 30년은 된 것으로 보이는데, 매년 하나씩 만들어지는 뿌리 꼭대기에 있는 뇌두 즉 자국의 수에 의해 확인된다. 그러나 나는 3년이나 4년 이상 되지는 않았지만 좋은 크기의 뿌리들을 찾아냈다"고 썼다. 오하이오토지회사의 사람들은 토지를 측량하기보다는 인삼을 캐는 데 시간을 더 많이 보냈다고 한다.

호황은 지속되지 못했다. 2세기가 지난 뒤에 뿌리의 과잉 생산이 타격을 주었다. 여기에 더해 1800년대 말까지 경질나무 숲이 더 이상 중국의 야생인삼 수요를 공급할 수 없을 지경에 이르도록 깡그리 약탈됐다. 이 시점에서 선견지명이 있는 몇몇 사람이 당시에 일어나고 있는 상황을 보고 그 소중히 여겨지는 초본을 재배하기 시작했다. 세기가 바뀔 무렵에 만여 명에 이르는 많은 농민들이 인삼을 기르고 있었다. 1904년에 진균류眞菌類 마름병이 수확고를 공격했을 때 많은 농부들이 재정적 영락을 겪었다. 그들 중 일부는 새로운 실생實生식물을 심을 흙에 있는 진균류를 죽이기 위해 덤불더미를 불태움으로써 계속 사업에 종사했다. 결국 마름병을 물리치는 다른 방법들이 개발되었고, 오늘날까지 상당한 양의 인삼이 수출용으로 재배되고 있다. 얄궂게도 지역의 건강 식품점에서 입수할

242 위대한 소유

수 있는 인삼은 보통 한국에서 수입되고 있다.

비록 미국의 의료 전문직에서 인삼의 의약적 가치를 신뢰하는 속도가 빠르게 늘고 있지는 않지만, 개인적으로 그 효능을 열렬하게 믿는 아웃사이더 전문직은 있다. 초기의 한 식민지 개척자는 말했다. "이것의 뿌리는 많은 경우에 놀랄 만한 효능을 갖고 있으니, 특히 기를 북돋우고 발한을 촉진해서 감기와 기침에 특효가 있다. 나는 너무나 기뻐서 그것을 집에 가지고 와서, 마치 모든 뿌리에 나무의 생명이 이식된 것인 양 조심스럽게 씻고 말렸다."

이 초본의 치료 특성을 믿은 한 명의 의사는 오하이오주 콜럼버스의 고故 아서 하딩Arthur R. Harding 박사였다. 하딩 박사는 인삼을 재배하고 그것을 갖고 자신의 환자를 실험하는 데 일생을 헌신했다. 그의 저서 『인삼과 다른 약초Ginseng and Other Medicinal Plants』에서 하딩 박사는 인삼뿌리의 약물 치료가 "하나만 제외하고 내가 그것을 사용한 모든 병상病狀을 치료했고, 그 예외는 마지막 단계에서 체력이 소진된 상태였음"을 관찰했다. (하딩 박사는 『모피-어류-사냥감Fur-Fish-Game』 잡지의 창간자이자 장기 발행인이기도 했다.)

비록 인삼이 희귀하고 어떤 상태에서는 위험에 빠뜨릴 수도 있지만, 아직도 야생으로 자라고 있는 것이 발견된다. 나는 나의 첫 초본을 진짜 우연히 발견했다. 10대 초반 어느 날, 나는 다람쥐를 쫓아다니느라 아침을 다 날려 버렸다. 숲속에 들어간 나는 높이 치솟은 흰오크 부근에서 천천히 움직였다. 숲의 어둠에 익숙해질 때까지 시력이 회복되기를 기다렸는데, 무언가 붉은 것이 눈에 잡혔다. 내

앞에는 붉은 열매 덩어리가 맺힌 인삼 한 포기가 있었다. 그것은 인삼 채취꾼들이 네 갈퀴라고 부르는 것으로, 내게는 키가 거의 120cm나 되는 것으로 보였다. 물론 실제는 그렇지 않았다. 일주일 정도 뒤에 내가 발견해서 감탄했던 곳으로 되돌아갔지만, 인삼이 없어진 것만 발견했다! 누군가가 뿌리를 캐 간 것이다.

더 이상 인삼을 찾아내지 못하다가, 친구 한 명과 내가 몇 뿌리를 우연히 마주친 것은 약 6년 전이었다. 주변에는 훨씬 더 많은 초본들이 있었는데, 아마도 몇 십 포기는 족히 되었다. 내 친구는 마치 어미 닭이 병아리를 지키듯이 인삼 배미를 보호했다. 매년 가을에 그는 열매가 익자마자 따서 주위에 흩뿌리고 나뭇잎으로 덮어 주었다. 그래서 그 초본들은 찾기가 훨씬 더 어려워졌다. 지난가을에 그는 씨를 맺은 초본을 75포기 가깝게 헤아렸다.

아마도 언젠가 우리는 우리 자신의 소용을 위해 그 뿌리를 약간 캘 것이다. 그러나 지금은 인삼을 찾아가서 그 가운데에 앉기도 하고 이리저리 거닐면서 그 기이한 뿌리를 둘러싼 신비를 곰곰이 생각하는 것으로 만족해한다.

토박이의 회귀

호수로 돌출된 작은 만으로 들어가는 숲의 뾰쪽한 끝[串]을 돌고 있었을 때는 거의 어두워질 무렵이었다. 우리는 V자 형의 잔물결을 보고서는 노 젓기를 멈추고 숨을 참으면서 꼼짝 않고 기다렸다. 어스름 황혼을 거두어들일 때, 우리가 들을 수 있는 유일한 소리는 호수의 거울 같은 수면 위로 노를 들어 올릴 때 나는 물 떨어지는 소리뿐이었다. 잔물결을 만들고 있는 생물이 카누에서 6m 정도 떨어진 곳에 나타났다. 그것은 멈추고서 찰싹 하고 날카로운 소리를 냈다! 비버는 깜짝 놀라서 꼬리를 물에 세게 내리치고는 물속으로 사라졌다. 사람이 가장 큰 적이기 때문이다. 이전에도 비버를 몇 번 보았지만, 전에는 위험을 경고하기 위해 찰싹 치는 소리를 들은 적이 없었다. 나는 그 소리의 세기에 깜짝 놀랐다.

비버beaver는 북아메리카에서 가장 큰 설치동물이고 그 필요에 맞도록 환경을 바꾸는 유일한 동물이다. 그 동물은 가끔 농부와 어부들을 깜짝 놀라게 하는데, 이들은 밭을 침수시키고 송어 개울을 둑으로 막는 비버를 못마땅하게 여긴다. 마찬가지로 남동부에서는 벌목하는 사람들이 상업용 재목을 물에 잠기게 한다고 비버를 비난한다. 그러나 이 같은 몇 가지 불평거리는 별문제로 하고, 비버는 사람들에게 귀염을 받을 수 있는 많은 자질을 갖고 있다. 짝을 지으면 평생을 함께 하고, 가족 단위로 살고, 깨끗하고 점잖으며, 열심히 일하기를 좋아한다.

이 근면한 설치동물은 몇 세기에 걸쳐 덫에 걸리고 사냥감이 되기도 했기 때문에 사람을 두려워하는 건 당연하다. 비버만큼 북아메리카 온 대륙의 탐사를 촉진한 동물은 달리 없다. 1600년대 초에 덫사냥꾼들이 유럽 시장을 겨냥한 사치스러운 비버 털가죽을 찾으러 대서양에서 태평양까지 돌아다녔다. 거의 대부분의 비버가 이 시기에 살아남지 못했다. 존 매드슨John Madson은 그의 책 『하늘이 시작한 곳Where the Sky Began』에서, "200년 동안 프랑스 무허가 모피상인들이 인디언의 도움을 받으며 거대한 대초원의 심장부에서 사냥하고 덫을 놓았다. 초기 개척자들이 아이오와에 내도한 때에는 이미 대부분의 수달과 비버는 지붕 덮인 짐마차가 나타나기 오래전부터 있던 교역로에서 그 모습을 감추었다"고 썼다.

프렌치·인디언 전쟁(1754~1763년)으로 프랑스가 미시시피강 동쪽의 권리를 영국에 양도했을 때, 1670년 특허장을 받아 설립된 허드슨만회사Hudson's Bay Company가 동부의 모피 교역을 장악했다. 그 동안 몬트리올의 서북회사North West Company는 서부에서 교역을 발전시키고 있었다. 그 세력 범위는 북부에서는 북극으로 가는 모든 길에 이르고, 남부에서는 미주리강의 빅 벤드Big Bend[텍사스 남서부에 있는 삼각지역], 서쪽으로는 로키산맥까지 미쳤다. 토머스 제퍼슨 대통

246 위대한 소유

령이 미주리강에 이르는 원정에 탐험가 루이스Lewis와 클락Clark을 파견한 것은 주로 서북회사의 위협 때문이었다. 제퍼슨의 목적은 서북 태평양 연안으로 가는 보다 좋은 통로를 발견해서 서북부의 비버 모피 교역권을 미국이 캐나다로부터 탈취하는 것이었다.

미국이 서북부로 가는 좀 더 쉬운 경로를 찾는 동안, 몬트리올의 서북회사는 험난하고 위태로운 캐나다 강을 가로질러 상품을 운송하기 위해 모험가들에게 의존했다. 시거드 올슨Sigurd Olson은 이렇게 썼다. "이들 프랑스계 캐나다인들은 엄청난 거리와 고생에도 불구하고 자신의 천직에 자부심을 갖고 여행했다. 강인한 이들 작은 사람들은 (165cm나 168cm를 넘는 경우는 드물다) 허리에 천을 두르고 [북아메리카 인디언의 밑이 평평한] 노루 가죽신, 넓적다리까지 올라가는 가죽 레깅스[각반], 띠를 맨 셔츠를 착용하고 붉은 모자와 깃털로 마무리했다. 그들은 아마도 어떠한 나라의 정복과 개척에서도 볼 수 없을 정도로 기꺼이, 그리고 몸을 아끼지 않고, 사나운 폭풍과 지도에도 없는 미지의 험한 강들, 적대하는 인디언, 무자비한 경쟁자들에 직면하면서, 동이 틀 때부터 어두워질 때까지 엄청난 양의 화물을 실은 큰 카누의 노를 저었다."

모피 교역은 1880년대에 절정을 이루었다. 그때가 되면 허드슨만회사가 서북회사를 인수하고, 존 애스터John Jacob Astor의 태평양모피회사Pacific Fur Company가 서부에서 자리를 잡았다. 비버 모피에 대한 수요가 정점에 있었던 기간에 믿기지 않는 수의 모피가 유럽 시장에서 팔렸다. 1853년과 1877년 사이에 허드슨만회사는 런던에서 300

만 장 가까운 비버 모피를 팔았다. 엄청난 이익은 무역업자들뿐만 아니라 덫사냥꾼에게도 돌아갔다. 전하는 바에 따르면, 덫사냥꾼 한 명이 한 시즌에 5만 달러를 벌었다고 한다. 그러나 속담에서도 이르듯이, 모든 좋은 일은 끝이 있게 마련이고, 비버 덫사냥과 교역의 시대도 그러했다. 유럽인이 처음으로 내도하기 전에는 개체수가 6,000만 마리로 추정되던 북아메리카의 비버는 1900년까지 거의 절멸했다.

약간의 고립된 군거지群居地에서 생존을 위해 애를 쓴 결과 이 동물들은 자신의 생활 방식을 바꾸지 않은 채 존속할 수 있었다. 비버는 물속 생활에 두드러지게 잘 적응한다. 비버가 물속으로 풍덩 뛰어들면, 밸브가 자동적으로 그 귀와 코를 닫고, 느슨한 피부 뚜껑이 네 개의 칼끝 같은 절삭 치아의 뒤에서 입을 봉쇄한다. 이것이 비버가 물 아래로 가서 가지를 갉아먹는 것이 가능하도록 한다. 게다가 비상하게 큰 허파와 간이 15분까지 수중에 머무를 수 있도록 한다.

하나의 군체는 보통 두 마리의 어른 비버와 두 살배기 새끼들이 더해져 8마리에서 10마리의 비버로 구성된다. 비버는 18kg에서 27kg의 무게가 될 때 다 자란 것으로 여겨진다. 그러나 비버는 결코 성장을 멈추지 않는다는 점에서 다른 포유동물들과 구별된다. 가장 큰 비버로 기록된 것은 60년 전에 위스콘신주 북부에서 덫으로 잡혔는데, 무게가 50kg였다.

새끼kit라고 불리는 어린 비버 2마리 내지 5마리가 5월이나 6월에

248 위대한 소유

태어나면, 두 살배기는 부모에 의해 군거지에서 내쫓긴다. 축출된 어린 비버는 이제 새 집을 찾기 시작한다. 적절한 서식처가 발견되면, 즉시 둑 짓는 작업에 착수한다. 둑은 주로 작은 막대기와 진흙에 약간의 돌이나 손쉽게 구할 수 있는 것이라면 무엇이든 섞어서 구성한다. 이 둑이 문명세계와 닮은 점이 있다면, 그것은 버려진 캔과 병, 낡은 테니스화, 그리고 심지어는 자동차 타이어까지 포함할 수 있다. 상류의 수면은 진흙을 매끄럽게 발라 붙이고, 댐의 길이는 3m나 그 이하에서 30m 이상에 이르기까지 다양하게 할 수 있다. 물이 둑 뒤에 가득 차면, 비버는 자신의 소굴을 짓기 시작하는데, 그것은 집이 되어 긴 겨울 동안에 생존을 보장해 줄 것이다. 그것도 막대기와 진흙으로 건설되는데, 지름이 3.7m 정도이고 물 위로 90cm 내지 180cm 정도 나오게 만든다. 2개 내지 5개의 출입구는 언제나 물밑에 있다. 옐로우스톤의 산사람 존 콜터John Colter가 추격하는 블랙피트Blackfeet 인디언 무리로부터 도망쳐서 비버가 사는 연못으로 뛰어들어 그 소굴로 어떻게 떠올랐는가 하는 이야기가 회자된다.

소굴을 완성하면 비버는 겨울 내내 견디기 위한 충분한 식량을 저장하는 데 시간을 낭비하지 않는다. 비록 미루나무와 포플러aspen, 부드러운 단풍나무 등과 같은 연질나무가 비버들이 좋아하는 음식이지만, 만약 긴급한 필요가 있다면 옥수수를 포함한 다른 많은 식물도 먹을 것이다. 먹거리 저장고는 얼음 아래로 쉽게 접근하기 위해 소굴의 바로 옆 물밑에 둔다. 비버는 먹이를 거의 낭비하지 않는다. 그 사실은 몇 년 전 내가 지름이 25cm는 됨직한 포플러 그루터기가 새로 갉아 먹힌 것을 우연히 보았을 때 분명해졌다. 나무의 잔재가 비버가 가지고 간 통나무의 길이가 약 9m임을 가리켰다. 굉장한 나무토막 무더기가 각각 60~90cm의 간격을 유지하고 있었다. 처리하기에 더 쉬운 나무 위쪽 끝으로 갈수록 토막 더미 사이의 간격은 120cm~180cm로 늘어났다. 놀랍게도 낭비된 것은 아무것도 없었다. 조그마한 잔가지조차도 겨울용 먹이 저장고로 운반되었다.

군거지가 점점 커지면, 작은 새끼를 제외한 모든 식구들이 둑을 수리하는 일을 돕는다. 나는 둑의 일부를 개방한 적이 있었는데, 그 다음 날 아침까지 그 트인 구멍이 보수되었다. 비버는 군거지의 생활이 둑에 의존한다는 사실을 잘 안다.

새로운 둑은 비버에게 이익을 줄 뿐만 아니라 많은 다른 종의 야생생물에게도 새로운 환경을 제공한다. 부들이 배수排水에서 싹이 트자, 사향뒤쥐가 옮겨 와서는 축소형 소굴을 짓는다. 새 비버가 발견되는 연못은 나무와 물오리, 검정오리, 물고기, 거북이, 개구리, 그리고 개구리를 찾는 큰푸른왜가리 등의 야생생물들도 좋아한다. 흰눈썹뜸부기와 습지굴뚝새, 습지참새 등이 옮겨 오고, 한두 해가 지난 뒤에 프로토노타리아솔새가 물에 잠긴 나무의 움푹 파인 그루터기에 둥지를 튼다.

세기의 전환기에 이르러 사람들이 비버가 처한 곤경을 알아챘다. 몇몇 주에서는 아직 남아 있는 몇 안 되는 동물들을 보호하기 위한 법을 통과시켰다. 1906년에 뉴욕주가 옐로우스톤국립공원에서 14마리의 비버를 수입했는데, 10년 조금 지나서 수천 마리로 증식했다. 다른 주들도 뉴욕의 사례를 따랐고, 비버는 현저하게 회복되었다. 현재 북아메리카에 있는 비버는 600만 내지 1,200만 마리로 추량된다. 그러나 야생생물 관리자들은 이러한 숫자는 아주 많은 것을 의미하지는 않는다고 주의시킨다. 개체수 조사를 할 때, 전문가들은 매 소굴에 5~7마리의 비버가 있다고 가정한다. 이것은 잘해야 그렇다는 추정이다. 내 친구는 비버의 군거지라고 여겨지는 습지를 소유하고 있는데, 내게 이런 이야기를 들려주었다. "수많은 나무가 베어져 넘어지고 있었기 때문에 나는 나무를 베는 한 놈만 덫으로 잡기로 결심했어. 그리고 자네가 알다시피, 내가 큰 수컷인 그 한 놈을 잡았을 때 그 작업 모두가 멈추었지. 둑은 보수를 해야 할 정도로 악화됐고, 비버의 활동은 전혀 보이지 않았어. 내가 비버의 군거지라고 추측한 것은 단지 독신의 늙은 비버 한 마리가 산 집이었을 뿐이었다네. 비버 혼자서 그 모든 일을 하고 있었다고 상상하니, 덫으로 잡은 게 미안하다는 마음이 드는군."

비버의 개체수는 다시 증가해 덫으로 잡은 비버 가죽이 모피산업에 의해 외투와 재킷, 그리고 검은 '양탈' 모자로 사용되는 지경에 이르렀다. 20만 마리 이상이 매년 덫으로 잡힌다.

2년 전 이웃 소년들이 학교의 유해동물 탐구로 쥐와 집참새를 사냥하기 위해 우리 농장을 방문했다. 아이들은 우리 집 아래에 있는 다리를 건너다가 물에서 물 튀기는 소리를 들었다. 너구리가

토박이의 회귀 251

아닌가 하고 생각한 그들은 손전등 광선이 꽤 큰 비버를 비추자 깜짝 놀랐다. 아이들은 내게 알려주기 위해 재빨리 달렸고, 우리 애들과 강아지도 이동중인 그 기술자를 잘 볼 수 있었다. 마침 우유 짜는 시간이어서 나는 그것을 볼 기회를 놓쳤지만, 그 비버가 어쩌면 200년 만에 돌아와 우리 농장을 800m나 가로지르고, 헤엄치고 걸었음을 알게 된 것만으로도 충분한 보상을 받았다.

가을 매의 비상

10월의 빛나는 날씨다. 서북쪽에서 불어오는 시원한 바람이 잘 익은 옥수수를 가로지르며 잔물결을 일으킨다. 따뜻한 햇볕이 대지를 때려서 땅 위에 있는 공기를 덥히자, 공기가 올라가면서 상승 온난기류를 일으킨다. 덥혀진 공기의 이 상승기류를 타고 높이 솟구치고 빙그르 선회하는 것은 그날의 첫 번째 매인 붉은꼬리매다.

처음에는 하늘을 경쾌하게 날고 있는 매가 이웃의 숲에 둥지를 튼 붉은꼬리매 한 쌍 가운데 하나이거나 그것들이 기른 두 마리 새끼 중의 하나라고 짐작했다. 그러나 연중 이 시기에는 겨울을 나기 위해 남쪽으로 가는 길에 배회하는 이주 중인 매가 더 맞는 것 같다.

우리 농장이 이주 중인 매에게 지리적으로 끌리는 지역은 아니지만, 매년 가을에 꽤 많은 수를 본다. 9월 초부터 12월 말까지, 초기의 넓은날개매broad-winged hawk부터 후기의 털발말똥가리까지 다양한 매를 볼 수 있다. 북아메리카 동부에는 하루에도 수천 마리의 매가 지나가는 병목 지역이 많이 있다.

자연 장벽으로 인해 이주하는 새들이 깔때기 같은 지역을 통과하는데, 가장 주목할 만한 두 지점은 동부 펜실베이니아의 매Hawk산과 슈피리어Superior호의 서쪽 맨끝에 있는 미네소타주의 덜루스Duluth시다.

동부 펜실베이니아의 블루Blue산맥에 위치한 키타티니Kittatinny분수령이 애팔래치아산맥의 동남쪽 끝을 이룬다. 뉴욕주에서 시작하는 그 분수령은 북부 뉴저지와 동부 펜실베이니아를 가로질러 메릴랜드로 가는 모든 길을 사실상 끊김 없이 이어준다.

가을이 다가오면 매는 캐나다와 뉴잉글랜드에 있는 여름 서식지를 떠나서 남쪽으로 이동한다. 많은 수가 대서양 연안선을 따라가지만, 특히 활상매soaring hawk 등 다수의 매는 내륙의 애팔래치아산맥을 따라간다. 상승 열기와 가을바람이 산맥에 부딪혀 나오면서 하늘로 치솟아 오르는 데 필요한 상승기류를 제공한다. 따라서 이주하는 매들은 아주 작은 노력으로도 굉장히 먼 거리를 여행할 수 있다. 매들은 애팔래치아산맥을 가로질러 산봉우리에서 산봉우리로 날아서 키타티니 분수령까지 중단 없이 이른 다음에는, 다시 서남쪽까지 따라간다. 대개 키타티니 분수령의 폭이 넓고 매의 비상이 활짝 펼쳐져서 전개되기 때문에, 매들이 따라가기 힘들어 한다. 그러나 매산 가까이 있는 분수령은 폭이 좁고 높이 솟아 있어, 매의 비행선도 가늘어진다. 바위가 많이 노출된 이 병목 지역을 따라서, 날씨가 순조로운 기간에, 보통 상쾌한 서북풍이 부는 9월과 10월의 날에 장관인 매의 비상을 목격할 수 있다.

매산보호지역Hawk Mountain Sanctuary이 지정되기 전에는, 사암砂岩이

254 위대한 소유

노출된 곳은 의심하지 않고 산 가까이 지나가는 매들을 기다리는 지역 사냥꾼에게는 인기 있는 잠복처였다. 하루에만 수백 마리의 매가 죽임을 당했다. 1934년 대학살이 끝나기 전까지 수십만 마리의 매와 독수리가 도살된 것으로 추산되었다. 그해 보호에 뜻을 둔 일단의 사람들이 그 산의 5.7km²를 구입하여 맹금 보호구역으로 바꾸었다.

미네소타주의 덜루스에 있는 매봉자연보호지역Hawk Ridge Nature Reserve에서는 매산보다 더 인상적인 비상을 관찰할 수도 있다. 이 경우의 자연 장벽은 길게 잇닿은 산이 아니라 슈피리어 호수다. 캐나다의 아한대 숲과 대초원에서 여름을 보내는 매는 남쪽으로 가는 여행 중에 480km에 이르는 긴 호수 기슭과 마주친다. 매는 호수를 가로질러 가기보다는 덜루스와 호수의 끝에 도달해서 넓게 전개하기 전까지 서남 방향으로 호수 기슭을 따라간다. 높은 절벽에서 슈피리어 호수를 내려다보면, 좋은 날에는 이주 중인 수백 마리의 매가 가끔은 시선과 같은 높이나 시선 아래 옆으로 날아가는 것을 볼 수 있다. 1962년 9월의 어느 날 오전 9시에서 오후 4시 사이에 덜루스 동부지구에서 1만 5,600마리로 추산되는 매들이 보였다. 넓은날개매와 붉은꼬리매가 가장 수가 많았지만, 줄무늬새매sharp-shinned hawk와 황조롱이, 송골매, 참매gos-hawk 등도 많이 있었다. 여기에 더해 플리커딱따구리와 다른 작은 새떼가 꼬리에 꼬리를 물고 머리 위를 지나갔다.

매를 아주 훌륭하게 조망할 수 있는 또 다른 장소는 뉴저지 남쪽 끝에 있는 케이프 메이 포인트Cape May Point다. 대서양 해안선을 따라 가던 매들이 넓게 확 트인 델라웨어만에 다다라서는, 개빙開氷 수역을 가로지르는 모험을 감행하기 전에 한 지점에 모인다. 그 새들은 방향을 틀어 만이 드디어 좁아지는 서북쪽으로 해안을 따라갈 수도 있다.

비슷한 상황이 온타리오의 포인트 필리Point Pelee에서도 발생한다. 여기에서도 매가 군집해서 이리호를 가로질러 가기 전에 꾸물거리면서, 호수의 북쪽 기슭, 특히 매 절벽Hawk Cliffs에서 자기들의 장려한 비상을 상으로 준다.

8월 말과 9월 초에 시작하는 매의 이주에는 걸프 연안으로 가는 길에 흰머리독수리와 물수리osprey가 동행한다. 9월 중순에는 넓은날개매가 등장하는데, 군집하는 곳에서는 때때로 굉장히 많은 수가 나타난다. 한 예로, 1970년 9월 22일에 덜루스에 있는 매 분수령에서 관찰된 넓은날개매는 24,000마리에 달했다. 그리고 1979년 9월 14일에는 높이 솟구쳐 나는 이 작은 매가 21,448마리나 펜실베이니아에 있는 매산을 지나갔다!

이주하는 동안 넓은날개매는 벌이 분봉하는 것과 비슷하게 소용돌이치는 무리 속에서 떼 지어 빙빙 도는데, 이를 '소용돌이'라고 부른다. 나는 딱 한 번 넓은날개매의 소용돌이를 보았다. 그것은 여러 해 전 봄철 이주 시기였는데, 그때 우리는 옥수수를 심고 있었다. 나는 메뚜기참새를 발견하기를 기대하면서 참새들을 점검하기 위해 쌍안경을 가지고 밭을 따라갔다. 그때 우연히 하늘 쪽으로 쌍안경을 돌려서 높이 날고 있는 매 한 마리를 보았다. 붉은꼬리매였다. 맨눈으로는 보이지 않았지만, 그 너머에서 수십 마리의 넓은 날개매들이 수많은 소용돌이 속에서 빙빙 돌고 있었다. 그 새들은 동북쪽으로 끊임없이 이동하고 있었고, 비상은 늦은 오후까지 계속됐다. 그날 얼마나 많은 매가 머리 위로 지나갔는지 알 방법이 없었지만, 아마도 수천 마리였을 것임이 틀림없다.

10월 초에 넓은날개매는 줄무늬새매와 그들보다 조금 더 큰 친족인 쿠퍼매에게 길을 내준다. 이들 날개 짧은 매와 긴꼬리 매는 말똥가리처럼 높이 치솟는 경우가 거의 없는 대신에 날개를 치며 퍼덕거리고 바람을 타고 미끄러지는 것을 번갈아 하면서 난다. 만약에 "세 번 날개를 치고 한 번 바람을 타고 미끄러지고 꼬리가 길고 네모지면" 그것은 줄무늬새매다. 비슷한 쿠퍼매는 둥근 꼬리를 가졌다. 더 큰 참매도 같은 과인데, 이주하는 매떼에서는 거의 보이지 않는다. 매산에서 헤아려진 모든 매 가운데서 참매는 1퍼센트의 절반에도 미치지 못하지만 줄무늬새매는 23퍼센트 정도 된다.

10월부터 12월까지 붉은꼬리매와 북방개구리매northern harrier (이전에는 습지매marsh hawk라고 불렀다) 또는 황조롱이 등은 보기가 쉽지 않다. 아마도 남쪽으로 이동했거나 초지 들쥐 같은 먹거리가 충분한 겨울 영역을 골랐을 가능성이 크다. 쿠퍼매는 새 모이통 가까이 자리잡는 유감스러운 습성을 가졌다. 그 새들은 작은 새를 먹이로 하기 때문에, 많은 새가 드나드는 모이통은 그 새가 갈망하는 것이다. 이 '쏜살같이 날아가는 청색 새blue-darter'는 지난겨울에

가을 매의 비상 257

우리 마당에 뻔질나게 출입했고, 겨울이 더 깊어져서 먼 남쪽으로 이동하기 전에 검은방울새 한 마리와 집참새 몇 마리를 식사로 먹었다.

나는 우리 지역에 사는 붉은꼬리매들이 겨울을 나기 위해 남쪽으로 이주하고, 북쪽 지역에서 온 붉은꼬리매들이 그 자리를 차지한다고 생각하고 싶다. 내가 이렇게 믿는 이유는 지난 두 차례 겨울철에 몸의 일부가 하얗게 변색된 붉은꼬리매 한 마리가 우리 농장의 동쪽 구역에 자리잡고 그곳을 사냥 영역으로 삼고 있었다. 그런데 봄이 오자 자신의 여름 영지로 추측되는 곳으로 떠나갔고, 붉은꼬리매 한 쌍이 그 자리를 차지했다.

다리에 털이 있는 매가 북극에서 남쪽으로 여행해 우리와 겨울을 함께 보내는 동안, 넓은날개매와 송골매는 중앙아메리카와 남아메리카로 모두 날아간다. 그러나 다른 여러 종들은 겨울을 보내는 남부 해안 주들을 넘어 여행하지는 않는다.

우리 같은 조류 관찰자들은 가을철 이주 기간 동안에 맹금의 왕인 장려한 검독수리나 송골매를 볼 수 있는 기회를 잡기를 바란다. 검독수리가 언제나 제왕으로 꼽힌다면, 송골매는 그 다음 등급에 속한다. 나는 검독수리는 아직 보지 못했지만, 운 좋게도 송골매는 한 번 본 적이 있다. 꽤 높게 날고 있던 그 송골매는 낮게 날고 있던 물가새 한 마리를 향해 갑자기 급강하했다. 불쌍한 물가새는 살려고 날았지만 그렇게 걱정할 필요는 없었다. 쾌속의 날개를 가진 송골매는 그저 놀리려고 집적거렸을 뿐이었기 때문이다. 쌍안경으

258 위대한 소유

로 우리는 날카로운 그 날개와 검은 왕관, 그리고 눈 아래로 뻗은 쐐기, 즉 '구레나룻'을 분명하게 볼 수 있었다. 우리는 송골매가 남아메리카로 가는 길에 시야 밖으로 벗어날 때까지 숨을 죽이고 지켜보았다.

송골매는 시속 280km가 넘는 속도로 먹잇감을 향해 급강하하는, 지구상에서 가장 빠른 새일 것이다. 솔로몬이 "공중에서 독수리가 나는 방법은 너무나 불가사의해서 이해하기가 어렵다"라고 말한 적이 있는데, 나는 송골매도 마찬가지로 그렇다고 생각한다.

매와 독수리가 지금은 연방법과 주법으로 보호되고 있는 것은 좋은 일이고, 그 당당한 새들이 매년 가을에 남쪽으로 날아가서 총 대신에 쌍안경의 마중을 받는 것도 좋은 일이다.

10월

오, 6월의 태양과 하늘과 구름
그리고 6월의 꽃들이 다 모여도
오오, 10월의 밝고 푸른 날씨와는
한 시간도 경쟁할 수 없도다.
— 헬렌 헌트 잭슨Helen Hunt Jackson,
「10월의 쾌청한 날씨October's Bright Blue Weather」

10월에는 다른 어떤 달도 필적할 수 없는 무언가가 있다. 경질나무들의 찬란한 색깔, 스컹크의 옅은 냄새가 스며든 신선한 아침 공기, 빈들빈들 가로 뜬 약간의 적운積雲 레이스로 장식된 맑은 하늘, 이 모든 것이 10월을 가져온다.

그토록 간절하게 기다렸던 봄이 지나가고 여름을 가졌더니 이제는 겨울이 무대 옆에서 기다리고 있음을 알고 있기 때문에, 10월과 함께 어떤 비애 같은 것이 온다. 그래도 호두와 히코리 견과, 밤 등을 거두고 서둘러 옥수수를 곳간에 넣을 때, 우울한 기분은 곧 가라앉는다.

260 위대한 소유

비록 여름이 지나가는 것을 아쉬워하지만, 명아주 류와 쇠비름 등과의 전쟁과 한 해 내내 매달리는 괭이질을 끝낼 수 있게 하는 살생의 서리를 기대하는 시간이 도래한다. 정원을 가꾸는 사람들 대부분은 가을철 어느 때에 이 시점에 다다른다. 몇 달 안에 종자 카탈로그가 우편으로 도착할 것이고, 잡초와 벌인 싸움은 잊힐 것이다. 더 일찍 멜론 농사를 시작하고, 7월 넷째 주까지 익은 토마토를 가질 수 있도록 한 주 더 빨리 시베리아토마토Siberian tomato 농사에 착수하리라 결심할 것이다.

소규모 착유장搾乳場을 가진 농부에게는 10월은 거의 완벽하다. 서늘한 밤은 성가신 파리를 제거해 주고, 콩과 목초에 만족하는 암소는 많은 양의 우유를 생산할 것으로 기대된다.

그달 중순경에 우리는 기다려온 소리, 즉 이주 중인 오리와 기러기가 꽥꽥 하며 우는 소리를 듣는다. 1975년 이래로 매년 가을이면 이주 중인 수백 마리, 가끔은 수천 마리의 물새들이 우리 연못과 밀러Levi D. Miller 네의 연못, 그리고 이 지역의 몇몇 다른 연못을 찾고, 11월의 눈이 오는 추운 날씨가 더 먼 남쪽으로 몰려올 때까지 이미 수확한 옥수수밭에서 남아 있는 낟알을 먹으며 가지 않고 꾸물거린다. 주로 청둥오리가 많지만, 상당한 수의 검둥오리와 아메리카홍머리오리American wigeon, 고방오리, 푸른날개쇠오리, 녹색날개쇠오리green-winged teal도 있고, 그보다 수는 적지만 넓적부리오리shoveler와 숲오리, 쇠검은머리흰죽지lesser scaup, 물닭coot 등도 있다.

우리는 이 수많은 야생오리들, 특히 조심성 있는 검둥오리가 왜 이름도 없는 땅 한가운데라고 말할 수 있는 이 작은 농장 연못들에 오는지 가끔 의아하게 생각한다.

아마도 몇 가지 이유가 있을 것이다. 그 하나는 오하이오에서 가장 큰 습지와 소택지를 품고 있는 오지인 18.2km²의 킬벅야생지역Killbuck Wildlife Area이 우리 농장에서 서쪽으로 16km밖에 떨어져 있지 않다는 것이다. 이 '황무지'는 주에서 사들이기 시작한 약 12년 전까지는 사유지였다. 그 땅이 구입되자 공중 사냥터로 개방되었고, 사냥의 심한 압박으로 인해 오리들은 다른 보호구역을 찾도록 내몰렸다.

두 번째 이유는 1970년대 초 우리 연못에는 반半야생물오리가 몇 마리 있었는데, 몇 년 동안 부화가 잘되어서 너무 많아졌다는 것이다. 그래서 한 친구와 나는 35마리를 덫으로 생포해서 킬벅 습지에 방사했다. 오리를 도로 놓아주었을 때 함께 있었던 그 지역 농부 한 명이 그 뒤에 우리에게 많은 오리가 나중에 곧 밀렵꾼들의 총에 맞을 것이라고 말했다. 이들 물오리 가운데 몇 마리가 살아남아서 내년 가을에는 그 새끼들이 먹이와 보호처를 찾아서 우리 농장으로 오는 것을 볼 수 있을까?

첫 번째 오리들은 오리 시즌[수렵기]이 열리는 날부터 연못으로 들어오기 시작한다. 그 오리들은 몇 가지 이유로 인해 가끔 보름날을 제외하고는 밤에 연못에 머무르지 않고 차라리 습지로 돌아가기를 좋아한다. 그것들은 어두워지기 30분 정도 전에 연못을 떠나서 동트자마자 되돌아온다. 그래서 이 오리들이 습지를 떠나고 습지에 내도하는 시간이 법적인 사냥 시간이 되기 전과 지난 뒤가 된다. 어떤 사람들은 그것들을 '소리 나지 않는 오리'라고 부른다니 놀라울 뿐이다.

우리는 그 오리들이 자신의 야생 습성을 간직하기를 원하기 때문에 오리들에게 먹이 주는 일을 거의 하지 않지만, 그 새들의 비행을 보는 것을 좋아하기 때문이기도 하다. 어떤 이가 "오리 한 마리가 나는 것은 열 마리가 물위에 있는 것만큼의 가치가 있다"고 말한 것처럼 말이다. 특히 상쾌한 서풍이 불 때 그 우아한 새들이 들어오는 것을 관찰하다 보면 몹시 흥분된다. 오리들은 거의 언제나 바람 속으로 착륙하기 때문에 날개를 펼치고 집 위로 들어온다. 칼깃으로 공기를 돌파하는 소리를 들으면 정말 전율을 느낀다.

오리는 보통 11월 셋째 주 동안에 최고 개체수에 이른다. 그 새들은 상당히 많은 눈이 처음 내리고 견딜 수 없을 정도로 추워지면 떠나간다. 어디로 갈까? 주의 사냥보호관인 존 라테키John Latecki에 따르면, 킬벅야생생물 지역에서 표지 밴드를 단 오리 출신으로 돌아온 대부분의 오리떼는 아칸소주에서 온다고 한다. 그래서 많은 오리가 미시시피강 하류를 따라서, 그리고 그 주변의 습지대에서 겨울을 보내는 것이 분명해졌다. 나는 윌리엄 컬런 브라이언트William Cullen Bryant가 그의 시 「물새에게To A Waterfowl」에서 쓴 말들을 상기한다.

그대는 가버렸다.
하늘의 심연이 그대의 형체를 삼켜 버렸지만

아직도 내 마음에는

그대가 준 가르침이 깊이 새겨져 있으니

금방 떠나가지는 않으리.

이 구역에서 저 구역으로

한이 없는 하늘을 관통하며 그대의 확실한 비행을 안내하는

그분

내가 혼자서 걸어가야 할 긴 길에서

내 발걸음을 올바르게 인도하리라.

10월이 끝을 향해 가고 옥수수를 수확하면, 우리는 숲속을 걸으며 장작더미를 더 채우고 여름의 노고와 땀에 대해 곰곰이 생각해 볼 시간을 갖는다. 또 다른 풍성한 한 해를 위해 모든 것을 풍족하게 베풀어 주시는 하느님Provider께 감사드리는 시간이 되기도 한다.

흰꼬리사슴의 적응

우리 둘은 동시에 사슴을 보았다. 그 동물은 언덕 꼭대기에 이르러, 숲 아래서 일하고 있던 우리 아버지와 나를 보고서는 멈춰 섰다. 구름으로 덮인 11월의 하늘을 배경으로 검은 윤곽을 드러낸 것은 우리가 지금까지 본 사슴 가운데서 가장 크고 가장 장려한 흰꼬리 수사슴이었다. 그 가지진 뿔의 크기는 믿을 수 없을 만큼 컸다. 만약 우리가 오하이오 대신에 미국 서부에 있었다면, 귀가 길고 꼬리끝이 검은 노새사슴mule deer이라고 생각했을 것이다. 5초, 어쩌면 10초 후에, 그 수사슴은 몸을 틀어서 자기가 왔던 방향으로 사라졌다. 나는 그 이유를 정확하게 설명할 수는 없지만, 말할 나위 없이 근사한 흰꼬리사슴의 모습은 결코 나를 매혹시키는 데 실패하지 않았다.

나는 그것이 알도 레오폴드가 "초보자는 골프공을 보여줄 때 떨지 않지만, 나는 처음으로 사슴을 보고서도 그 머리카락이 모자를 들어 올리지 않는 소년은 기꺼이 인정하려 하지 않을 것이다"라고 쓴 것과 같다고 생각한다. 나에게 특히 보람 있는 것은, 지난 10년 동안에 우리 농장에서 정식으로 사슴을 본 유일한 경우라는 사실이다. 사슴은 아마도 백 년 이상 부재하였고 가장 최근에 보인 것이

25년 전 혹은 30년 전이었으니, 누군가 그 숫기 없는 동물 한 마리를 보았다면 사람들은 즉각 그 소식을 들었을 것이다.

어느 정도 보호를 받는 흰꼬리사슴은 인간과 문화에 현저히 잘 적응해서, 사실 지금은 몇몇 큰 도시 교외에서 꽤 흔하게 볼 수 있다. 몇몇 야생 생물학자들은 백인 개척자들이 처음 도래했을 때보다도 지금 사슴이 더 많이 서식하고 있다고 주장하기까지 한다.

그러나 1800년대 초 오하이오에는 꽤 많은 사슴이 있었다. 헨리 하우Henry Howe의 「오하이오의 역사적 소장품Historical Collection of Ohio」에 의하면, 메디나Medina카운티의 한 지역에서 거행된 패거리 사냥에서 사슴 300마리가 잡혔고 여기에 더해 늑대 17마리와 곰 21마리 그리고 다른 사냥감들이 잡혔다고 한다. 시턴Ernest Thompson Seton은 자신의 한 책에서, 이 사냥의 수치에 흰꼬리사슴에 적합한 면적을 곱하여 식민시대 아메리카의 사슴 개체수를 4,000만 마리로 추산했다. 이 수는 아마도 너무 높게 잡은 수치일 것이다. 풀숲이 거의 없고 주위에 농지가 없는 처녀림은 흰꼬리사슴의 이상적인 서식지가 아니기 때문이다.

1833년에 존 오듀본은 뉴잉글랜드 전역을 여행하는 중에 너무나 많은 흰꼬리사슴을 보고서, "우리나라의 저 거칠고 외딴 곳에는 보통의 사슴이 수도 없이 많아서, 우리 곁에 개들이 가만히 있도록 지키기가 아주 어려웠다"고 썼다. 그럼에도 연중 계속되는 개척자들의 사슴 고기 맛보기와 사냥개와 덫, 총 등을 사용한 잔인한 사냥이 1800년대 말까지 오하이오와 미국 동부 전역에 있는 사슴을 사실상 절멸시켰다. 마침내 국민 대중의 압력 아래 시장용 사냥을 금지하는 법령이 통과되었고, 오하이오에서는 사슴 사냥이 40년 넘게 금지되었다.

사냥감을 관리하는 사람들은 흰꼬리사슴 떼를 자기들 노력의 진정한 성과로 강조하기를 좋아한다. 물론 엄한 사냥법의 시행에 따라 1920년대와 1930년대에 사슴을 온축蘊蓄한 그들의 제한된 노력이 사슴에 도움이 되었지만, 그들의 노력보다는 자연에서 일어난 일이 흰꼬리사슴의 복귀를 더 많이 자극한 것 같다.

1920년대 말과 1930년대 내내, 그동안 해온 조악한 농사 관행으로 인한 표토 유실과 경제대공황의 여파로 오하이오 남동부와 동부 및 중서부에 있는 경작에 부적당한 농경지역의 수천 개 언덕 농장이 방치되었다. 농장이 숲으로 되돌아가자 그것들은 사슴에게 아주 좋은 서식 영역을 제공했다. 또한 사슴은 반추동물이어서 축우와 같은 병에 걸린다는 사실을 고려하면, 육우와 젖소를 위해 이 시기에 개발된 브루셀라병brucellosis과 렙토스피라병leptospirosis을 거의 박멸시키는 백신의 접종은 사슴에게 간접적 이익을 주었다. 전염성이 높고 파괴적인 이 질병들은 감염된 동물들의 번식 장애와 불임의 원인이 되기도 한다. 여우와 퓨마 등 큰 포식동물의 멸종은 사슴이 살기에 아주 좋은 환경을 제공했고, 번식력이 강한 흰꼬리사슴이 놀라울 정도로 회복됐다. 생물학자들은 24마리가 10년 안에 3,000마리의 자손을 생산하는 잠재력을 갖는다고 말한다.

1943년에 오하이오주는 사슴 사냥을 위해 3개 카운티를 열었고,

8,500명의 사냥꾼이 168마리의 사슴을 자루에 넣었다. 사냥꾼이 50명당 1마리의 사슴을 잡는 성공률을 보였다. 1973년까지 59개 카운티에 사냥이 허용됐고, 10만 8,000명의 사냥꾼이 7,500마리의 사슴을 수확하여 14명당 1마리의 성공률을 보였다. 1983년에는 모두 88개 카운티가 사냥에 공개되어서, 26만 5,000명의 사냥꾼이 5만 9,000마리의 흰꼬리사슴을 자루에 넣어서, 사냥꾼 한 명의 성공률이 22%가 됐다.

이제 야생생물국Division of Wildlife은 자기네들이 지금까지 성취해 온 모든 것을 원상태로 되돌려 놓기를 원하는 것처럼 보인다. 올해 수렵기에는 오하이오주의 대부분 카운티가 새끼들을 포함해서 암수 모두를 잡을 수 있도록 개방했다. 그들의 주장은 흰꼬리사슴의 남획은 거의 불가능하다는 것이다. 비록 흰꼬리사슴이 그 은신처를 아주 잘 숨길 수 있다 하더라도, 특히 농지와 숲이 우거진 지역에서의 남획은 가능한 일이다. 이런 일이 메인주 남부에서 일어났다. 작년 가을에 메인주 역사상 처음으로 수사슴만 잡는 수렵기가 시행되었다. 사슴떼 몰락의 확실한 신호였다.

내가 우리 주의 관대한 사슴 수렵기에 관해 너무 비관적일지도 모른다. 농장 주변에서 사슴을 자주 볼 수 있다 하더라도, 사슴 수의 감소를 지켜보는 건 유감스럽다. 그러나 사슴의 생존 능력은 놀랄 만하다. 특히 몇 차례 사냥 시즌에서 살아남은, 나이 많은 수사슴에게 들어맞는 이야기다.

2년 전 엽기의 마지막 날, 우리는 저녁 식탁에 있다가, 사냥하고 집으로 돌아가는 이웃을 우연히 보았다. 나는 그에게 수확이 좀 있었는지 물어보려고 현관으로 나갔다.

"아니" 하면서, 그는 "화요일 이후로 살아 있는 사슴을 한 마리도 본 적이 없다네"라고 대답했다. 그때 갑자기 암사슴 한 마리가 우리 돼지가 있는 곳으로 뛰어들어 왔고, 그 암사슴을 따라 온 것은 멋진 수사슴이었다. 수사슴은 우리에게서 45m 이상 떨어지지 않은 곳에 멈춰 서서 우리를 바라보았다. 짙어지는 땅거미 속에서 나는 수사슴의 얼굴에서 이를 드러내고 히죽 웃는 모습을 간파했다고 생각했다. 리바이Levi는 재빨리 자기 시계를 살펴보았는데, 5시 10분이었다. 엽기는 5시에 끝난다. 수사슴은 꼬리를 흔들면서 울타리를 뛰어넘고 연못을 지났는데, 우리가 그 사슴을 본 마지막 장면은 계곡을 향해 내려가는 것이었다. 또 다른 해를 안전하게 보내기 위해. "쟤는 일주일 내내 어디에 있었던 거지?" 리바이는 애처롭게 물었다.

"사슴이 있다!"라고 하는 것만큼 우리의 관심을 끄는 말이 거의 없는 것은 아마도 이러한 이야기들 때문일 것이다.

철새의 신비

나는 하던 일을 멈추고 귀를 기울였다. 처음에 들린 소리는 이웃의 비글 사냥개beagle hound[토끼 사냥에 쓰이는 소형견]가 멀리서 짖는 소리 같았지만 툰드라고니의 높은 음조, 거의 잊히지 않는 울음소리임이 드러났다. 나는 하늘을 유심히 쳐다보고는 곧 100마리는 족히 넘을 장려한 흰 새들이 만든 완벽한 V자를 보았다.

저 11월 중순의 날에 고니 떼가 꼬리를 물면서 강력한 서북풍의 기류를 타고 머리 위로 높이 지나갔다. 둥지를 틀고 있던 북극의 땅을 떠난 뒤에, 이 새들은 남쪽으로 노스다코타주로 날아가다가 도중에 동남쪽으로 방향을 틀어서 체서피크만을 따라 있는 겨울나기 땅으로 향한다.

철새 이주의 신비는 수없는 세월 동안 인간의 상상력을 불러일으켰다. 「욥기」에서 우리는 읽는다. "매가 너의 충고를 받아 날개를 펴고 남쪽으로 날아가는 줄 아느냐?"(39장 26절) 그리고 「예레미아」에서도 읽는다. "하늘을 나는 고니도 철을 알고 산비둘기나 제비나 두루미도 철따라 돌아온다."(8장 7절)

아리스토텔레스는 철새 이주라는 주제를 토론한 첫 번째 사람

270 위대한 소유

가운데 한 명이다. 그는 새들이 겨울나기[피한(避寒)] 한다는 생각을 처음으로 한 것으로 여겨진다. 이 겨울나기 이론은 2,000년 이상이나 존재했다. 저명한 조류학자 엘리엇 쿠스Elliot Coues 박사는 1878년에 제비의 겨울나기를 다룬 182쪽 이상의 표제 목록을 만들었다! 대개 사람들은 제비가 습지의 진창 속에서 겨울을 보낸다고 믿었다. 심지어 북부 바다의 어부들이 때때로 물고기와 동면 중인 제비가 뒤섞여 있는 것을 잡았다는 기록도 있었다. 새들은 달로 날아가서 겨울을 보낸다는 더 이상한 이론이 1700년대 초에 나오기도 했다.

새 다리에 표지 밴드를 부착하는 방법이 출현한 뒤부터 비로소 신비가 풀리기 시작했다. 캐나다인 잭 마이너Jack Miner는 오리와 기러기의 이주 패턴을 연구하기 위해 이 방법을 처음으로 사용한 연구자 가운데 한 명이다. 그는 밴드에 자기의 이름과 주소를 찍어서 표기했을 뿐만 아니라 그 뒷면에 성경 한 구절을 덧붙여 넣기도 했다. 마이너는 새를 날아다니는 선교사로 활용했다.

1920년 이래로 미국에서 새 다리에 표지 밴드를 다는 일은 미국 어류 및 야생생물국의 감독 아래 이루어졌다. 비록 사냥되지 않는 종들에 부착되어 회수된 밴드는 1퍼센트도 되지 않았지만, 이주 습성에 관해 많은 것을 알게 되었다. 물새는 사냥되기 때문에, 그 새들에 부착되어 회수된 밴드의 비율은 물론 훨씬 더 높다. 예를 들면, 청둥오리에 부착했다가 회수한 밴드의 평균 수치는 첫해에 약 12퍼센트에 이르렀다.

장거리 여행의 챔피언은 북극 지방의 제비갈매기다. 제비갈매기는 북아메리카에서 북쪽으로 멀리 뻗친 북극 땅에 둥지를 튼다. 새끼가 자란 뒤에 그것들은 보금자리 땅을 떠나서 몇 달 뒤에 1만 8천km 떨어진 남극 대륙에 모습을 드러낸다.

가장 먼 거리를 여행하는 것은 북극제비갈매기이지만, 몇몇 다른 새들이 우리에게 더 친숙한 것은 어떻게 된 것일까? 봄에 처음 보이는 쌀먹이새의 부글부글 거품 이는 노래를 듣고 전율을 느끼지 못하는 농부는 거의 없다. 열린 공간의 이 아름다운 새들은 아르헨티나에서 겨울을 보낸 뒤에 돌아온다. 그 새들은 건초용 목초지와 초원에 둥지를 틀고, 타작할 때가 되면 벌써 남아메리카로 날아갈 준비를 하고 있다.

봄에 흔하게 볼 수 있는 또 다른 새는 진정한 단기 체류객인 논종다리다. 우리가 4월에 귀리를 위해 흙일을 하는 동안, 꼬리를 활발하게 흔드는 이 참새만한 새들은 쟁기질과 써레질로 들쑤셔진 벌레들 먹기를 좋아한다. 이 새들은 캐나다 툰드라에 둥지를 틀고, 밀씨를 뿌릴 때가 되면 몇몇 논종다리가 벌써 돌아와서 같은 밭에서 다시 벌레를 잡아먹는다. 같은 새일까? 확인할 방법은 없다. 그러나 몇몇 전문가는 철새가 둥지를 트는 지역으로 가거나 그곳에서 오는 도중에 이전에 방문했던 같은 나무에 내려앉고 같은 개천의 물을 마시며 숲이나 밭의 같은 나뭇가지를 이리저리 뒤지며 찾아다닐 수 있다고 생각한다. 그래서 9월에 우리 밭에 온 논종다리가 4월에 나를 따랐던 새와 같은 새일 가능성이 꽤 있다. 많은 이들의 환영을 받는 암청색큰제비와 외양간제비도 남아메리카에서 겨울을 보내고

3월 말과 4월에 상당히 긴 여행에서 돌아온다.

봄의 이주가 특히 먼 북쪽에 보금자리를 둔 새들에게는 꽤 신속하게 이뤄지는 것이 보통인 데 반해, 가을의 비행은 보통 좀 더 천천히 이뤄진다. 그래도 가을 비행의 빠르기가 입증된 케이스가 있다. 북부 앨버타Alberta에 있는 애서배스카강Athabasca River 주변에서 표지 밴드를 장착하고 베네수엘라의 마라카이보Maracaibo까지 6,100km를 정확히 한 달 동안에 하루 평균 201km씩 여행한 푸른날개쇠오리 새끼 수컷이 그 새다.

많은 새가 밤중에 이주하는데, 몇 해 전 내가 그 목격자였다. 보름달이 뜬 따뜻한 10월의 밤이었다. 나는 침대로 가기 전에 건조 중인 옥수수의 방향으로 향긋하고 신선한 저녁 공기를 들이마시려고 집 밖으로 한 걸음 내디뎠다. 달을 쳐다보는 순간, V자를 이룬 오리들의 대형이 달의 표면을 가로질러 날았다. 1초도 안 되는 아주 짧은 순간이었지만, 잊을 수 없는 광경이었다.

몇몇 새들은 엄청난 고도에서 이동하기도 한다. 1952년에 에베레스트산을 오른 등산가들이 해발 4,999m에서 고방오리와 큰뒷부리도요bar-tailed godwit의 잔해를 발견했다. 줄무늬머리기러기bar-headed geese가 히말라야의 최고봉 위를 날고 있는 것이 관찰됐는데, 그곳은 해발 8,839m가 넘는다. 6,000m에서 사람은 걷기가 어렵고 달리는 것은 사실상 불가능하지만, 물오리 한 마리가 네바다 사막의 6,400m 위에서 민간항공 비행기와 충돌했다. 그러나 그렇게 높은 비상은 아마도 새들에게도 상례적인 일은 아닐 것이다. 기록에 따르면 새와 항공기의 충돌은 대부분 600m 아래에서 일어나고 1,800m 위에서 일어나는 경우는 거의 없다.

모든 새가 따뜻한 기후를 가진 지방으로 이주하는 것은 아니다. 내가 이 글을 쓸 때, 우리의 새 모이통에는 검은눈방울새dark-eyed junco와 나무참새, 쇠박새 등과 같이 캐나다에서 온 많은 방문자들이 뻔질나게 들락거린다. 이곳은 저 새들이 충분한 먹거리를 구하기 위해 갈 수 있는 가장 먼 남쪽인 것 같다. 우리는 색채가 풍부한 저녁콩새 몇 마리를 기대해 왔지만, 지금까지 한 마리도 볼 수가 없었다.

1977~78년도 겨울 동안에 600마리에 가까운 흰멧새 무리가 라플란드Lapland[유럽 최북부 지역]의 긴발톱멧새와 함께 외양간 옆 밭에 우리가 매일 흩뿌려 놓은 암소 먹이(땅 위의 옥수수와 귀리)를 먹었다. 이 새들은 보통 미국 북부와 캐나다 남부에서 겨울을 보내지만, 그해 겨울의 혹한이 먹이를 구하러 더 멀리 남쪽으로 가도록 압박했다. 우리 모이통에는 태어난 곳에서 1.6km 이내에서 살고 죽는 멋쟁이홍관조brilliant cardinal처럼 이주하지 않는 텃새들도 아주 조금 있다.

과학자들이나 우리에게는 몇몇 새들, 한 예로 가족 집단과 무리를 이루어 이주하는 캐나다기러기가 어떻게 배워서 이주하는지를 이해하는 것은 어렵지 않다. 모든 새끼 기러기가 해야 하는 것은 그 선도자를 따르는 것이다. 그러나 이 각인 찍기[태어난 직후에 획득하는 행동 양식]를 더 작은 황금물떼새에 적용하는 것은 더 어려운 일이다. 성조가 된 물떼새는 8월 초까지 자기들의 북극 보금자리 땅을 떠나서 래브라도Labrador와 노바스코샤Nova Scotia 연안을 향해 동남쪽으로 날아가는데, 여기서 이 새들은 대서양을 건너 남아메리카로 가는 긴 여행을 시작하기 전에 꾸물거리며 기름기를 비축한다. 3주 내지 6주가 지난 뒤에 북극 지방에 남겨 두었던 새끼들이 같은 경로로 따라와서 아르헨티나 대초원Argentine Pampas에서 부모와 합류한다. 그 어린 물떼새는 자기들의 길을 어떻게 알까? "매가 너의 충고를 받아 날개를 펴고 남쪽으로 날아가는 줄 아느냐?" 회오리바람에서 들려오는 목소리가 욥에게 묻는다. 이 질문에 함축된 답은 매는 하느님에게서 주어진 지혜로 난다는 것이다. 새끼 물떼새도 그렇게 한다.

거대한 것들이여 안녕

아침 허드렛일을 평소보다 일찍 끝내고, 우리는 서둘러 이슬이 덮인 풀을 헤치며 목장으로 내려갔다. 적막을 깨뜨리는 유일한 소리는 이웃이 자기네 암소를 부르는 소리와 열려 있던 우유 통이 쾅하며 닫히는 소리뿐이었다. 작은 내와 몇 개의 울타리, 그리고 밭을 지난 뒤에 우리는 숲에 도착했다. 어둠 속에 있었지만 그곳은 우리에게 친숙했다. 우리의 목적지인 붉은오크 거목이 있는 곳에 곧 다다랐다. 그 북쪽 측면으로 가는 길을 느낌으로 알아채고, 우리는 푹신한 이끼 위에 자리 잡고 앉아서 동이 트는 것을 기다리기로 했다.

북쪽으로 작은 내 하나가 작은 폭포를 넘고 잔물결을 일으키며 꽐꽐 흘러가는 기분 좋은 소리를 들었다. 유령같이 조용한 형체 하나가 머리 위를 미끄러지듯 날아가더니, 몇 분 후에 나무가 우거진 다음 언덕에서 수리부엉이 한 마리의 부엉부엉 울음소리가 들려왔다. 하늘이 점점 더 밝아지고 별빛은 희미하게 사라졌다. 숲 가장자리에서 멧종다리 한 마리가 마음이 내키지 않는 노래를 들려주었는데, 곧 그 뒤를 이어 박새과 새들의 휘파람 소리와 동고비의 "엔

276 위대한 소유

크! 엔크!" 하는 소리가 오크나무 높은 곳에서 들려왔다.

햇볕의 첫 광선이 나무 꼭대기를 가로지르며 튀겨오르자, 숲이 낮의 생물들로 충만해졌다. 키가 큰 흰오크의 꼭대기 가까이 있는 옹이구멍에서 여우다람쥐 한 마리가 획 하고 튀어나왔는데, 이 옹이구멍은 우리가 봐서는 박새가 머물기에 적합한 크기에 가까운 것처럼 보였다. 느긋하게 아침 기지개를 켜고 텁수룩한 꼬리를 몇 번 휘두른 뒤에, 그 다람쥐는 갑자기 패기만만해져서 나무 꼭대기를 거쳐 너도밤나무에 다다랐다. 곧 너도밤나무 열매가 나뭇잎을 통과하며 떨어지는 소리가 우리 귀까지 와닿았다. 붉은머리딱따구리 한 마리와 큰어치 세 마리, 그리고 다람쥐 몇 마리가 그곳으로 향하는 것으로 봐서, 모든 길이 너도밤나무로 이끄는 것 같았다.

그때 동쪽으로 가는 길에서 철제 짐마차 바퀴가 자갈 위를 굴러가는 소리가 들려왔다. 짐마차가 밭쪽으로 방향을 틀자 그 소리는 잦아들었다. 그 소리는 노래 부르는 사람의 떠오르는 목소리로 대체되었고, 이번 주는 옥수수 껍질 벗기기를 위해 학교가 쉬기 때문에 어린애들의 목소리가 곧 조화롭게 뒤섞였다. 거리는 멀었지만 말소리가 갈색으로 물든 밭을 가로질러 황금빛 나무들을 꿰뚫고 분명하게 들려왔다. 첫 옥수수알이 옥수수 수확차의 가로널을 칠 때 몽상에서 깨어났는데, 그것은 우리 옥수수도 기다리고 있다는 사실을 생각나게 해주었다.

내가 아들과 함께 이 숲에 온 것은 몇 가지 목적 때문이다. 나는 이 지역이 첫 개척자들이 애팔래치아산맥을 가로질러 내도했을 때와 다르지 않다는 것을 보여주고 싶었다. 그리고 여러 해 동안 여러 번 내가 찾았던 장소와 작별을 고하기 위해 왔다. 어린 시절에 나는 아버지를 따라서 자주 이곳에 왔고, 그 뒤로는 혼자서 오곤 했다. 지형이 급변했기 때문인지, 아니면 농장의 서남쪽 구석에 이 처녀림 자투리를 품고 있는 땅에 정착한 가족의 소망 때문인지 확신할 수는 없다. 그 땅은 북쪽으로 개천과 습지와 접하고 동쪽 면을 따라서는 깊고 좁은 골짜기와 면하고 있다. 하여튼 말을 이용해서 재목을 베어 내는 것은 사실상 불가능했다. 그 이유야 무엇이든, 농장이 양도된 뒤에도 장대한 나무들은 150년 동안 도끼에게 고생을 시키지 않았다.

백 년 넘게 그 땅은 최초의 개척자 후손들에 의해 경작되었다. 공황 시대가 지난 뒤에 북부 도시들의 산업이 손짓해서 부르자 아들들이 공장으로 일하러 떠나갔고, 농장에서 그들을 대신할 기계를 제작하게 되었다. 그들의 아버지가 죽은 뒤에, 농장은 임차농에게 임대되었다. 나는 너무 어려서 첫 번째 임차인을 기억하지 못하지만, 내가 기억하는 임차인은 모두 좋은 농부들이었다. 실제로는 모든 가족농이 각각 자신의 농장을 사는 것이 허용되었다. 세월이 흐르면서 수리를 위해 소유주들이 지불하는 돈이 거의 없어지자, 건축물들이 퇴락하기 시작했다. 결국 집이 그토록 파손된 상태에 놓였기 때문에 임차인을 찾기가 어려워졌다.

바로 며칠 전에 우리가 숲을 찾았을 때, 이웃이 내게 "농장이 주인의 조카에게 팔렸어요"라고 말했다. 나는 걱정으로 인한 동통을 느꼈는데, 이유 없는 아픔이 아니었다. 그가 "그리고 벌써 목재용 입목을 팔았다네요"라고 덧붙여 말했기 때문이다. 사람들은 나무에 대해서 그렇게 경건하지 않고 현대 기술이 자연 장벽을 거의 인정하지 않기 때문에, 나는 나무의 파멸적 운명이 정해졌음을 알았다.

푹신한 이끼 방석에서 일어난 우리는 마지막으로 보고 찬탄하기 위해 숲을 관통해서 걸었다. 우리는 첫 가지까지 18m나 치솟은 홍색과 백색 오크와 포플러 아래에 멈춰 섰다. 머리 위에서 서로 얽힌 나뭇가지들은 육중한 나무 기둥들로 지탱된 대성당의 푸른빛과 황금빛의 천장 같은 인상을 주었다. 예전의 가을에 나보다 앞서 내 형이 그랬듯이, 나는 자주 다람쥐 사냥을 핑계 삼아 아침을 빼먹고 여기에 와서 이 장관에 흠뻑 빠지곤 했다. 겸손해지기도 하고 기분이 유쾌해지기도 한 경험이었다. 온통 양치류Christmas fern로 뒤덮인 그늘진 경사면에 서 있는 것은 노령의 너도밤나무였다. 거기에는 'JK 1944'라는 머리글자와 연도가 새겨져 있었다. 그 약간 옆에는 내 학교 시절 모험의 추억으로 되돌아가게 하는 글씨가 너도밤나무 밑둥치에 있는 마못 굴 몇 개를 가리키는 화살표를 따라 이렇게 새겨져 있었다. "IW 그리고 DK 스컹크 6마리 잡다. 1958년 2월(IW & DK CAUGHT 6 SKUNKS. FEB. 1958)"

숲 가장자리로 온 우리는 개천을 따라 그것이 외양간 마당을 지나 흐르는 곳으로 갔다. 나는 외양간을 보고 싶었다. 일부 벽널과 금속 부분은 지붕부터 파손되어 없어지고 있었지만, 목재들은 아직도 상당히 곧고 튼튼했다. 마룻바닥은 건초 짐을 외양간으로 운반할

거대한 것들이여 안녕 279

때 우마 팀이 발굽으로 마구 쳐서 닳아 부서졌다. 한때는 밭에서 얻은 선물로 서까래까지 가득차던, 농부의 희망과 꿈을 담고 아이들이 외치는 소리와 웃음소리로 울리던 외양간이 이제는 조용했다.

우리 아버지가 사일로 채우는 것을 도울 손 하나로 형 대신 나를 보낸 곳이 바로 이곳이었다. 그해부터 나는 사일로 채우는 팀의 일원이 됐다. '언덕과 골짜기' 가운데인 이곳에서 일하는 것은 언제나 즐거웠고, 사일로가 이미 다 채워졌음을 알았을 때는 미안했다. 그해에 사일로는 정오까지 가득 찼고, 밭에서 일한 우리들은 저녁 먹으러 집으로 가기 전에, 사일로 채우는 사람들이 마무리할 때를 기다리며 빙 둘러서 있었다. 누군가 "사일로가 무너지고 있다!"라고 큰 소리로 외쳤다. 우리는 너무 놀랐다. 분명 외양간과 사일로 사이의 간격이 천천히 벌어지고 있었다. 농부인 댄과 이웃 소년인 꼬마 엔노스가 사일로에 넣은 목초의 꼭대기에 있었다. 댄이 강력한 팔로 엔노스 씨네 아이를 외양간 지붕으로 던지고 재빨리 비탈진 곳으로 기어 내려왔다. 어떤 이가 건초 묶는 줄을 움켜쥐고 둥글게 말아 꼭대기에 있는 굴렁쇠 둘레를 고리로 묶었고, 우리는 그것을 외양간 안에 있는 들보에 붙들어 매어 사일로가 무너지는 것을 멈추게 했다. 우리들 가운데 많은 이가 그 일을 걱정했지만, 사일로는 자신의 여행을 계속하기로 결정하고, 낡은 외양간 바로 아래에 기대어 함께 하기로 했다.

내 아들과 내가 외양간의 끝을 돌아 나왔을 때, 나는 사일로가 가버리고 없음을 알았다. 밭 두 자락을 가로질러 우리는 설탕 캠프로 갔다. 그곳은 오크와 히코리 나무 그리고 사탕단풍나무로 조성된 약 8천m²[2,500평]의 작은 숲이었다. 조금 솟은 가운데에 사탕 만드는 오두막이 있었다. 목장의 일부인 그 장소는 거대하고 오래된 사탕단풍나무 아래에 위치한 거의 공원 같은 곳이었다. 작은 숲의 동쪽 가장자리, 그늘진 둔덕의 꼭대기에 은매화銀梅花로 덮인 땅은 개척자 가족들이 묻혀 있는 공동묘지였다.

축대를 기어서 오른 뒤에, 우리는 묘지 나무 아래 시원한 그늘에서 쉬었다. 어느 정도는 나 자신을 안심시키기 위해서라도, 나는 아들에게 "적어도 이 나무들은 살려 줄 거야. 분명 그 사람들도 개척자 가족들이 기른 나무를 자르지는 않겠지"라고 말했다. 보리수 한 그루가 두 살 된 조녀선의 무덤 옆에서 자라고 있었다. 그 옆에는 그 아이의 한 살 된 누이 앤젤린이 있었다. 나는 이곳 작은 언덕에서 마음을 아프게 하는 가족들을 거의 다 볼 수 있었다. 개고마리와 붉은풍금조가 노래 부르는 풍경은 눈에 띄지 않는 것 같았다.

공동묘지에서 우리 농장까지는 얼마 안 되는 거리였다. 언덕을 넘어 가기 전에, 우리는 방향을 틀어 아직 망가지지 않은 숲의 아름다움을 마지막으로 한번 더 보기 위해 잠시 멈춰 섰다.

그 가을이 깊어갈 때, 시골의 평온은 휴대용 동력 사슬톱의 으르렁거리는 소리로, 곧이어 통나무를 실어 옮기는 쇠갈퀴가 달린 트랙터 소리로 어느 날 아침 산산이 부서졌다. 그때 나는 톱질이 끝난 뒤에는 천둥이 치는 꽝음이 난다는 사실을 알아챘다. 곧 연기를 내뿜는 디젤 트럭이 엄청난 통나무를 싣고서 덜거덕거리며 우리 농장을 지나갔다. 250년 넘게 폭풍우와 더위에서 살아남아 새와 짐승들에게 먹거리를 주고 피난처를 제공하면서 자신을 보는 모든 사람들 가슴을 전율케 한 이 최상급 나무들은 유럽으로 팔려나갈 것이다.

그토록 자주 발생하는 일이지만, 땅 소유자는 약삭빠른 목재 구매상에 의해 잘못된 길로 인도되었다. 그들은 지름이 35cm 이상이면 어떤 나무라도 가져갈 수 있다고 합의했다. 그러나 기준이 되는 높이는 분명치 않았다. 거의 모든 나무가 깔때기 모양이어서 [사람 눈높이에서] 직경 25cm면 지표에서는 35cm로 벌어질 것이다. 의심할 여지없이, 수령이 높은 나무의 다수가 "채취할 만큼 성숙했다"고 주장될 수 있다. 그러나 나는 25cm짜리 건강한 흰오크를 베어서 넘어뜨리는 것을 정당화할 수 있는 구실은 없다고 믿는다. 나무로 외양간과 집을 개축하고 가구를 만드는 데 사용해서 젊은 가족들이 다시 농장을 돌보고 번성하도록 할 수 있게 하는 것이 더 낫지 않을까? 그 땅은 아직도 이웃이 잘 경작하고 있다. 한 이웃이 최근에 내게, "그 땅은 좋은 수확고를 올리고 있어요. 그러나 그곳에 새 집을 지을 목재용 입목이 남아 있지 않아서, 지금은 아무도 그것을 살 여유가 없네요"라고 말했다.

이웃 농장에서 사일로를 채우는 동안에, 나는 하늘을 가리키는 나무의 몇 갈래 비틀린 손가락들을 멀리서 볼 수 있었다. 이 나무들은 '치수를 정확히 재지' 않은 것들이었다. 몇 가지 이유로 나는 그곳에 돌아갈 마음이 나지 않았다. 그럼에도 나는 어느 날인가 되돌아가서 그 참상을 보지 않을 수 없음을 알고 있었다.

나는 네 번째 가을에 그곳으로 갔지만, 그 땅과 친숙한 어떤 사람의 마음을 갖고 간 것이 아니라 차라리 외국 땅에 가는 생소한 사람 같은 기분으로 갔다. 그 농장을 가로질러 걷자마자, 나는 그동안 일어났던 변화에 몹시 놀랐다. 목장에 그늘을 드리웠던 큰 오크와 울타리 열과 길가를 따라 늘어서 있던 사탕단풍나무와 야생벚나무, 작은 플라타너스, 심지어 농장 건물을 둘러싸고 있던 그늘나무까지 모두 사라져버렸다. 처녀림이 있던 곳에 갔을 때, 나는 가시나무와 미국자리공, 그리고 새 나무 묘목들에 의해 거의 감추어진 상태로 여기저기에 뿔뿔이 흩어진 우듬지를 발견했다. 나는 오래되고 아름다웠던 어떤 것을 잃었다는 사실을 알고서 우울해졌다. 한때는 다람쥐와 너구리, 도가머리딱따구리의 집이었던 태고의 숲이 뚫고 들어갈 수 없는 정글로 변해서 솜꼬리토끼와 회색여우, 지빠귀 등의 안식처가 됐다. 나는 개천으로 걸어서 내려가려고 시도했는데, 작은 내에 십자가형으로 교차되어 있는 나뭇가지를 아래위로 기어간 뒤에야 마침내 거대한 너도밤나무에 다다랐다. 그 나무는 그 조각들 위에 누워 있었는데, 속이 움푹 파여서 아무런 경제적 가치가 없었기 때문에 썩도록 내버려 둔 채 놓여 있었다.

설탕 캠프도 더 잘되지 않았다. 즐거운 그늘집으로 사용되던 것이 지금은 열린 목장이 됐다. 여기서 우듬지들이 화목용으로 썰어졌다. 남아 있는 것은 모두 거대한 사탕단풍 고목의 그루터기였는데, 세어 보니 64개였다. 그루터기들을 살펴보고서, 나는 그루터기 대다수가 움푹 파여져 있음에 주목했다. 목재용 등급이 되기는 어렵고, 차라리 팔레트[화물운반대]용 나무로 보였다. 내게는 3월에 당밀을 만드는 즐거움을 주고 여름에는 암소들에게 시원한 그늘을, 8월에는 찬란한 색채를 제공하던 이 작고 아름다운 나무숲이 팔레트로 잠시 쓰이려고 베어져 못질 당했다가 먼 곳에 있는 어떤 공업 단지의 불구덩이에 던져진다는 것은 온당하게 보이지 않는다.

공동묘지로 가는 둔덕에 기어올랐을 때 처음으로 목격한 것은 그늘이 없다는 것이었다. 그늘을 좋아하는 은매화는 찔레와 잡초로 질식해서 말라 버렸고, 꼭대기에 다다랐을 때 처음 생각한 것은 신성한 것은 더 이상 없다는 것이었다. 조녀선의 보리수나무는 사탕단풍나무와 운명을 함께하기 위해 사라져 버렸고, 그 양쪽에 있던 커다란 흰오크도 마찬가지였다. 묘비는 혼란스럽게 드러누워 있었고 어떤 것은 부서졌다. 넘어지는 나무에 뭉개졌는지, 아니면 재목을 옮기는 트랙터에 깔려 부서졌는지 알 수가 없다. 나는 꿇어앉아서 조심스럽게 묘비를 뒤집었다. 표면의 흙을 부드럽게 닦아 내고 조각들을 모아서 맞추자, 디자인의 기조가 나타나고 그 다음에는 'ANGELINE'이란 이름이 드러났다.

계절을 넘어서

아메리카밤나무

우리 숲의 가장자리를 따라 참으로 오래전부터 밭 구석으로 사용되어 온 곳에 거대한 밤나무 고목의 회색 뼈대 하나가 드러누워 있다. 그것은 내가 기억하는 한, 오랫동안 부식되지 않고 완강하게 버티면서 그곳에 있었다. 그 장려한 나무는 1825년에 개척자 에셜먼 Eshelman 가족이 이 땅에 정착할 때 매년 가을에 맛있고 풍부한 밤을 공급한다는 이유로 도끼질을 피할 수 있었던 것 같다. 그리고 그 나무는 추수하는 동안 사람들과 팀을 위해 뻗은 가지 아래에 즐거운 그늘을 제공했을 것임은 의심할 바가 없다. 그 나무가 치명적인 밤나무마름병으로 쓰러진 것은 아마도 1920년대였을 것이다.

이처럼 지나간 시간의 자취와 우연히 마주칠 때면, 무언가 속임을 당했다고 느끼지 않을 수가 없으니, 나는 한 번도 아메리카밤나무 American Chestnut의 밤을 맛본 적이 없다. 공동체의 나이 많은 사람들은 내게 말하기를, 수입된 중국 밤은 작지만 더 달콤한 토종 밤의 대용품에 지나지 않는다고 한다.

첫 개척자들이 내도했을 때 전체 숲의 25%, 어떤 곳은 40%가 밤나무로 꽉 차 있었다. 밤나무는 빨리 자라는 나무여서 매년 직경이 2.5cm씩 커져서 1.2m에 이르고, 때로는 그루터기의 지름이 그보다 더 클 때도 있다. 한 예로, 스모키Smoky산 국립공원에서 쓰러져서 죽은 밤나무의 직경이 290cm였는데, 지상 20m 지점에서도 지름이 142cm로 측정됐다.

잘 썩지 않는 이 나무는 가로장 울타리에 광범하게 사용된다. 우리 마당에는 이번 세기[20세기] 초에 분할된 몇 개 구획에 가로장 울타리를 갖고 있다. 옹이가 없는 나무는 울타리에 사용되는 것 외에도 외양간 벽널과 공구의 손잡이, 짐마차의 테두리, 교회의 벤치, 그리고 가구용으로도 사용되었다.

견과는 사람들이 맛있게 먹을 뿐만 아니라 사슴이나 다람쥐, 너구리, 곰, 칠면조 등도 매년 가을에 그것을 먹고 살찌운다. 18세기 말에 살던 누구도 이 위풍당당하고 유용한 나무에게 무슨 일이 일어날지 알 수 없었을 것이다.

그러나 마름병blight은 왔다.

밤나무마름병은 1904년에 뉴욕시에서 처음으로 관찰됐다. 그것은 뉴욕동물공원이 입수한 오염된 중국밤나무에 의해 유입된 것으로 추정된다. 그 공포의 킬러는 뉴욕에서 서부와 남부로 서서히 진군했다. 밤나무가 아무리 원기왕성하고 건강하다 하더라도 침략군에 대항하여 유전학적으로 방어할 수는 없었다.

마름병은 그 포자가 바람과 동물, 새들에 의해 퍼진다. 바깥 껍질이 갈라진 틈으로 안으로 들어가서 생기는 진균류fungus 질병이다. 밤나무는 예외적으로 빨리 자라기 때문에 껍질에 갈라진 틈이 생기는 것은 흔한 일이다. 진균은 백목질로 뚫고 들어가서 밤 세포를 파괴하는 효소를 풀어 놓음으로써 성장한다. 이렇게 들어가는 순간에 암종병canker이 형성되는데, 껍질이 거칠며 코르크처럼 부풀어 오르고 흔히 중심 줄기에서 나타난다. 결국 이 암종병이 나무를 에워싸고 마치 도끼로 나무껍질을 고리 모양으로 벗기는 것처럼 나무를 죽인다.

마름병은 결코 뿌리는 죽이지 않아서, 수령이 많은 밤나무의 많은 그루터기가 계속 싹을 틔운다. 이것들 가운데 일부는 자신도 기생균으로 죽기 전까지는 밤을 생산한다. 몇 년 전 나는 우리 카운티의 서남 지역에 있는 산등성이에서 6~9m 높이에 20~25cm 지름의 밤나무 그루터기를 수십 개 보았지만, 모두 죽었다. 인간의 관여를 상기시키는 무서운 암시였다.

뉴욕에서 발견된 지 50년도 되지 않아, 마름병이 뉴잉글랜드에서 애팔래치아산맥 전역과 그 서쪽 끝에 이르는 광범위한 지역의 밤나무들을 사실상 모두 죽였다. 이 엄청난 손실의 악독함을 분명하게 드러내기 위해, 미국산림청의 과학자 한 명이 마름병으로 잃은 입목은 모두 오늘날 시장에서 4,000억 달러의 가치를 갖는 것으로 평가했다.

죽은 나무의 다수는 베어지고 톱으로 켜져서 판재로 만들어진다. 내 삼촌은 1931년과 1932년에 한 농부가 죽은 밤나무 목재를 거두는 것을 어떻게 도왔는지 들려주었다. 그들은 각자 제재용 톱을 갖고, 농사일이 느슨해진 농한기에 7만 5,000피트가 넘는 판자를

288 위대한 소유

톱으로 켜서 아주 싼 가격으로 팔았다. 또한 그때까지 벌레 먹은 밤이 마무리 손질된 나무 못지않게 수요가 컸기 때문에 몇 년을 기다려야 했다고 말했다.

그러나 마름병에 감염되지 않은 미시간과 위스콘신주에는, 밤을 생산하는 나무들의 고립된 숲이 얼마간 남아 있었다. 과학자들은 이 숲들이 150년 전에 동부에서 밤과 묘목을 가지고 간 개척자들에 의해 시작된 것이라고 생각한다. 전부 합하여, 이 지역에는 수천 그루의 작은 나무와 500그루 정도의 성목이 있다.

아메리카밤나무에 어떤 희망이 있는가? 몇몇 원예학자와 숲 과학자들은 희망이 있다고 생각한다. 보존을 위한 대부분의 지난 노력들은 마름병에 강한 나무를 기르는 것이었지만, 그렇게 성공적이지 못했다. 그래도 마름병 지역에서 오늘날 살아남은 약간의 밤나무는 마름병에 대한 어느 정도의 저항력을 갖고 있음이 분명하다. 비극은 이 나무들의 대부분이 밤을 생산하지 않는다는 것이다. 나는 이런 나무의 하나를 알고 있는데, 꽃을 피우고 과피果皮를 생산하지만 밤을 생산하지는 못한다. 그 나무가 제꽃가루받이를 할 수 없음이 분명하다. 중국밤나무와 아메리카밤나무를 교잡함으로써 마름병에 강한 잡종 나무를 생산하려 한 노력도 역시 잘되지 않았다.

현재 가장 좋은 전망을 보여주는 방법에는, 아직 그 이유를 다 이해하지는 못하지만, 비교적 약한 소질의 진균을 이용해서 치명적인 악독한 소질의 진균을 약화시키는 방법이 포함되어 있다. 이러한 소질(차악성hypovirulent이라 부른다)의 진균을 접종한 병든 밤나무의

아메리카밤나무 289

암종병은 성장이 멈추기도 하고, 혹은 시험 대상의 대부분이 완전히 치유되기도 했다.

이제 문제는 이 '쓸모 있는' 진균이 유럽에서 그러했듯이 혼자 힘으로 확산되게 하는 것이다. 지금까지는 마름병으로 인해 암종병에 걸린 미시간주의 몇몇 밤나무가 살아남고 치유되긴 했지만, 과학자들이 기대한 것만큼 번성하지는 못했다. 하지만 그러한 소질이 아메리카에서 처음으로 발생한 차악성次惡性 소질임이 드러났다. 그래서 삼림감독관과 식물병리학자들은 낙관적이다. 누가 아는가, 롱펠로Longfellow가 "가지 뻗은 밤나무 아래서…"라고 썼듯이, 밤나무 아래에 앉는 것을 다시 즐길 수 있을는지.

귀화동물

약간의 누르스름한 점과 밝은 노랑 부리를 가진 검고 땅딸막한 새 한 마리가 흰털발제비 집을 우연히 발견했다. 성의 없는 날개짓과 휘파람 노래를 몇 번 시도한 끝에, 그 새는 비슷하게 생긴 짝과 한 쌍을 이루었다. 그 과감한 새는 안절부절 못하고 허둥지둥 서두르는 거동으로 둥지를 틀 구획을 면밀하게 살피기 시작했는데, 그동안에 흰털발제비는 저항의 목소리를 내면서 집 주변을 빙빙 돌았다. 그 새의 뻔뻔스러운 행동을 받아치기 위한 대책을 강구하기 위해서다. 침입자는 당연히 유럽찌르레기European starling였다.

찌르레기는 집참새와 보통비둘기common pigeon, 노르웨이쥐Norway rat, 그리고 개천과 호수에 사는 독일잉어German carp 등과 함께 골칫거리 야생생물 목록에서 높은 자리를 차지한다. 모두 북아메리카에 비교적 최근에 온 것들이다. 그리고 쥐를 제외하고는 이 모든 것들이 인간 개체군의 삶을 질적으로 상향시켜 줄 것이라는 잘못 유도된 믿음으로 아메리카에 데려온 것이다. 노르웨이쥐는 아마도 대서양을 정기적으로 왕복하는 수많은 범선을 타고 밀항자로 건너왔을 것이다. 그 쥐들은 밤에 배다리로 줄지어 내려와서, 소란스러운 항구도시에서 편히 지냈다. 그 설치동물들은 항구에서 전국으로 퍼져 나갔다.

1850년 뉴욕에 있는 브루클린연구소Brooklyn Institute에서 집참새(혹은 영국참새)를 미국에 들여올 위원회를 임명했다. 그해에 여덟 쌍을 영국에서 연구소로 데리고 와서, 겨울 동안 새장에서 돌보다가 이듬해 봄에 방사했다. 위원회로서는 원통한 일이지만 참새들은 번성하지 않았다. 원래의 계획을 헛되게 하지 않기 위해, 그들은 그 다음 해에 다시 시도했다. 수많은 참새들이 증기선 유로파Europa를 타고 아메리카로 건너와서, 브루클린의 녹림묘원Greenwood Cemetery에서 풀려났다. 이번에는 혈기왕성한 새들이 살아남아서 증식하기 시작했다. 1860년에는 12마리의 수입 참새들이 메디슨광장에서 자애롭게 방사되었고, 4년 뒤에는 더 많은 참새가 센트럴파크에서 자유롭게 풀어졌다.

참새를 미국으로 데리고 온 이유의 하나는 그 새들이 다산이어서 새끼를 많이 번식하고 식욕이 왕성해서 벌레를 많이 잡아먹는다는 평판을 갖고 있었기 때문이고, 그늘을 만들어 주는 녹음수綠陰樹의 잎을 먹고 있던 자벌레cankerworm의 대량 내습來襲을 끝내 줄 것으로 기대되었기 때문이다. 참새는 왕성한 번식자의 명성에 맞도록 살았고 주로 편안하게 자리잡는 데 필요한 먹이로서 약간의 벌레를 죽이기도 했다. 그러나 성장한 참새들은 말똥에서 아직 소화되지 않은 곡물을 더 좋아했다. 그리고 1800년대 중엽의 도시에 있는 모든 말들과 더불어 참새에게 아메리카는 약속의 땅이 되었다.

뉴욕 못지않게 미시시피 강 동쪽의 거의 모든 도시도 집참새를 원했다. 참새는 지위의 상징이 됐으니, 군청 청사의 처마 장식에 너절한 집을 짓는 새를 갖는다는 것이 진보의 신호로 여겨졌다. 오하이오주의 클리블랜드시가 1869년에 자기네 참새를 샀다. 펜실베이니아주의 필라델피아 시정부도 참새 사업을 거창하게 추진하기로 결정했다. 1,000마리의 새가 수입되어서 방사됐다. 1876년에 아이오와주 더뷰크시가 다른 많은 시와 읍이 그러했듯이 20쌍을 구입했다. 1886년까지 이제는 약간 덜 사랑받는 새들이 미시시피 강 동쪽의 모든 주와 서쪽의 몇몇 주에 서식하게 됐다.

점차 달갑지 않다는 자각이 일어나면서 여론의 흐름이 집참새와 그 나쁜 습성에 악감을 갖게 했다. 하지만 너무 늦었으니, 그 유해동물은 확고하게 자리를 잡았다. 도시와 카운티가 시도한 퇴치 보상금과 둥지 파괴, 덫 놓기 등 어떠한 노력도 지속적인 효과를 보지 못했다. 저명한 조류학자 엘리엇 쿠스Elliot Coues 박사는 이 새를 '억세고 작은 외래 속물'이라고 불렀다. 어떤 참새는 잡아먹을 것으로 예상한 벌레는 먹지 않을 뿐만 아니라, 통상적으로 이 벌레들을 잡아먹는 토종 새들을 쫓아 버리고 사실상 대신 들어앉았다. 동부의 파랑새는 사나운 참새들의 침입으로 다른 단일 종보다 더 많은 고통을 받았다. 1900년대 초에 캐나다의 유명한 자연주의자인 잭 마이너Jack Miner는, "파랑새가 감소한 주된 원인은 영국참새다. 인간이 저지른 가장 큰 실수 가운데 하나는 이 작고 횡포한 볼셰비키를 아메리카로 소개한 때였다"고 썼다.

귀화동물　293

집참새 대실패의 가장 큰 비극은 실수로부터 배운 사람이 거의 없는 것처럼 보인다는 것이다. 1890년에 뉴욕시가 또 시작했다. 이번에는 새와 셰익스피어 연구가 취미인 약품 제조업자 유진 쉬펠린 Eugene Schieffelin이 셰익스피어가 저작에서 언급한 모든 종의 새를 아메리카로 수입하겠다는 뚱딴지같은 생각을 제안한 것이다. 불행하게도 찌르레기가 언급되었기 때문에, 쉬펠린은 정식으로 찌르레기 60마리를 수입해서 센트럴파크에 풀어놓았다. 이 새들의 첫 둥지는 아메리카자연사박물관 처마에 지어졌고, 어린 새끼들은 보금자리에서 날아가는 데 성공했다.

절도 있는 행동은 전혀 하지 않는 이 침략적인 새는 센트럴파크에서 북아메리카를 가로지르며 퍼져 나갔다. 1952년에는 알래스카주의 주도州都인 주노시 부근까지 진출했다. 이어 그린란드와 북극 지역을 포함함으로써 찌르레기의 대륙 정복은 완성됐다.

찌르레기는 집참새처럼 움푹한 공동空洞에 둥지를 트는 것을 좋아한다. 그래서 고통을 받은 토종 새들은 파랑새와 암청색큰제비, 참새 그리고 특히 딱따구리와 같은 움푹한 공동에 둥지를 트는 새들이었다.

조류 서적에서 바위비둘기rockdove라고 부르는 보통비둘기common pigeon도 외래 동물이다. 시인과 철학자의 사랑을 받았고 도시 주민과 가깝게 벗하며 지내는 이 새는 1606년에 노바스코샤주 포트 로열Port Royal의 프랑스인에 의해 신세계의 해안에 처음으로 들어왔다. 비둘기는 집참새나 찌르레기와 달리 그렇게 유해한 동물은 아니었지만, 그럼에도 수많은 비둘기 떼가 번성한 많은 도시에서는 성가신 존재가 되어 갔다.

때때로 비둘기는 새와 동물에게 치명적인 질병인 클라미디아증chlamydiosis의 매개체이기 때문에 공공 건강 관청에서 특별한 관심을 기울인다. 이 질병의 알려진 모든 매개체 가운데서 비둘기가 가장 일반적이다. 질병의 위협으로 인해 몇몇 도시들은 관청의 종루鍾樓 주변에서 서성거리는 새들의 수를 줄이기 위해 매년 비둘기 유렵회遊獵會를 갖는다.

이곳 시골에서는 비둘기가 도시에서 그랬던 것 같은 골칫거리는 결코 아니다. 수컷이 짝에게 구애하며 외양간 들보를 가로질러 날개를 펴고 걸을 때 구구 하며 우는 것은, 둥지를 짓기 위해 풀과 짚으로 건초더미를 부지런히 채우는 집참새 한 쌍의 성가신 재잘거림과 비교한다면 아름답다. 이 주변의 비둘기들이 성가신 것에 이르지 않는 또 다른 이유는 그 새들이 시장 가치가 있다는 것이다. 여름이 지나자마자 시골 소년들이 비둘기를 잡아도 되는지 물으면서 한밤중에 문을 세게 두드렸지만 우리는 잠에서 깨어나지 않았다.

생태학적 무지의 전형적 사례는 잉어의 수입과 광범한 사재기였다. 이 문제에 관해서는 우리가 미국 정부를 위해 물고기 양식한 루돌프 헤셀Rudolph Hessel에게 감사해야 하는데, 그는 잉어가 세상에서 가장 좋은 물고기라고 확고하게 믿었다. 그는 1876년 가을에 선적된 이 물고기들을 싣고 돌아오기 위해 유럽으로 파견되었다. 이 여행은 성공하지 못했으니, 돌아오는 길에 배가 북대서양에서 거친 바다를 만나서 보스턴에 도착했을 때는 그 대단한 잉어들이 모두 죽어 있었기 때문이다.

그러나 헤셀은 포기하지 않았다. 그는 다음 해 봄에 다시 독일로 여행해서 345마리 이상의 잉어를 조심스럽게 골라서, 1877년 5월 26일에 모두 왕성하게 살아 있는 물고기와 함께 뉴욕에 상륙했다. 보스턴에 있는 몇몇 연못에 자기의 굉장한 물고기를 비축한 뒤에, 헤셀은 고맙게 여기는 의회의 박수갈채를 받기 위해 워싱턴을 방문했다. 그는 잉어가 곧 우리의 토종 물고기보다 뛰어난 고급 물고기가 될 것임을 확신했다.

마법의 새 물고기를 둘러싼 엄청난 명성 때문에, 사람들은 양식군체群體를 가지려고 실제로 줄을 섰다. 의회 의원들은 자기 지역구에 공정한 할당 몫이 배당되는지 보려고 옥신각신했다. 1879년까지 1만 2천 마리가 넘는 잉어가 25개 주와 준주準州에서 방사됐고, 1883년에는 26만 마리의 물고기가 298개 의회 지역구에 분배됐다. 단지 3개 구만 잉어가 없는 곳으로 남았다. 많은 잉어가 이 지역에서 가장 좋고 자연 그대로의 물로 방사된 것은 비극적인 일이었다.

몇 년 뒤 잉어의 좋은 경과에 관한 보고서가 워싱턴에 도착했다. 1884년 버지니아주의 제임스강에서 잡은 1.6kg짜리 잉어가 물고기 시장에 상장됐다는 사실이 미국어류위원U.S. Fish Commissioner에게 보고됐다. 1890년 5월 15일, 우리 집에서 가까운 곳에서 발행된 『슈거크리크 예산안The Sugarcreek budget』이 이 보고서다. "올봄에 아주 크고 좋은 잉어 몇 마리가 슈거크리크에서 잡혔다. 지난 토요일에 리바이

296 위대한 소유

호스테틀러 씨가 길이가 41cm고 무게가 1.24kg로 측정된 한 마리를 낚아 올리고, 같은 날 존 디츠 씨가 1.6kg 무게의 한 마리를 잡는 데 성공했다. 2년 전에 수천 마리의 어린 잉어를 연못 소유주가 크리크[작은 내]에 방사했고, 결과는 그 행위의 유력한 증명이 되었다."

머지않아 새로운 외래 동물의 신기로움은 점점 사라져 없어지고, 헤셸과 정치인들에게는 놀랍게도 그 우수함에 대한 칭송이 뜻밖의 종말을 맞이했다.

잉어가 증가한 수역에서는 토종 물고기 낚시의 소득이 점점 더 적어졌다. 잉어는 이제 악한이 되어서 물고기를 잡아먹고 산란 자리를 황폐하게 만들며, 야생 벼와 셀러리를 뿌리째 뽑아 버리는 것으로 비난을 받았다. 1900년까지 이리호의 상업적 어부들이 '오대호연어Great Lakes salmon'를 박멸할 수 있도록 도와 달라고 정부에 호소했는데, 잉어는 동부 시장에서 때때로 이렇게 불린다. 그러나 참새와 찌르레기의 경우처럼 발생된 손해를 원상태로 되돌리기는 너무 늦었다. 잉어, 혹은 몇몇 어부들이 그것을 경멸하여 부르는 것처럼 '하수구 배스sewer bass'는 이미 정착했다.

토종 물고기가 이번 생태학적 헛일에 대가를 지불했을 뿐만 아니라 물새도 같은 고통을 겪었다. 위스콘신주의 코시코농Koshkonong호는 잉어가 내도하기 전에는 매년 가을에 이주하는 댕기흰죽지오리 수천 마리의 방문을 받았다. 이 멋진 오리를 유혹한 것은, 호수에 번성하고 그 새들이 좋아하는 먹이인 야생 셀러리였다. 1880년에 호수는 잉어로 채워졌다. 그 물고기는 야생 셀러리를 뿌리째 뽑아 버렸으니, 그것이 코시코농 호수에서 사라지자 댕기흰죽지오리도 사라졌다. 같은 일이 서부 이리호의 비옥하고 얕은 물에 사는 셀러리에게도 일어났다. 오대호의 이쪽 부분은 한때 가장 좋은 댕기흰죽지오리 사냥터였다. 댕기흰죽지오리에게는 잉어가 무시무시한 대가였다.

한편, 외래 조류의 도입이 성공적인 경우도 약간 있었다. 특히 고리무늬목꿩과 바위자고새chukar가 그렇다. 아시아에서 온 이 두 종의 새는 아메리카의 자연 세계에 존재하는, 앞서 어떠한 토종도 거주한 적이 없는 적소適所에 거주하는 것 같다.

외래종을 아메리카로 들여오려던 수백 종의 다른 시도는 내가 찌르레기가 실패하기를 바라던 것처럼 다행스럽게도 성공하지 못했다. 셰익스피어가 자신의 작품 『헨리 6세』에서 "찌르레기를 키워서 '모티머Mortimer'[왕위를 노리던 반역 귀족 이름]라는 말만 가르칠 거야"라는 구절을 쓰지 않았더라면, 암청색큰제비가 집 주위에 둥지를 트는 과정을 더 쉽게 보았을텐데 하고 궁금해질 수밖에 없다.

XZ89

지난 12월 어느 날, 30마리 기러기 한 떼가 연못으로 날아왔다. 이 캐나다기러기들은 낯선 손님이었는데, 그중 여섯 마리가 다채로운 목 밴드를 뽐내고 있었기 때문이다. 목에 맨 깃 가운데 셋은 푸른색이고 셋은 오렌지색이었다. 각 깃에는 네 개의 큰 번호와 문자가 있었다. 우리는 20배율 망원경으로 그것들 가운데 푸른색 둘과 오렌지색 둘, 모두 넷의 약호略號(정보암호)를 알아볼 수 있었고, 나는 곧 자연자원부Department of Natural Resources 의무를 다해 보고했다. 기러기들은 1주가량 이 지역에서 머무르다가 남쪽으로의 여행을 이어 갔다.

겨울이 봄으로 바뀌고 내가 보고한 밴드에 대해 거의 잊었을 때, 우체부가 미국 어류 및 야생생물국Fish and Wildlife Service에서 온 편지 한 통을 우리에게 가져왔다. 편지에 따르면, 두 마리의 푸른색 깃 기러기는 켄터키 주의 핸드선시에서 밴드를 부착해서 단지 몇 주 후에 우리 연못에 머물렀다. 통상적인 가을 이주 패턴과 대조적으로 이 기러기들은 남쪽으로 돌아가기 전에 북쪽으로 수백 마일을 여행했다. 그러나 편지는 오렌지색 밴드에 관해서는 아무런 정보도

주지 않았다.

그러나 7월에 무소니Moosonee 우편소인이 찍힌, 온타리오 자연자원국Ontario Ministry of Natural Resources에서 온 봉투 하나가 도착했다. 나는 무소니가 허드슨이나 제임스만 부근에 있는 어떤 곳임을 알았기 때문에 간절한 마음으로 봉투를 뜯었다. 그 기관의 지역 담당자에게서 온 편지는 XZ89라는 약호가 기재된 목깃의 수컷 어른 기러기가 1986년 7월 18일에 온타리오주의 애터워피스컷Attawapiskat에서 동북쪽으로 77km 떨어진 곳에서 밴드를 부착했다고 알려주었다. 어른 암컷인 다른 한 마리는 이틀 뒤에 같은 마을에서 동북으로 103km 떨어진 곳에서 밴드를 부착했다.

편지는 계속 이어졌다. "온타리오 자연자원국은 미시시피 물새나는 길 협의회Mississippi Waterfowl Flyway Council와 협력해서 매년 대략 7,000마리의 캐나다기러기에 밴드를 부착한다. 이들 기러기의 반정도는 아키미스키Akimiski섬에서 밴드를 부착하고, 반은 온타리오 연안의 허드슨시와 제임스만을 따라서 밴드를 부착한다. 모든 기러기는 유일한 숫자 약호가 새겨진 금속 밴드를 다리에 부착한다. 성조는 여기에 더해서 오렌지색 플라스틱 깃을 목에 부착하는데, 각 새는 눈으로 그 정체성을 확인시켜 주는 '이름'인 유일한 네 자리 문자 약호를 갖는다."

지도상으로 애터워피스컷 마을은 같은 이름을 지니고 있는 강의 어귀에 있는데, 그것은 제임스만 서쪽 연안의 중간쯤에 있다. 강어귀 바로 바깥쪽 만 안에 기러기에 밴드가 부착된 아키미스키섬이 있다.

목에 깃을 채우는 것은 확실한 이점이 있다. 기러기는 총으로 쏠 수 없고 밴드를 읽고자 다시 잡을 수도 없다. 이러한 방법 때문에 우리는 이제 캐나다기러기 XZ89가 아키미스키섬에서 밴드를 착용한 뒤에 12월에 여기서 쉬고 먹기 위해 거의 정남쪽으로 날았다는 사실을 알게 되었다. 아마도 우리 농장은 이제 철새 이주 지도의 어딘가에 XZ89가 '앉았던' 곳이라고 자그마한 채색 핀으로 표시될 것이다. 흥미롭다. 그러나 이러한 정보가 정말 필요할까? XZ89와 목 밴드를 한 다른 기러기들에게 그 성가신 플라스틱 깃을 죽을 때까지 착용하도록 요구하는 것을 정당화할 정도로 필요한 것일까?

몇몇 야생생물은 그야말로 죽음에 이르게 하는 연구의 대상이 되고 있다. 검은발흰족제비blacked-footed ferret가 좋은 예다. 족제비weasel 를 닮은 이 작은 동물은 프레리도그prairiedog[마못의 일종] 서식지에 살고 있다. 그 서식지가 1981년 9월에 와이오밍주의 개인 대목장에서 발견되었는데, 당시 그 동물들은 절멸의 위기에 처한 것으로 보였다. 실제로 재발견의 명예는 셉Shep[Shepherd, 목양견(牧羊犬)]이라 부르는 대목장 개에게 돌아갔다. 생물학자들이 흔히 말하듯이, 셉은 자신의 먹이 접시에서 몇 센치 떨어진 곳에서 한 마리를 '수집했다'. 개 주인은 셉의 희생물이 무엇인지 확인할 수 없어서, 어류 및 야생생물국에 전화를 했다. 그 동물은 곧 검은발흰족제비로 밝혀졌다. 살아 있는 흰족제비를 위한 연구가 시작되었고, 그 결과 그 동물이 죽임을 당한 곳에서 약 8km 떨어진 곳에서 서식지가 발견됐다.

흰족제비가 살고 있던 땅의 소유주는 프레리도그를 독살하는 것을 믿지 않는 사람이었고, 그 대목장에는 굴에 사는 수천 마리의 설치류가 있었다. 당연히 프레리도그에게 좋은 것은 검은발흰족제비에게도 좋은 것이었다.

흰족제비를 모니터하기 위해 표지를 붙이고 다시 찾는 프로그램이 시작되었다. 측량국은 1984년 9월에 번식하고 있는 128개체를 표시했다. 낮에는 조사자들이, 밤에는 야생생물 촬영자들이 그 지역에 떼를 지어 들끓자 악몽이 펼쳐지기 시작했다. 이듬해 8월에는 개체가 60마리로 떨어지고 10월까지는 31마리로 떨어졌다. 흰족제비는 죽어가고 있었다. 마찬가지로 역시 어안이 벙벙한 숫자로 죽어가고 있던 프레리도그들은 야생 조수에 발생하는 역병을 가진 것으로 진단되었다. 이 세균성 질병은 벼룩에 의해 확산된다. 그것은 선腺페스트bubonic plague 혹은 페스트Black Death(흑사병)라고 불린다.

역병의 확산 속도를 늦추기 위해 벼룩을 죽이기로 결정했다. 주정부는 3만 파운드의 세빈Sevin을 구입해서 프레리도그의 굴 10만 개 주변과 안에 뿌렸다. 흰족제비에 대한 살충제의 효과에 관해서는 알려진 것이 없다. 그러나 프레리도그들이 긁는 것을 멈추었다는 사실은 알려졌다. 보존하려는 노력에도 불구하고 흰족제비는 계속 죽어가고 있었다.

그때 와이오밍주의 엽조엽수獵鳥獵獸 및 어류부Wyoming Game and Fish Department는 사육 프로그램을 시작하기 위해 흰족제비 여섯 마리를 산채로 잡았다. 사로잡힌 흰족제비 가운데 한 마리가 곧 디스템퍼 distemper로 죽었다. 덫으로 잡히기 전에 감염된 것이 분명했다. 이 바이러스성 질병은 통상적으로는 프레리도그와 관련되어 있지만, 흰족제비를 포함한 다른 많은 동물들도 감염되어 죽을 수 있다. 이 치명적인 질병은 생물학자나 사진가들이 집에서 감염된 애완동물에게서 오염된 옷을 입고 흰족제비의 서식지에 옮겼을 가능성이 매우 큰 것으로 생각된다.

1986년 1월까지 사로잡힌 흰족제비 여섯 마리가 모두 죽었다. 지난가을에 덫으로 잡은 또 다른 여섯 마리는 아직 살아 있었기 때문에 야생 상태에 남아 있는 십여 마리 정도를 잡기로 결정했다. 1987년 1월에 굴을 찾아낼 때까지 여름과 가을 내내 생물학자들을 피할 수 있었던 약삭빠른 흰족제비 한 마리만 제외하고는 모두 잡혔다. 그래서 마지막으로 자유롭게 날았던 캘리포니아콘도르처럼, 마지막으로 알려진 검은발흰족제비가 이제는 우리 안에 갇혀 있다.

가고 싶은 곳을 제 마음대로 다녔던 흰족제비 한 마리가 셉의 저녁식사 접시에 그렇게 가깝게 다가가는 모험을 하지 않았다면, 와이오밍주의 미티츠Meeteetse에 있는 서식지가 여전히 번성하고 있을 것이라고 해도 무방하다. "부서지지 않았으면 고치지 마라"는 금언은 자연에서도 유효하다.

잘못된 야생생물 연구에 관한 최근의 에세이에서 생태탐방 작가 진 힐Gene Hill은 다음과 같이 썼다. "과학적 관찰이나 조사, 혹은 그냥 평범한 호기심에 반대할 생각은 없다. 이주하는 나비의 기이한 생명 순환이나 검은발흰족제비의 행방에 대해 아는 체하는 또 다른 바보들만큼이나 나도 흥미를 갖고 있다. 하지만 비록 생명이 그것 없이는 더 불완전하다 하더라도, 우리가 품위의 이름으로 어떤 기술적 장치들은 반대할 수 있다고 생각한다."

나는 위풍당당한 수컷 거위 XZ89가 성가신 플라스틱 목깃을 벗기려고 자신의 머리와 부리를 흔들던 모습을 생각할 때면, 진힐의 의견에 동의하지 않을 수 없다.

멸종되거나 멸종 위기에 처한 새들

"1813년 가을 나는 오하이오주의 강 언덕 핸더슨Henderson에 있는 내 집을 떠나서 루이빌Louisville로 가는 중이었다. 하든스버그Hardensburgh를 몇 킬로 지나 황야를 가로지르면서, 이전에 본 적이 있다고 생각하는 것보다 훨씬 더 많은 수의 비둘기가 동북쪽에서 남서쪽으로 날아가는 것을 목격했다. 한 시간 동안 내 눈이 닿는 범위 안에서 지나가는 새떼를 헤아리고 싶은 마음이 생겨서, 나는 말에서 내리고 높은 곳에 앉아서, 지나가는 모든 새떼에 점을 찍으며 연필로 표시하기 시작했다. 새들은 헤아릴 수 없을 정도로 많이 쇄도했고, 내가 하고 있는 일이 실행 불가능한 것임을 곧 깨달았다. 자리에서 일어나 점을 세어 보니, 21분 동안에 163개의 점이 만들어졌다. 창공은 문자 그대로 비둘기로 가득 찼고, 한낮의 빛이 일식처럼 어둡게 가려졌다."

"해가 지기 전에 나는 하든스버그에서 85km 떨어진 루이빌에 도착했다. 비둘기는 여전히 줄어들지 않고 지나갔고, 사흘 동안 잇달아서 그렇게 계속 지나갔다."

"아마도 그 거대한 새떼 가운데 포함된 비둘기의 수와 그 무리가 매일 소비하는 먹이의 양을 측정하려는 시도가 적절치 않을 수도 있을 것이다. 하지만 이 조사는 피조물의 먹이를 공급해 주는 위대한 자연 창조자의 놀랄 만한 하사품을 보여줄 것이다. 평균 크기보다 작은 1마일 폭의 종렬縱列이 3시간 동안 중단되지 않고 1분에 1마일의 속도로 우리 위를 날아간다고 가정해 보자. 이렇게 하면 180평방마일을 뒤덮는 세로 180마일, 가로 1마일의 평행사변형을 얻게 된다. 1평방야드에 비둘기 2마리가 있다고 가정하면, 새떼 한 무리는 11억 1,513만 6,000마리가 되는 셈이다. 비둘기 한 마리가 0.5파인트pint[액량(液量) 단위로는 0.47리터, 건량(乾量) 단위로는 0.55리터 정도]를 매일 충분히 소비하기 때문에, 이 거대한 수의 비둘기에게 공급하기 위해서는 871만 2,000부셀의 양이 필요하다."

"그러한 경우에, 숲이 이 비둘기들로 가득 차게 되면, 막대한 수의 비둘기들이 죽게 될 것이다. 사람들은 그처럼 무시무시한 대파괴가 곧 새들의 멸종으로 자연스럽게 귀결될 것임을 알지 못한다. 그러나 나는 오랜 관찰을 통해, 우리 숲의 점차적 축소만이 새들의 수를 감소시킬 수 있다고 자위하게 되었는데, 새들은 매년 4배, 적어도 2배는 그 수가 증가하기 때문이다."

존 오듀본이 이런 말을 자신의 저서 『조류학 전기Ornithological Biography』에서 썼을 때, 그는 1세기 뒤 1914년 9월 1일에 이 거대한 여행비둘기 떼 가운데 마지막으로 살아남은 비둘기가 신시내티동물원에서 죽게 될 것임을 알지 못했다.

어떤 공공기관에서는 켄터키, 오하이오, 인디애나 등 3개 주에만

50억 마리의 비둘기가 있을 것으로 추량했다. 1866년에는 북쪽으로 향한 비행이 캐나다 온타리오에서 보고되었는데, 적어도 480km의 거리를 1.6km의 폭으로 14시간이나 지속된 이 새떼의 비행에는 37억 1,700만 마리의 새가 참가한 것으로 추량됐다.

비둘기의 수가 무한한 것처럼 보였기 때문에 이 새들은 잔혹하게 대량으로 학살됐다. 미시간주에 있는 하나의 보금자리 서식지에서만 2만 5천 마리의 비둘기가 28일 동안 매일 시장에 팔기 위해 전문적으로 그물을 치는 사람들에 의해 죽임을 당했다. 심지어 수백만 마리가 죽임을 당해 한 마리당 1 내지 2센트에 팔렸지만, 여행비둘기들이 절멸될 운명에 처해졌다는 생각은 시장 사냥꾼들에게서는 결코 일어나지 않았다. 1800년대 중반에 오하이오주 상원의 특별조사위원회는 "여행비둘기는 보호가 필요하지 않다"고 보고했다. 이들이 얼마나 잘못되었는지.

200년도 되지 않아 북아메리카는 적어도 본토 새 5종을 전멸시켰으니, 세계에 있는 어떠한 광역과도 비교할 수 없는 무적의 기록이다. 이에 반해 유럽은 그 기록된 역사에서 단 하나의 종도 잃지 않았다.

사라진 첫 번째 새는 큰바다쇠오리great auk다. 크고 날지 못하는 이 새는 북대서양의 바위섬에 산다. 바다쇠오리들은 육지에서는 의지할 데가 없기 때문에, 막대한 수가 보금자리 서식지에서 뱃사람들에 의해 식용으로, 어부들에 의해서는 미끼용으로 죽임을 당했다. 한때는 셀 수 없이 많았던 이 새들 가운데 마지막까지 남은 새들은 죽을 때까지 곤봉으로 때려서 베개와 침대 매트리스에 사용하기 위해 그 깃털을 뽑는 상업적 사냥꾼들에게 잡혔다. 마지막 큰바다쇠오리는 오듀본이 사망하기 7년 전인 1844년 6월 3일에 죽었다.

다음으로 사라진 새인 래브라도오리Labrador duck는 그때 이미 극히 희소했다. 흑백의 이 바다오리는 비록 1840년부터 1860년까지 뉴욕의 시장에 여러 쌍이 나타나기는 했지만, 결국 그 활동 범위 안의 어느 곳에서도 아주 많았던 적은 없다. 어느 뉴욕 주민은 말했다. "풀턴Fulton 시장에서 그 새들을 보는 것은 흔치 않은 일이었다. 내가 멋진 수컷 여섯 마리를 본 기억이 한 번 있는데, 그것들은 구매자가 사고 싶어 할 때까지 시장에 매달려 있었지만, 식탁에 오르기에는 바람직하게 생각되지 않았다." 마지막으로 알려진 래브라도오리는 1878년 12월 12일에 뉴욕의 롱아일랜드에서 한 소년의 총에 맞아서 그 소년 가족의 먹거리가 됐다. 그 머리와 목만 보존됐지만, 이것들도 끝내 잃어버렸다. 이 아름다운 바다오리 가운데 지금까지 남겨진 것이라고는 전세계에 산재한 박물관에 있는 44개 박제가 전부다.

멸종된 그 다음 새는 여행비둘기였고, 비둘기가 소멸된 지 불과 4년 뒤에, 마지막으로 살아남았던 캐롤라이나잉꼬Carolina parakeet 역시 신시내티동물원에서 죽었다. 색채가 풍부한 이 새는 미국 토종 앵무새과의 유일한 일원이었다. 그 새는 동남부에서 서쪽으로는 텍사스와 캔자스, 네브래스카주까지 분포했다. 떼를 지어 사는 군거성群居性의 이 새는 적들에 의해 죽었을 뿐만 아니라 마찬가지로 찬양자들에 의해서도 죽임을 당했다. 1800년대 말에는 깃과 털, 심

308 위대한 소유

지어 새 전체로 부녀자의 모자를 장식하는 것이 유행했다. 잉꼬는 그 찬란한 녹색과 노란색 깃털로 인해 여성 모자류 무역에서 수요가 컸고, 그래서 시장 사냥꾼들에 의해 무자비하게 추적되었다. 이와 동시에 그 새들은 씨와 열매를 먹는 새였고 사이프러스cypress 견과와 엉겅퀴, 우엉cocklebur 등으로 생존했기 때문에 과수원 열매를 먹는 일에 빠르게 적응했다. 그 새들은 익지도 않은 사과와 복숭아, 오렌지 등을 파괴해서, 격분한 농부들의 총을 맞았다. 살아남은 새들은 죽은 새와 부상당한 새들의 위를 선회하는 불운한 습성을 갖고 있어서, 스스로 쉽게 포수의 표적이 됐다. 이런 방식으로 모든 새떼가 죽었다. 마지막 캐롤라이나잉꼬가 1918년 9월에 죽었을 때, 총구는 다른 곳으로 돌려졌다.

소멸된 다섯 번째의 종은 히스헨heath hen이었다. 몸집이 더 큰 초원뇌조prairie chicken와 아주 닮은 이 동부의 짝은 매사추세츠주에서 남쪽으로 대서양의 해안지대를 따라 버지니아까지 분포했다. 세기가 바뀔 때까지, 그 개체수가 시장과 닥치는 대로 쏘는 사냥꾼들에 의해 100마리 아래로 감소했다. 히스헨은 자신의 마지막 설 자리를 마서즈 빈야드Martha's Vineyard에 마련했다. 매사추세츠보호국의 노력과 보호로 그 서식지의 새가 1916년까지 수천 마리로 증가했다. 그리고 그때 갑자기 재앙이 덮쳤다. 5월에 큰 불이 섬을 휩쓸어 알을 품은 새들을 불태웠고, 대부분 수컷인 150마리 정도로 그 수를 감소시켰다. 가금家禽 질병과 몇 차례의 혹독한 겨울이 1927년까지 그 개체수를 13마리로 더 감소시켰다. 그 다음 해 가을에 단 두 마리, 12월까지는 단 한 마리만 남았다. 이 외로운 수컷 새는 1932년 3월 11일에 마지막으로 보였다.

상아부리딱따구리와 에스키모마도요Eskimo curlew, 바흐맨솔새 등을 포함한 몇몇 다른 종들도 멸종의 벼랑 끝에 서 있다. 아직도 남부 주들의 오래 묵은 강 숲을 수색해서 찾고 있지만, 상아부리딱따구리는 벌써 소멸했을지도 모른다. 까마귀 크기의 도가머리딱따구리보다도 더 큰 장려한 상아부리딱따구리는 거대한 사이프러스 소택지와 강바닥이 제거되고 배수되면서 사라지기 시작했다. 근년에 이 나라에서 목격된 사례는 확인된 바 없다.

에스키모마도요는 한때 소멸된 것으로 보였다. 그러나 그 새는 '재발견'됐고, 지금은 보통 텍사스 연안을 따라서 이주 도중에 가끔 관찰된다. 이 새들이 이전에 고위도 해변에서 번성했던 것과는 현저히 차이 나게 소규모로만 확인된다. 1833년 7월에 오듀본은 래브라도 연안을 따라 마도요 새떼를 보았는데, 그 규모가 너무 커서 여행비둘기의 거대한 수를 연상케 할 정도였다. 새들은 수백만 마리씩 뉴펀들랜드를 찾았던 것으로 보고되기도 했다.

마도요는 엽조로서 인기가 있었고, 흔히 '가루반죽새'라고 불렸다. 어느 포수가 "그 새가 가을에 우리에게 도착했을 때, 너무 뚱뚱해 땅에 떨어지면 그 가슴이 터져서 벌어질 정도였다. 그 두꺼운 지방층은 너무 부드러워서 마치 반죽 공처럼 느껴졌다"고 보고했기 때문이다. 그 새가 시장 사냥꾼들에게 높이 평가받았음은 의심의 여지가 없다. 가장 대규모의 학살은 마도요의 거대한 새떼가 군집한

봄 이주 동안에 서부 평원에서 이뤄졌는데, 짐차 여러 대를 채울 만큼 많은 새들이 총에 맞았다. 아서 벤트는 그의 『생활사*Life Histories*』에서, "새들에게 꽤 가깝게, 아마도 20~30m 안으로 접근하는 데 어려움이 없었을 것이다. 이 정도 거리에서 사냥꾼들은 그 새들이 일어서기를 기다렸다가, 그것을 신호 삼아 첫 일제 사격을 가했다. 깜짝 놀란 새들이 날아올라 들판 부근을 몇 차례 선회해서, 더욱 잔인하게 총을 발사할 수 있는 기회를 주었다. 때로는 같은 들판에 다시 내려앉으면 그때 공격이 다시 되풀이됐다. 한 번 날아올랐을 때 한 사람이 펌프식 속사총으로 마도요를 37마리나 죽였다. 때로는 3~5km 떨어진 들판에 내려앉는 새떼가 망원경에 보이면, 그때는 사냥꾼들이 말과 4륜 경마차를 타고 최대한 빨리 그 들판으로 달려가서 다시 일제히 연속 사격해서 대량으로 학살했다"고 보고했다. 1890년까지 에스키모마도요는 더 이상 자주 보이지 않았고, 1915년 4월 17일에 한 마리가 네브래스카주의 노워크*Norwalk* 부근에서 죽었고, 마지막 한 마리는 미국에서 총에 맞은 것으로 보고됐다. 유해만 남아 있다.

벤트를 다시 인용하면, "에스키모마도요 이야기는 아무런 죄도 없는 생명을 대량 학살한 비참한 이야기의 하나일 뿐이다. 한때는 우리 땅을 휩쓸었던 이 멋진 새와 여행비둘기의 수많은 무리가 만족할 줄 모르는 인간 탐욕에 희생되어서 영원히 사라졌다."

에스키모마도요와는 달리, 바흐맨솔새는 결코 개체수가 풍부했던 적이 없는 새였고 아주 제한된 활동 범위를 갖고 있었던 것 같다. 그러나 1886년과 1888년 사이에 루이지애나주 한 지역에서만 여성 모자 교역을 위해 이 희소한 솔새가 40마리 가깝게 총을 맞았다. 그래서 바흐맨솔새도 '유행의 제단 위에 놓인 희생 제물'이 되었던 것 같다. 이제 그것은 너무나 희소해서, 『휴대용 조류도감A Field Guide to the Birds』의 저자 피터슨 역시 한 번도 본 적이 없다.

북아메리카에서 가장 큰 활공하는 새인 캘리포니아콘도르는 육지에 주로 사는데 이제는 감금된 상태로만 존재한다. 절멸의 벼랑 끝으로 내몰린 이 새들은 지금 이 새들의 복귀를 보증하고 싶어하는 생물학자들에 의해 조심스럽게 사육되고 있다.

익폭이 콘도르만큼이나 넓은 아메리카흰두루미whooping crane는 1937년에 15마리였던 최저수준에서 건실하게 돌아오고 있다. 텍사스주에 있는 아란사스국립야생생물보호처Aransas National Wildlife Refuge에서 겨울을 보낸 이 새들은 둥지를 틀고 새끼를 기르는 북부 앨버타주의 숲들소국립공원Wood-Buffalo National Park까지 2,900km의 긴 거리를 비행했다. 지금 전부 합해서 200마리에 가까운 흰두루미가 야생상태와 감금상태에 있다.

여전히 멸종 위기에 처한 다른 종들은 커틀랜드솔새Kirtland's warbler와 송골매, 우렁이솔개snail kite(이전에는 에버글레이드솔개Everglade kite) 등이다. 그러나 인간의 보호와 도움을 받는 이 새들은 감소하지 않는 듯 보인다. 세기가 전환되는 시점에서 절멸의 벼랑 끝에 매달려 있는 몇몇 종들은 주목할 만큼 회복되었다. 특히 숲오리와 야생 칠면조가 두드러졌다. 이 새들은 아주 낮은 개체수에서 지금은 그

312 위대한 소유

수가 다시 수백만에 이르도록 다시 일어섰다.

그러나 우리의 총체적인 기록에는 자랑할 만한 것이 없다. 신은 인간에게 "바다의 고기와 공중의 새, 또 집짐승과 모든 들짐승과 땅 위를 기어 다니는 모든 길짐승을 다스릴"[『구약성경』「창세기」 1장 26절] 권한을 주었다. 우리는 현명한 청지기가 되려고 하는가, 아니면 이것이 우리에게 그분의 천지창조를 부당하게 이용하고 남용하며 모조리 없애 버릴 권리를 주는 것인가?

야생생물을 위한 식재植栽

지난 12월에 내 아이들 둘과 나는 크리스마스 탐조 기록Christmas Bird Count 연례행사에 참가했다. 이 행사는 지역적으로는 오하이오주 윌모트Wilmot에 있는 야생환경보전센터Wilderness Center가 후원하고, 전국적으로는 국립오듀본협회National Audubon Society가 후원했다.

우리에게 배당된 숲과 농지 6.4km를 걸으면서, 우리는 전형적인, 그러나 희소하지는 않은 겨울 새 몇 마리만을 보았다. 그러나 작고 덤불진 골짜기의 낮은 끝자락에 다다랐을 때 상황은 바뀌었다. 우리는 즉시 홍관조 여러 마리와 적갈색 옆구리의 피리새rufous-sided towhee 한 마리를 발견했다. 새들은 인접한 숲으로 이동하고 있었다. 우리는 그 새들이 덤불에 가려 한 마리라도 놓치는 일이 없도록 반대쪽으로 돌아갔다. 27마리의 홍관조와 9마리의 흰목참새, 5마리의 도가머리박새tufted titmouse, 4마리의 박새, 2마리의 여새cedar waxwing, 1마리의 은둔자지빠귀, 1마리의 갈색지빠귀, 그리고 그 피리새를 헤아리면서 우리의 눈을 믿을 수가 없었다. 우리는 그 새들의 안식처를 과도하게 어지럽힐까 걱정해서 골짜기 전역을 걷지 않았기 때문에, 아주 약간은 놓쳤을 것이다.

2천m²[약600평]보다도 좁은 이 작은 골짜기에 무엇이 그렇게 매력적인 것이 있어서 이 새들 모두가 그곳에 군집했을까? 같은 종류의 다른 새 대부분이 더 따뜻한 지방으로 이주한 지 오래되었는데, 갈색지빠귀는 왜 아직도 가지 않고 꾸물거리고 있을까? 답은 분명하다. 그 작은 골짜기에는 새들이 기본적으로 필요로 하는 먹이와 물, 은신처가 가득했다.

그 골짜기는 찔레나무와 블랙베리나무, 머루나무 등이 우거진 잡목 숲이었다. 이것들은 찔레 열매와 마른 베리의 형태로 먹이를 공급할 뿐만 아니라 약탈자들이나 혹독한 날씨로부터 보호해 주기도 한다. 협곡 전역에서 흐르는 작은 시내가 겨울 내내 개빙 구역을 제공하니, 새들에게는 완벽한 서식지였다.

야생생물 서식지를 개선하는 것은 가능하다. 농장에서 살든 뒤뜰만 있는 도시에서 살든, 바람직한 나무와 관목, 덩굴식물 등을 심음으로써 많은 것이 이뤄질 수 있다. 이러한 식재植栽는 많은 야생생물 종에게 안식처를 제공하고 농가의 아름다움을 강화할 수도 있다. 이에 더해, 이러한 식재의 많은 경우가 야생생물에게도 유용하고 우리에게도 쓸모 있는, 두 가지 역할을 동시에 수행할 수 있다.

유용한 식물종이 너무 많기 때문에, 쉽게 알아볼 수 있는 토종 몇 가지만을 이야기해 보자. 먼저, 우리는 뒤뜰을 고려할 터인데, 많은 이들이 보다 많은 야생생물을 유인하고 싶어하는 공간이기 때문이다.

찔레나무는 비록 야생생물이 사랑하지만, 숲과 밭이 뚫고 들어갈 수 없는 밀림이 될 때까지 통제되지 않고 씨앗과 뿌리로 퍼져 나가는 바람직하지 않은 습성으로 인해 사랑을 잃어 왔다. 사실 이제 몇몇 주에서는 그것을 심는 것이 불법이다. 토양보존국Soil Conservation Service에서는 이제 또 다른 외래 품종인 보리수나무autumn olive를 찔레나무의 대체용으로 장려한다. 보리수나무 역시 씨앗으로 퍼지는 경향이 있어, 때로는 그 목적에 부합하지 않는 초목임을 발견하게 된다.

뒤뜰에 훨씬 더 바람직하고 새들에게도 매력적인 관목은 토종 층층나무dogwood(Cornus racemosa)다. 이 관목은 2.5~3.6m 높이까지 자라고 묘목으로 심기도 하는데, 뿌리 있는 혹은 뿌리 없는 꺾꽂이용 가지로도 심을 수 있다. 크림색 흰 꽃송이가 초여름에 덤불 위로 흩어지고, 9월이 끝날 즈음에 열매가 익는다. 100종 가까운 새들이 이 층층나무 열매를 먹는데, 노랑궁둥이솔새yellow-rumped warbler는 그 열매를 포식하기 위해 초겨울로 들어갈 때까지 머문다. 한 가지 불리한 것은 말썽꾸러기 찌르레기도 사슴 사냥용 총알 크기의 열매를 맛있게 먹는다는 것이다.

또 다른 관목인 엘더베리elderberry는 여러 면에서 유용하다. 여름에 희고 눈부신 작은 꽃들로 구성된 상고머리 꽃송이는 벌꿀에게 꽃가루를 제공한다. 나중에 자줏빛 검은색의 열매는 새들과 흰발쥐, 심지어 사슴에게도 먹이를 공급하고, 우리가 때를 놓치지 않는다면 훌륭한 파이와 젤리를 얻을 수도 있다. 어린 새 가지를 이식하여 쉽게 심을 수 있는 엘더베리 덤불은 흔히 축축한 토양에서 자라지

316 위대한 소유

만, 역시 햇볕을 가득 받으면 잘 자란다.

엘더베리보다 다소 공격적이긴 하지만, 라즈베리raspberry와 블랙베리 같은 몇몇 베리 식물들도 심을 수 있다. 이런 나무들은 열을 지어서 관리할 수 있고, 덤불로 자라도록 내버려 둘 수도 있다. 블랙베리는 흔히 빽빽한 등나무 줄기 같은 것에 둥지를 트는 은둔자지빠귀와 고양이새가 더 좋아한다. 열매가 여름에 익으면 많은 명금과 동물들이 아주 좋아하는데, 그 가운데서도 너구리는 맛있는 열매를 게걸스럽게 먹으며 블랙베리 부근에서 밤을 보내기도 한다. 게다가 블랙베리로 맛있는 파이와 젤리, 주스 등을 만들기도 한다. 블랙베리와 라즈베리는 둘 다 야생에서 쉽게 이식할 수 있다.

만약 여유 공간이 있으면, 꽃사과와 감나무, 포포나무, 야생자두, 야생블랙체리 등 좀 더 큰 과일이 열리는 나무들도 심을 수 있다. 야생벚나무는 늦여름 내내 야생생물의 주요한 먹이 자원이고, 약간 시큼한 버찌는 최고의 젤리를 만든다.

뽕나무는 그 오디도 다른 새떼가 먹을 수 있다. 또한 재배 베리로부터 그 새들을 끌어내는 데 도움이 되기 때문에 역시 좋은 선택이다.

야생생물에게 아주 좋은 또 다른 나무는 캐나다채진목Amelanchier Canadensis으로, 6월에 짜릿한 맛이 나는 붉은 열매가 익는다 해서 때때로 6월 베리라고 불린다. 이 나무는 우리 농장에서 봄에 처음으로 꽃이 피기 때문에 사랑을 받는데, 지역의 민간 지식에 따라 보통 4월 중순경 이 꽃이 피는 것을 귀리씨 뿌리는 적절한 신호로 삼는다.

야생생물을 위한 식재 317

물론 히코리와 개암나무, 검은호두나무, 밤나무 등 견과 나무 몇 그루를 더 심어도 좋다. 흰오크를 상록수 몇 그루와 함께 심을 수도 있다.

상록수는 둥지에 안전을 제공하고 보다 중요하게는 혹독한 겨울 날씨 동안 보호해 줄 수 있는 촘촘한 덮개를 형성하기 위해 서로 상당히 가깝게 심어야 한다.

새 모이통에서 그다지 멀지 않은 곳에 푸른가문비나무blue spruce 한 그루가 있는데, 실제로 모이통을 찾는 모든 검은방울새와 나무참새, 노래참새, 홍관조는 자신들을 보호해 주는 큰 가지 안에서 겨울 밤을 보낸다. 지난봄에 홍관조와 산비둘기, 미국개똥지빠귀, 노래참새, 쩍쩍참새 등이 같은 시기 동안 가문비나무에 둥지를 틀었다. 새는 같은 종류의 다른 새들에게 너그럽게 대하려 하지 않지만, 모든 쌍들이 다른 종이기 때문에 서로 평화롭게 지냈다. 홍관조와 미국개똥지빠귀는 5.5m 높이 나무의 꼭대기 가까운 곳에 둥지를 만들었다. 산비둘기는 가운데를 차지했고, 참새들은 눈높이 정도에서 둥지를 틀었다.

최상의 상록수 선택은 동부백송eastern white pine과 캐나다솔송 Canadian hemlock, 그리고 푸른가문비나무다.

백송은 8cm~13cm 길이의 부드러운 침엽을 갖고, 23m 이상의 높이에 다다를 수 있다. 짧고 뻣뻣한 침엽을 가지며 빠르게 자라는 유럽소나무Scotch pine보다 훨씬 더 매력적인 나무다. 캐나다솔송은 산울타리로 심을 수 있고 바라는 높이로 손질할 수 있다. 자라도록 내버려 둔다면, 이 나무들은 18m나 그 이상의 높이에 다다를 수 있다. 2cm 솔방울 안에 있는 씨앗은 흰죽지솔잣새와 솔콩새pine grosbeak 같은 몇몇 북방 새들이 먹는다. 소나무나 솔송나무와 달리, 푸른가문비나무는 새들에게 최적의 서식처를 제공하려면 각각 따로 심어야 한다. 이 가문비나무는 땅에서 위로 가지를 뻗기 때문에, 무리 지어 심으면 보기가 흉하다.

끝으로 중요한 말을 한마디 덧붙인다면, 넝쿨나무 몇가지가 장려돼야 한다. 몇몇 식림지 소유주와 주립산림관리협회State Forestry Association는 몹시 싫어하지만, 야생생물을 위해 가장 믿을 만한 자연 먹이 가운데 하나인 넝쿨나무는 토종 야생머루wild grape다. 농장 식림지에 있는 거의 모든 새와 동물은 이 사향麝香 맛이 나는 과일을 먹는다. 재배 포도처럼, 야생머루는 그해에 자란 세 싹 가지를 잘라서 한 싹만 땅 위에 나오도록 흙속에 꽂아 넣으면 쉽게 증식한다. 비록 야생머루가 뒤뜰에는 적합하지 않을 수도 있지만, 콩코드포도 Concord grape처럼 잘 육종된 품종은 야생 지역에 심어도 꽤 좋은 결실을 맺는 나무로 자라날 수 있다. 주머니쥐와 잘 어울리는 이것은 주머니쥐들이 야생머루보다 콩코드포도를 더 좋아하는 것처럼 보일 정도다. 몇 년 전, 나는 누군가가 우리 포도를 먹고는 땅 위에 엄청난 껍질더미를 남겨 놓은 것을 발견했다. 그 수수께끼가 풀린 것은 며칠 뒤 아침이었는데, 우리 개가 포도 정자에서 짖자 무언가가 '나무 위로 쫓겨 올라간'것처럼 보였다. 그곳에는 새 모이통에서 피난처를 찾으며 이빨을 드러내고 웃는 살찐 포도 도둑 한 마리가 있었다.

뒤뜰에 조금 더 적합한 덩굴식물은 노박덩굴bittersweet이다. 아직 먹을 만한 것이 있을 때는, 노박덩굴의 달콤씁쓸한 맛이 야생동물에 게는 무언가 맛이 없는 것으로 여기게 만든다. 그러나 길고 지속적으로 눈이 내려서 동물들의 먹이를 덮으면, 붉은 오렌지색 열매는 곧 사라진다. 특히 파랑새는 혹독하게 추운 날씨에 노박덩굴 열매를 먹는다. 그런 비상식품은 좋아하는 음식만큼이나 아주 중요하다. 노박덩굴은 꺾꽂이로 시작할 수 있고, 종자 목록을 보고 주문할 수도 있다.

하나의 묘목에서 야생생물의 보호처로 자라기까지는 시간이 걸린다. 그러나 시간은 우리가 실감하는 것보다 더 빨리 가는 방법을 갖고 있고, 우리가 그것을 알아채기 전에 기울인 노력의 백배나 많은 보답을 받게 될 것이다.

겨울 새 모이주기

크리스마스 때 곡물 한 다발을 밖에 내다놓는 오래된 노르웨이 전통이 있다. 이 귀리나 밀 다발은 자기 밭이 추수할 준비가 됐는지를 점검하는 여름철에 농부의 잭나이프로 한 대씩 잘려진다. 곡물대들은 금빛 꾸러미로 한데 묶이고, 이 첫 수확물은 크리스마스 날에 새들에게 주기 위해 쌓아 둔다. 이 풍습은 스칸디나비아계 개척자 후손들에 의해 중서부의 고위도 지방에서 아직도 실행되고 있다.

많은 이들이 크리스마스 때만 새들에게 모이를 주는 것이 아니라, 겨울철 내내 새들을 위해 모이를 내놓는다. 새들에게 모이를 주는 일은 창문을 통해 모이통을 뻔질나게 드나드는 새들의 습성을 관찰하고 연구함으로써 얻게 되는 만족감에 대한 보상이고 보답이다. 우리 농장에는 텃새뿐 아니라, 붉은가슴동고비와 쇠박새, 눈방울새, 나무참새 등과 같은 철새도 찾아온다. 가끔씩 저녁콩새와 소나무검은방울새, 홍방울새 등도 나타난다. 먹이가 넉넉한 새 모이통을 유지하지 않았다면, 색채가 풍부한 북방의 손님들을 만나지 못했을 것이다.

10월 말이나 11월 초부터 해바라기씨를 밖에 내놓고 쇠기름과 엉겅퀴로 모이통을 채우기 시작한다. 모이주기는 한번 시작하면 봄까지 계속해야 한다. 모이주기가 자연적 모이 공급이 부양하는 것보다 우리들 마당이나 농장으로 더 많은 새를 유인하기 때문이다. 그리고 새들이 우리의 모이주기에 의존하게 될 때, 특히 한겨울에 새들을 결코 유기해서는 안 된다.

모이통은 새들을 유인하기 위해 장식을 꾸미거나 정교하게 만들 필요가 없다. 우리 모이통은 거칠게 톱질된 판자로 만들어졌으며 60cm 정도의 길이에 단단한 끄트머리와 양 측면에는 지붕이 있다. 5cm 높이의 가늘고 긴 조각이 각 면에 부착되어 씨들이 바람에 불리는 것을 방지한다. 양 측면이 열려 있는 까닭은, 노래참새나 박새 같이 겁 많은 새가 안에서 해바라기씨를 먹는데 사나운 큰어치가 와서 자기 몫을 주장할 때, 더 작은 새가 반대편으로 도망쳐 나가야 하기 때문이다.

대부분의 새가 해바라기씨를 먹는 것은 의심할 바 없다. 줄무늬해바라기와 기름해바라기 등 두 종류가 유용하다. 큰어치와 박새와 같은 몇몇 새들은 줄무늬해바라기를 더 좋아하는 듯 보이지만, 반면에 다른 많은 새들은 기름해바라기에 끌린다. 우리는 두 종류를 반반씩 섞는 것을 택한다. 이것은 씨를 먹는 습성이 까다로운 새들조차 대체로 만족하는 것 같다.

물론 핀치, 그리고 희소하지만 소나무검은방울새를 위해 엉겅퀴 모이통도 있다. 이 깨끗한 플라스틱 원통들에는 횃대와 6개의 작고 트인 구멍이 있다. 횃대 위에서 작은 니제르엉겅퀴niger thistle씨를 먹는 황금핀치goldfinch를 보는 것은 드문 일이 아니다. 이 모이통들은 모이를 먹는 방울새의 수에 따라 대략 1주에 한 번 정도 다시 채워 주면 되기 때문에 유지하는 것이 어렵지 않다. 비록 방울새가 엉겅퀴씨를 우선 먹지만, 기름해바라기씨를 먹기도 하기 때문에, 비슷한 모이통도 쓸모가 있다.

나는 황금핀치를 위해 마련한 엉겅퀴 모이통에 게걸스럽게 매달려 있는 집핀치house finch에 대해 무엇을 할 수 있을지 여러 번 생각해 보았다. (집핀치는 왕왕 비슷해 보이는 붉은핀치purple-finch로 착각한다.) 한 가지 해결 방법은 튜브 모이통 뒤에 있는 횃대를 4cm 길이로 자르는 것이다. 황금핀치는 짧아진 횃대에 여전히 앉는다. 그러나 더 서투른 집핀치는 획 돌아서 딴 데로 간다.

기장처럼 비싼 씨 값을 줄이기 위해, 우리는 부스러진 옥수수를 땅 위에 흩뿌린다. 이것은 노란 옥수수알을 곡물분쇄기로 천천히 갈아낸 것이다. 땅을 눈이 덮으면, 부스러진 옥수수 알은 다양한 종의 새들에게 매력적인 먹이가 된다. (눈은 부스러진 옥수수를 흩뿌리기 전에 치워야 한다.) 우리 농장에는 한데 모여 모이를 먹는 나무참새와 노래참새, 검은방울새 등과 더불어 수십 마리의 애도비둘기도 산다. 밤에는 솜꼬리토끼도 옥수수를 포식하고, 그래서 결국 어린 블루베리 덤불은 그냥 남겨두고 간다.

딱따구리, 그리고 곤충을 먹는 몇몇 다른 새들은 어떤 다른 먹이

보다 지방을 선호한다. 군은 쇠고기 지방을 양파 그물망이나 오렌지 자루 안에 넣거나 닭장 망으로 만든 용기에 넣어서 나뭇가지에 매달 아 두면 된다. 고양이도 지방을 좋아해서 이 약탈자들이 새 먹이통 주변에 모여들지 않도록, 매달아 두는 것이 중요하다.

값싼 모이통을 만드는 다른 방법도 있다. 폭 8~10cm의 나뭇조각 을 장작 길이로 두 번 정도 잘라서, 그 나무에 10cm 간격으로 3cm짜 리 구멍을 낸 다음, 더 작은 구멍을 뚫어서 막대기를 끼워 넣어 횃대로 쓸 수 있도록 한다. 꼭대기 끝에 울타리용 못을 박거나 금속 고리를 나사로 고정시켜서, 나뭇가지에 매달릴 수 있게 한다. 땅콩 버터(땅콩 알갱이가 있어도 좋고 없어도 좋다)와 옥수수가루를 섞 은 것으로 이 트인 구멍들을 채운다. 박새류와 검은방울새 등은 허겁지겁 그것을 깨끗하게 먹어 치운다. 지난해에 우리 1학년생은 학교 숙제로 이것을 만들었다. 새들이 떨어뜨리거나 낭비하는 모이 를 모을 수 있도록, 아이는 바랜 물주전자를 모이통 바닥에 고정시 켰다. 빈 플라스틱병과 우유 판지상자를 유용한 모이통으로 전용할 수 있는 다른 방법도 많이 있다.

뿔종다리와 흰멧새 같은 몇몇 새는 인위적인 모이주기를 서슴없 이 받아들이지만, 집 가까이 있는 모이통에 기꺼이 오려고 하지는 않는다. 1976~77년과 1977~78년의 겨울 동안, 우리는 매일 20리터 의 소 사료(빻은 옥수수와 귀리)를 툭 트인 시골의 500마리가 넘는 새들에게 먹이로 주었다. 우리는 흰멧새와 긴발톱멧새가 우리 얼굴 에서 60cm도 떨어지지 않은 외양간 창문의 바로 밖에서 먹을 때까지 외양간에 조금씩 더 가깝게 모이를 계속 뿌렸다. 북극 지역에서 온 새들을 이렇게 가깝게 볼 수 있는 것은 흔한 일이 아니다. 눈이 녹자마자 모든 새들이 가버렸다. 그런데 우리가 교회에 가는 일요일 아침나절이 조금 지나서 집에 돌아왔을 때, 땅이 새로운 눈으로 덮여 있었다. 외양간 옆 밭에서 수백 마리의 흰멧새와 뿔종다리들이 끈기 있게 동냥 모이를 기다리고 있었던 것이다. 지난 몇 해 겨울에 흰멧새 몇 마리를 본 적은 있었지만, 혹독한 그 겨울 내내 결코 그만한 수의 흰멧새를 본 적은 없었다.

새 모이주기에 대해 진지하게 생각하는 사람이라면 새 모이를 대량 구매해야 한다. 우리 지역의 모이 제조 공장에는 23kg 자루로 살 수 있는 해바라기씨가 있고, 식료잡화점에서 대량이나 소량에 살 수 있는 니제르엉겅퀴씨가 있다. 밴드를 부착한 새 한 마리가 발견된다는 것은, 우리가 알아채는 것보다 더 많은 새들이 모이통을 이용할 가능성이 있다는 뜻이다. 따라서 충분한 양의 씨를 확보하는 것이 좋다. 모이통을 방문하는 박새들이 십여 마리 정도 있다고 생각할 수도 있지만, 밴드를 부착한 그 새들 뒤에 백 마리 넘는 새들이 있을 수도 있음을 알아야 한다.

아마도 어떤 사람들은 새 모이주기가 왜 그렇게 즐거운지 이해하기 어려울 수도 있다. 하지만 많은 사람들에게 그것을 이해하는 것은 전혀 어렵지 않다. 아마도 그 즐거움은 흰죽지술잣새나 솔콩새처럼 기대하지 않은 방문자를 보는 것에서 올 수도 있다. 그러나 희소한 새가 나타나지 않는다 하더라도 다른 많은 새들이 즐거움을 준다.

나는 몇 년 전 겨울날에 옛 은사님을 방문했다. 연세가 80대인 그분은 집을 떠날 수 없지만, 아직도 자연에 대해 예민한 관심을 갖고 계셨고 여전히 새들에게 먹이를 주고 계셨다. 내가 기대한 대로였다. 은사님은 내게 말씀하셨다. "모든 새들 가운데서 내가 좋아하는 새가 하나 있지. 그건 노래참새일세. 가장 춥고 가장 바람이 거세게 몰아치는 날에도, 이 쾌활한 새는 내 창문 옆에 앉아서 곡조가 아름다운 노래를 부른다네. 나는 그 새를 너무나 좋아해. 자네도 알다시피, 내가 좀 더 건강하고 밖으로 나갈 수 있었을 때는 너무 바빠서 알아채지 못했지만 말이야."

새 도와주기

우리 과수원에서 서서히 죽어가는 볼드윈사과나무Baldwin apple tree 한 그루가 딱따구리가 둥지로 사용할 구멍 집을 만들도록 죽은 가지 하나를 내주었다. 매해 봄이면 둥지 틀 자리를 차지하기 위해 쇠부리딱따구리(다른 대부분의 딱따구리와 달리 낡은 둥지 구멍을 재사용한다)와 수없이 많은 것처럼 보이는 찌르레기가 치열한 경쟁을 벌인다. 실패 없는 승자는 언제나 찌르레기이니, 극히 공격적으로 움푹 파인 곳에 둥지를 트는 새다.

딱따구리 이외의 40종 넘는 새들이 자연히 생긴 나무 공동이나 버려진 딱따구리 구멍, 인공 상자에 둥지를 짓는다. 여기에는 30종 이상의 명금에 더하여 숲오리와 황조롱이, 비명올빼미 등도 포함된다. 이 새들 가운데 많은 새, 특히 노래하는 명금들이 찌르레기와 마찬가지로 공격적인 집참새의 침입으로 상처를 입는데, 그중에서도 동부파랑새가 가장 큰 피해를 입는다. 찌르레기가 파랑새의 과수원과 울타리 열을 접수하는 것처럼, 집참새는 농가 주변에서 움푹 들어간 자신의 적소適所를 발견한다.

물론 파랑새의 종말에는 가축을 사용하는 전통적 농사에서 줄지어 연작하는 곡물 농사로의 전환과 강철 울타리 기둥과 살충제의 사용 등을 포함한 다른 요인들도 작용했다. 1950년에 이르면 파랑새 개체수의 90% 정도가 상실됐다. 온화하고 부드러운 목소리를 가진 이 새를 보거나 그 달콤한 노래를 들은 사람이 거의 없었기 때문에, 더 이상 봄의 전령사로 생각되지 않았다.

그러나 지난 수십 년 동안 파랑새의 개체수는 크게 증가했다. 파랑새의 집을 짓고 유지하는 데 헌신한 많은 사람들의 노력 덕분에, 파랑새는 다시 동부와 중서부의 많은 지역에서 꽤 흔한 새가 되었다. 집을 위한 경쟁으로 견디기 어려운 압박을 받던 구멍둥지 조류들도 인간이 만든 풍부한 집의 혜택을 받았다. 특히 나무제비가 그랬지만 도가머리박새와 캐롤라이나박새, 집굴뚝새 등도 그러했다.

파랑새 애호가들은 파랑새가 좋아하는 집의 유형에 관해 최근에 많은 것을 배웠다. 대중적으로 사용되는 파랑새 집의 몇 가지 모형 가운데에도 북아메리카파랑새회집North American Bluebird Society House과 힐레이크파랑새집Hill Lake Bluebird House, 피터슨미네소타파랑새집 Peterson Minnesota Bluebird House 등은 각각 이점을 갖고 있는 것 같다. 이곳 오하이오에서 사랑받는 것은, 오하이오 사람인 리처드 터틀 Richard Tuttle이 디자인한 터틀파랑새집Tuttle Bluebird House이라고 불리는 것이다. 피터슨미네소타파랑새 집을 제외하고는, 거의 모든 대중적 파랑새 집은 비슷한 패턴, 즉 바닥으로 내려갈수록 점점 작아지는 모형을 따라 디자인된다.

우리가 만드는 상자는 대략 가로세로 각각 13cm의 정방형에 높이가 25cm 정도 된다. 입구 구멍은 지름이 3.8cm이고, 바닥에서 45cm 위에 있다. 지름이 3.8cm인 입구는 찌르레기와 소에 기생하는 갈색머리소새brown-headed cowbird는 들어오지 못하게 하는 반면, 캐롤라이나박새와 도가머리박새, 참새같이 공동에 둥지를 트는 다른 새들은 출입을 허락한다.

터틀 집의 앞면은 새 애호가들이 그 집에 누가 지금 거주하고 있는지 점검할 수 있고, 그 집을 쉽게 청소할 수 있도록 디자인되었다. 통풍을 위해 집 꼭대기에서 0.6cm 띄우고 앞면을 부착하는데, 바닥도 0.6cm 띄워 멋진 손잡이 부분을 남겨 놓기도 한다. 통풍과 배수를 더 좋게 하기 위해, 바닥 판자에 0.6cm짜리 구멍을 4개 뚫는다.

파랑새 집이 완성되었을 때, 우리는 탁색의 스테인오일이나 페인트를 칠했다. 반갑지 않은 집참새가 좋아하는 흰색은 결코 쓰지 않는다. 숫기 없는 파랑새는 밝은 색 상자를 꺼릴 수도 있다. 한번은 우리 이웃이 찬란한 형광 오렌지색을 칠한 파랑새 집을 산 적이 있다. 우리가 그의 농장에서 밀을 타작하고 있는 동안, 나는 흰멧새 떼에 홍관조 같은 것이 눈에 띄는 그 상자를 보고서, 파랑새가 그 안에 둥지를 틀었는지 물었더니 그는 킬킬 웃으며 말했다. "아니오, 집참새조차 그 근처 가는 것을 겁내요."

우리는 새집에 짙은 갈색 스테인오일을 사용한다. 아마씨기름은 날씨로부터 잘 보호해 주고, 갈색은 자연환경과 멋지게 잘 조화를 이룬다.

파랑새 집은 나무 울타리 기둥이나 나무에 직접 부착하면 안된다고 수년 동안 배워왔다. 그곳에 둥지를 트는 새들이 약탈자들, 특히 집고양이의 공격을 받기 쉽도록 내버려 두지 않아야 하기 때문이다. 우리가 만든 모든 새집은 지금 땅 위 1.5m 정도 되는 곳, 2.5cm 굵기의 강철 파이프 위에 설치되어, 동쪽에서 남쪽까지 90도 반경 안을 향하고 있다.

파랑새는 매년 두세 차례 알을 낳고 한배에 셋 내지 여섯 마리의 새끼를 키운다. 둥지 트는 절정기 동안 우리는 적어도 한 주에 한 번씩 상자를 점검하려고 한다. 나는 무슨 일이 진행되고 있는지 자주 상자를 열고 주의해서 안을 들여다보지만, 어떤 파랑새 애호가들은 공업용 거울과 작은 손전등을 사용해서 입구 구멍 안을 들여다본다. 만약 집참새의 둥지를 발견하게 되면, 나는 그것을 치운다. 갓 깐 파랑새 새끼가 있으면, 나는 특히 두 번째와 세 번째 한배 새끼들 속에서 똥파리blowfly 구더기를 찾는다. 그것들을 제대로 통제하지 못하면, 피를 빨아먹는 구더기들이 어린 파랑새를 죽일 수도 있다. 기생충이 상자 바닥 위나 근처에 숨어 있다가 기어나올 수도 있다. 기생충이 우글거리는 둥지는 해충을 박멸하는 자연 살충제인 로테논rotenone을 가볍게 살포하면 된다. 박새나 나무제비들이 살림살이에 집중하고 있으면, 나는 조용히 상자를 닫고 가던 길을 계속 간다.

작년에는 나무제비 세 쌍이 우리 파랑새 집에 둥지를 틀었는데,

그 이전에는 우리 농장에 둥지를 튼 적이 없었다. 위는 푸르고 아래는 하얀 이 예쁜 제비는 봄에 위험을 무릅쓰고 북행하는 첫 제비다. 다른 제비보다 더 추위에 강한 이 제비는 날씨가 너무 추워서 나는 벌레를 잡아먹기 어려우면 마른 딸기류 열매[장과(漿果)]를 먹는다. 성 패트릭 기념일에 올봄 첫 나무제비를 보았다. 그 새가 암소 목초지 옆에 있는 파랑새 집 주변을 나는 것을 보았을 때 나는 거름을 뿌리고 있었는데, 작년에 한 쌍의 제비가 둥지를 틀었던 자리다. 작년 가을에 어린 암소들이 제비 집의 지붕을 벗겨 버려서 제비가 어리둥절해 하는 것 같았다. 그 뒤에 나는 여행에서 새 상자를 사와서 지붕 없는 새집을 교체해주었다. 나는 거름뿌리개로 되돌아 와서 30m 정도 가다가 팀을 세우고, 제비가 상자 부근을 몇 번 선회하다가 그 지붕 위에 앉는 것을 바라보았다. 제비는 다른 각도에서 자기의 새 아파트를 면밀하게 살펴본 다음, 그 앞면으로 날아가서 구멍 안으로 사라졌다. 추운 3월의 어느 날 나는 따뜻한 느낌으로 내 길을 갔다.

나무제비는 파랑새보다 더 공격적이어서 결국은 집을 넘겨받을 수 있다. 나무제비가 찾는 고장의 많은 파랑새 애호가들은 이제 두 개의 집을 6m 정도 떨어지도록 배치하고 입구는 서로 마주 보게 한다. 파랑새가 그처럼 가까운 범위에서 같은 파랑새 쌍을 용납하지 않고 나무제비가 또 다른 제비 쌍을 참아주지 않는다 하더라도, 두 종은 서로를 이웃으로 받아들인다. 나무제비는 성가신 집참새를 파랑새에게서 쫓아버리는 것을 돕기도 한다.

나무제비가 이곳에 정착했으므로, 미국 동부의 토종 여섯 제비 가운데 다섯 제비가 정기적으로 우리 농장에 둥지를 튼다. 그 새들이 모두 집에 둥지를 트는 것은 아니지만, 다른 방식으로 그 새들을 도울 수 있다. 우리는 외양간제비와 벼랑제비가 둥지를 짓는 선반으로 사용하도록 5cm 폭의 좁고 긴 나뭇조각을 제공한다. 작은 내를 따라 사는 거친날개제비를 위해서는 냇가 언덕에 지름 8cm의 굴을 60cm 깊이로 판다. 거친날개제비는 잔가지로 둥지를 짓고 이 구멍 안에서 새끼를 낳아 기른다.

제비 가운데서 가장 큰 암청색큰제비는 사람이 만든 집에 거의 전적으로 의존한다. 유럽인 개척자들이 이 나라에 내도하기 오래전에 토착 아메리카인들은 나무와 막대기에 속을 파낸 조롱박을 걸어 놓음으로써 큰제비를 자기 집으로 유인했다. 아직도 조롱박은 특히 남동부에서 큰제비에 열광하는 사람들이 사용하고 있지만, 오늘날 큰제비 집 대부분은 나무나 알루미늄으로 제작한다.

우리는 나무로 만든 집을 애호하는데, 큰제비가 그것을 더 좋아할 뿐더러 우리가 직접 만들 수도 있기 때문이다. 우리 집은 청소하기 쉽도록 경사진 프런트가 있는 8각형 집이다. 입구의 구멍은 권장되는 5.7cm 대신에 지름 4.3~4.6cm 크다. 작은 구멍은 올빼미가 큰제비를 잡아먹는 것을 방지한다. 보통 문제를 일으키는 것은 작은 소쩍새small screech owl지만, 내가 들은 이야기는 수리부엉이가 큰제비의 서식지를 습격하고 있었다고 한다. 어느 저녁 수리부엉이 한 마리가 어두워질 때를 기다리지 못하고 큰제비의 집에 착륙하자마자, 농부의 16구경 산탄총에서 뿜어져 나온 폭발음의 마중을 받았다. 그 새는 약탈자의 생을 마감했다.

수가 많은 수리부엉이가 구멍둥지 조류인 외양간올빼미를 잡아먹고 있을지도 모른다는 추측도 있다. 조류학자들은 한때는 흔했던 외양간올빼미가 줄어들고 있다는 사실에 약간 당황하고 있다. 야생생물학자들은 이제 농부와 다른 사람들에게 이 가면올빼미 monkey-faced owl 즉 외양간올빼미를 위해 적절한 둥지 상자를 짓도록 격려하고 있다. 둥지 상자는 만들기 어렵지 않다. 상자 길이는 1m이고 높이는 40cm이며 폭은 30cm다. 외양간 벽널이 상자의 앞면 역할을 하기 때문에 지붕과 바닥, 뒷면, 끄트머리만 필요하다. 상자를 들보 위에 꽤 높게 올려놓고 벽널의 안쪽을 마주보며 단단하게 고정시킨다. 그리고 상자의 한쪽 끄트머리를 향해 외양간 벽널에서 가로세로 15cm와 23cm의 입구를 잘라낸다. 비둘기가 그 상자를 사용할 수도 있기 때문에, 어질러진 찌꺼기들을 깨끗하게 치울 수 있도록 지붕에 경첩을 다는 것이 현명하다. 외양간올빼미가 둥지 지을 곳을 찾는 늦겨울과 초봄에 비둘기가 상자에 들어가지 못하도록 지키는 것이 특히 중요하다.

외양간올빼미의 둥지용 상자는 대체로 성공적이지만, 내가 알고 있는 어느 농장에서는 그것이 좋았기보다는 더 해로운 경우도 있었다. 한 쌍의 외양간올빼미가 세 해 여름을 연속으로 이웃 외양간에 둥지를 틀고, 매년 다섯 마리에서 일곱 마리까지 새끼를 성공적으로 길러 보금자리에서 독립시켰다.

두 번째 여름 어느 일요일에 그 농장 가족들이 외양간에서 예배를 가졌다. 교회 감독이기도 한 그 농부는 특별한 활동 때문에 어린 올빼미들이 불안해할지도 모른다고 걱정했다. 회중이 긴 의자를 채우자, 그는 둥지가 위치한 외양간 꼭대기 근처의 2중 들보를 주기적으로 흘긋흘긋 쳐다보았다. 회중이 노래를 부르기 시작할 때까지는 불안한 기색이 보이지 않았다. 그때 일곱 마리 올빼미 새끼의 머리가 들보 위로 툭 튀어나와서 이리저리 움직이며 세상에서 무엇이 진행되고 있는지 보려는듯 눈을 깜박거렸다. 그러나 설교자가 설교를 시작하자 조금 뒤에 올빼미들은 잠자러 돌아갔고 마지막 찬송가 때만 깨어났기 때문에 내 친구는 긴장을 풀었다.

얼마간의 시간이 지난 뒤, 한 자연보호 단체가 외양간올빼미에 관한 진상을 알고는, 고결한 선의를 가지고 둥지용 상자를 들보 위에 올려놓았다. 그러나 그 올빼미들은 떠나서 다시는 돌아오지 않았다.

인간의 '조력'이 그러한 부정적 결과를 가져오는 경우는 흔치 않다. 나는 이 글을 쓰면서 방충망을 친 문을 통해 암청색큰제비와 외양간제비, 벼랑제비들이 즐겁게 재잘거리는 소리를 듣는다. 나는 먼 곳에서 들려오는 파랑새의 노래를 듣는다. 나는 우리가 그 새들을 돕기 때문에 그 새들이 여기에 있다고 생각하고 싶다.

역자 후기

32년 전에 있었던 일이다. 1990년 8월 21일자 『동아일보』의 「신간 5분 다이제스트」에 다음과 같은 신간소개 기사가 실린 것을 본 적이 있다.

몇 해 전 〈위트니스〉라는 영화가 국내에서 개봉돼 인기를 모았다. 이 영화는 문명세계를 버리고 자연 그대로의 생활방식을 고수하는 아미쉬(미국 개신교의 일파) 사람들의 삶을 배경으로 삼았다. 전기나 전화도 없고 말을 이용해 농사를 짓고 교통수단으로 쓰는 아미쉬 사람들은 지나친 물질문명에 찌들린 현대인들에게 신선한 충격을 던져주었다. 바로 그런 아미쉬 사람들의 삶을 수채화처럼 잔잔하게 그리고 있는 책이 『위대한 재산』이다. 이 책은 아미쉬 교도인 저자가 『패밀리라이프』라는 잡지에 기고한 에세이를 모은 것으로 가족 간의 유대가 두텁고 자연을 사랑하는 아미쉬 사람들의 모습을 풍경화처럼 보여주고 있다. 미국 중서부의 작은 농장에 살고 있는 저자는 이 책에서 새와 나비, 개구리와 곤충에 이르기까지 자연과의 교감을 나누는 모습을 생생하게 적고 있으며 아미쉬 사람들 특유의 요리법도 소개하고 있다. 무엇보다 저자가 8세 된 딸 에밀리와 함께 5월 어느 날 아침에 나선 산책에 대해 기록한 글은 빼어나게 아름답다. "그저 주변의 사물을 둘러보기 위해" 떠난 길에서 부녀는 십여 종의 새들과 신기한 버섯들, 야생생강과 온갖 들꽃들을 만나고 그들은 자연의 세계와 그것을 창조한 조물주에 대해 새삼 경외하는 마음을 갖게 된다. 또한 그는 전통적인 영농법이야말로 인간과 자연이 함께 살 수 있는 길임을 강조한다. 『위대한 재산』의 장점은 인간과 자연이 서로 다투지 않고 조화롭게 공존해 나갈 수 있음을 보여주는 데 있다. 이 점에서 독자들은 자연 속에서 살아가는 소박한 사람들의 모습에 잔잔한 기쁨을 느낄 수 있다. 또한 이 책은 자연을 정복하거나 파괴하지 않고 그와 더불어 살아가는 아미쉬 사람들의 고요한 일상과 믿음을 좀 더 가깝게 들여다보게 한다.

이 기사를 읽자마자 나는 이 기사에 소개된 책을 꼭 읽고 싶다는 마음이 간절하게 들어서, 그때 미국에 체류 중이던 대학 친구에게 서둘러 편지를 보냈고, 그 친구는 책을 곧 구입해서 부쳐 주었다. 내가 친구를 번거롭게 하면서 이 책을 기꺼이 구입해서 본 까닭은 당시 내가 이 책의 저자와 비슷한 삶을 적극적으로 지향하고 있었기 때문이다. 아마도 그러한 노력에는 동류의식 같은 것이 강하게 작용했던 것 같다. 이 책이 출간되기 5년 전에 나는 서울 근교 반월(지금

336 위대한 소유

의 안산)에 있는 허름한 농가를 하나 구입해서 전원생활을 시작했고, 그 뒤에도 강화도 바닷가와 심지어 지리산 기슭을 전전했다. 직장이 서울에 있었지만, 30여 년이나 주말만 되면 쫓기듯이 서울을 빠져나가 산천을 헤매었었다.

당시에 어렵사리 구해서 이 책을 펼쳤을 때, 4계절로 나뉘어 편성된 45편 에세이 하나하나의 제목만으로도 상상과 흥분의 세계로 몰입될 수 있었다. 〈겨울〉편의 '겨울 산책'과 '단풍당 만드는 시간', '새 목록 만들기', 〈봄〉편의 '봄의 비상 : 캐나다기러기'와 '봄 소풍', 〈여름〉편의 '울타리 열을 칭송하며'와 '여름밤의 날것들', 〈가을〉편의 '키다리 오크'와 '거대한 것들이여 안녕', 〈계절을 넘어서〉편의 'XZ89'와 '야생생물을 위한 식재', '겨울 새 모이주기' 등은 제목만으로도 그 농장에서 펼쳐지는 사계의 파노라마에 대한 (저자의 표현을 빌리면) "환상이 내 머릿속에서 춤을 췄다."

이 책의 표지에 그려진 농장 풍경은 내가 오랫동안 그려온 상상 속의 내 농장과 너무나 비슷해서, 어떤 친밀감 같은 것이 더욱 강하게 느껴졌다. 물론 농장의 외양뿐만 아니라, 이 책에서 수채화처럼 담백하게 그려진 소소한 농장 일들과 매일 자연과 만나서 나누는 스킨십에 관한 일화들이 남의 일로 차치하게 되지 않았다.

원래 취향이나 생각이 비슷한 사람들이 만나면 수다스럽게 말이 많아지는 법인데, 이 책의 저자와 같은 관심사에 관해 이야기를 나눠 보고 싶어도 현실적으로 거의 불가능한 일이니, 이 책에 나오는 이야기들에 공감하고 관심을 나누는 가장 좋은 방법은 이 책을 번역해서 나누어 보는 일이라 생각했다. 그러나 책을 읽고 주변의 사람들과 이야기를 나누는 일은 어렵지 않지만, 책을 번역 출간해서 보다 많은 이들과 공감을 나누는 일은 쉬운 일이 아니다. 결국 이런 저런 본업에 쫓기면서 늘 아쉬운 마음을 끊지 못하다가, 정년으로 퇴직하고 봉황산(남덕유산) 깊은 산중에 정착해서 인적이 끊어진 외딴 농장을 꾸리면서 이 책의 저자와 비슷한 생활을 하게 되어서야 이 책을 우리말로 바꾸려는 의욕과 시간이 되살아났다.

그러나 어쩌랴. 모든 일이 다 때가 있는 법. 30년 동안이나 자기를 밀쳐놓았던 주인이 야속했던지, 이 책은 어딘가에 꽁꽁 숨어서 좀처럼 몸을 내밀지 않고 속을 태웠다. 몇 달 동안이나 애태우며 뒤지던 끝에 책 무더기 속에서 되찾았을 때의 그 기쁨이야 어떻게 표현할 수 있을까. 이 책이 30년 전의 색 바랜 신문 스크랩까지 품은 채 기적처럼 어느 날 내 눈앞에 다시 나타남으로써 안겨 준 기쁨은 이 책을 우리말로 옮기는 과정에서 얻게 되는 즐거움으로 곧 이어졌다. 한 자 한 자 속에 담겨진 저자의 자연에 대한 따뜻한 마음을 확인할 때마다, 30년 전에 대충 일별할 때와는 비교도 할 수 없는 즐거움을 경험할 수 있었다.

이 책에서 묘사된 거의 모든 일들이 저 먼 이역의 어느 시골에서 일어난 일이 아니라 이곳 나의 삶터에서 매일 일어나는 일과 연결되면서 감흥은 더욱 크게 고조되었다. 이 책의 저자는 도시에서 자라 농촌 일에 서툴면서도 전문 농민의 충고는 받아들이지 못하는 이웃 지인을 가리켜서 '파트타임 농부'라고 불렀는데, 마치 나를 두고

338 위대한 소유

하는 말처럼 들려서 잠시 얼굴을 붉히기도 했다.

사실 나는 퇴직을 기점으로 삼아 농업으로 직업을 바꾸겠다고 호언했지만, 여전히 호미와 책을 양손에 잡고서 주경야독하는 습관을 버리지 못하고 있으니, 전공서적도 아닌 책을 번역하겠다고 용기 내어 나선 것도 호미를 더욱 굳게 잡고 책을 서서히 놓는 과도기적 과정이 아닐까 싶다. 그래서 요즘은 주경이 주는 즐거움이 야독의 즐거움보다 점점 더 크게 느껴져서 낮 시간이 짧고 밤 시간이 길어지는 것이 불만스러웠는데, 이 책을 번역하면서 이런 생각이 잠시 바뀌어졌다. 밖에서 일을 하다가도 이 책 생각이 나면 적당하게 일을 접고 집 안으로 들어오는 습관이 새로 생긴 것이다. 그만큼 이 책을 읽으면서 그 내용을 공감하는 즐거움이 유별나게 컸다고 할 수 있다.

그러나 나는 이 책을 읽고 번역하면서 즐거움과 함께 부끄러움을 느낄 때도 적지 않았다. 즐거움은 대부분 동류의식에서 오는 것이고 부끄러움은 열등감에서 오는 것이었다. 왕왕 나는 이곳 산중에서 산까치나 멧돼지, 고라니 등 야생동물들과 '소유권'을 다툴 때가 있다. 한번은 '우리 숲'에 들어가서 까치집 부근을 지나다가 까치들의 집중 공격을 받은 적이 있다. 꽉꽉하는 쇳소리를 지르고 금방이라도 쫄 듯이 머리 바로 위를 스쳐 지나가며 위협하는 바람에 숲에서 허둥지둥 쫓겨나오면서, "여기는 내 땅인데" 하며 새들에게 항의하기도 하고, 어스름 저녁까지 밭에서 일을 할 때면 으레 나타나서는 지축을 울리는 괴성을 내지르며 빨리 나가라고 야단치는 멧돼지들과 버티면서 땅주인 행세를 하기도 한다. 고라니들도 몰려와서 묘목의 새순과 팥콩의 순, 심지어 고추순까지 다 따먹으면서도 힐끔힐끔 쳐다보며 나가려 하지 않으면, "이놈들한테 토지대장이라도 보여줘야 하나" 하며 한숨을 내쉬기도 한다. 그런데 이 책의 저자는 야생생물들과 다투는 법이 없다. 오히려 새들을 위해 모이통의 모이를 항상 점검하고 겨울 밭에는 야생생물들을 위해 옥수수를 뿌려준다. 그는 이 책을 쓴 다음에 『우드척을 쓰다듬으며 : 아미쉬 농장의 자연』이란 책도 써서, 미국의 거의 모든 농부들이 혐오한다는 우드척(마못)까지 보듬는 마음을 드러냈다. 이 책의 도처에서 산견되는 저자의 무한한 자연 사랑은 읽는 이로 하여금 절로 부끄러움에 머리를 숙이게 한다.

아는 만큼 보인다는 말이 있지만, 이 책을 읽으면서 나는 사랑하는 만큼 보인다는 생각을 하게 되었다. 내 눈에는 아무렇지도 않게 스쳐 지나가던 그 많은 새들과 곤충, 나무, 풀들이 이 아미쉬 농부에게는 하나도 걸러지지 않고 시야에 다 들어온다. 그의 섬세한 관찰력에 놀랄 때마다 내 사랑의 부족함도 부끄럽게 느껴진다.

이 책은 시간의 흐름을 멈추게 하는 신기한 힘을 갖고 있다. 저자는 늙어서 죽은 오크 고목 한 그루를 베어서 쓰러뜨리고 311개의 나이테를 헤아린 다음, 87번째의 나이테에 아버지가 태어난 해를 기념하는 표시를 남기면서, 이 나무가 3세기 이상 겪은 미국의 역사를 잠시 더듬어 본다. 이 감동적인 장면에 동참하면서, 나는 그가 "15분 만에 원래의 상태로 되돌려진" 311년의 시간이 한 자루의

340 위대한 소유

톱 아래에 놓여 있음을 보고 아연한 느낌이 들어 잠시 책을 덮었다. '21세기의 소로(Henry David Thoreau)'라고 일컬어지는 저자의 근황을 전하는 미국 매체의 최근 기사를 보면, 그는 30년 전의 그 땅 위에서 30년 전의 그 농경 방식으로, 아니 자기의 조상들이 정착한 그 땅 위에서 조상들이 지어 온 방식으로 농사를 지으면서 여전히 유유하게 자연생활을 즐기고 있다고 한다. 자연에는 시계가 없으니까.

나는 번역을 다 끝낼 때까지 이 책의 우리말 제목을 확정하지 못했다. 저자가 이 제목에 담은 함의를 끝까지 확인하기 위해서였다. 저자는 이 책의 제목, 즉 'Great Possessions'의 의미를 책 안에서 구체적으로 설명하지 않았다. 「서문」을 쓴 이는 "우리는 아미쉬가 지켜온 또 다른 일치가 일과 즐거움의 일치임을 보게 된다. 동행하는 생물들의 삶과 이 생물들의 삶에서 얻게 되는 우리의 기쁨은 'great possessions'이다"라고 해서, 이를 '위대한 자산'이라고 번역하도록 자연스럽게 유도했다. 그러나 'possessions'이란 말은 '자산' 외에도 '재산'이나 '소유'로도 번역될 수 있다. 그런데 '자산(資産)'의 자의는 "재화와 산물"을, '재산(財産)'은 "재물과 산물"을 각각 뜻해서, 이 책에서는 사용하기가 왠지 꺼려지는 말이다. 이에 반해 '소유(所有)'는 "있는(존재하는) 바" 모든 것을 의미하기 때문에, 저자의 의도에 좀 더 가깝지 않을까 생각된다. 저자는 이 책의 처음부터 끝까지 조물주가 자기에게 보여준 모든 피조물, 즉 이 세상 모든 것이 좋은 것이라고 칭양하고 그것이 자기에게 주는 즐거움과 기쁨

역자 후기 341

을 노래하고 있으니, 그에게 'great possessions'이란 '피조물' 즉 '세상' 그 자체이기 때문에, 이를 '소유'라는 말로밖에는 달리 표현하기 어렵다.

다만 그가 'Provider(베풀어 주시는 분)' 혹은 'Author of Nature (자연의 창조자)'라고도 표현한 'God(하느님)'로부터 받은 '소유'는 인간에 의해 자의적으로 파괴되거나 조작된 '문화(文化)'가 아니라 '하느님'의 뜻에 따라 잘 보존된 '자연(自然)', 즉 "스스로 그러한 것" 그 자체를 의미한다. 문화란 인간이 자연을 편의에 따라 바꾸어 놓은 것을 말하는데, 이 책의 저자는 자연에 담긴 조물주의 모습이 가능한 한 변화되지 않기를 바라는 사람이고, 아미쉬란 이런 이들이 모여서 만든 공동체인 것 같다. 사실 자연을 변화시키는 문화적 행위에 저항한 전통이 동양에서도 오래 동안 도가적 사유체계를 중심으로 전개되어 왔고, 오늘날의 환경운동도 이러한 전통의 연장 선상에서 이해할 수도 있지만, 일상생활의 일부로서 자연에 조용히 삼투해서 스스로 자연과 동격화하는 저자의 삶이 나에게는 훨씬 더 감동적으로 다가온다. 이 책을 읽고 저자의 사유와 삶의 방식에 공감을 강하게 느끼는 분이 계신다면, 저자나 역자와 함께 자연에 동화하고자 하는 마음을 공유하기를 기대한다.

끝으로, 이 책의 한국어판 출간을 기꺼이 허락해준 데이비드 클라인 씨에게 감사의 마음을 전하고 싶다. 그리고 어려운 타국 생활 중에 친구의 부탁을 서둘러 들어주고서도 자신의 보살행을 까맣게 잊고 있는 김준우 목사에게 30년이나 묵힌 감사의 마음을 보낸다.

자연을 사랑하는 마음을 함께 나누며 한국어판 출간을 위해 적극적
으로 애써준 소나무출판사에게도 감사의 정을 표한다.